本书得到国家社科基金（教育学）重点课题"十三五期间学龄人口变动与基础教育资源配置规划研究"（AGA180007）；

山东省教育科学"十三五"规划重点课题""省级统筹"视角下义务教育均衡发展及质量提升的推进机制研究"（ZZ2019026）资助。

S *HENGJI TONGCHOU SHIJIAOXIA YIWU JIAOYU JUNHENG FAZHAN JI TUIJIN JIZHI YANJIU*

"省级统筹"视角下义务教育均衡发展及推进机制研究

李振宇 著

人民出版社

目　录

导　论

一、研究背景与意义

（一）研究背景

21世纪初以来，为应对义务教育发展中不断出现的新问题，进一步明晰义务教育领域政府间支出责任，中共中央出台了一系列政策文件对政府间经费投入进行了"分层级、分项目"分担的改革。2001年5月，国务院颁布的《国务院关于基础教育改革与发展的决定》首次提出"省级统筹"，要求省级政府需统筹解决农村中小学教师工资发放问题，通过转移支付的方式"加大对贫困地区和少数民族地区义务教育的扶持力度。省级和地（市）级人民政府要加强教育统筹规划，搞好组织协调，在安排对下级转移支付资金时要保证农村义务教育发展的需要"。自此之后，中央文件不断强化了中央和省级政府的义务教育财政投入责任，支出重心上移趋势愈加明显。2006年修订的《中华人民共和国义务教育法》第四十四条规定"义务教育经费投入实行国务院和地方各级人民政府根据职责共同负担，省、自治区、直辖市人民政府负责统筹落实的体制"，这使省级政府在义务教育经费投入中承担的"统筹落实"责任有了明确的法律依据。

加强省级政府在义务教育经费投入中的统筹职责，可以从"公平"和"效率"两个方面理解。一方面，我国义务教育发展在地区间仍存在较大差异，存在区域不均衡问题。在已有关于地区间教育经费横向公平的研究中，多数研究结论表明现阶段义务教育经费的省际差异已呈现出收敛趋势（李恺、罗丹，2015；宗晓华、丁建福，2013），而省内县际差异比省际差异表现得更为突出,并且没有呈现出省级层面数据的"趋同"特征(孙志军、杜育红,2010;丁建福、萧今,2013;范先佐等,2015)。由于我国义务教育实行"以县为主"的管理体制,县际经济、财力性因素导致的义务教育经费投入差异需要依赖上级政府转移支付进行弥补。但是,我国地域辽阔、人口众多,由中央政府直接对县级政府实施转移支付并不现实,省级政府作为层级最高的地方政府,在相对独立的区域经济发展规划下,具有对地方税收在省以下各级政府间分配的权力。因此,省级政府有能力通过财政手段承担更大的义务教育财政投入责任,"省级统筹"成为缓解省域内县际差异、推进义务教育均衡发展的重大政策措施,这符合"公平性"原则的需要。另一方面,按照蒂伯特、奥茨等人提出的分权化理论(Tiebout, 1956; Musgrave, 1959; Oates, 1972),相比中央政府,省级政府由于距离民众更近,具有信息优势,更易根据居民偏好为辖区内居民提供包括义务教育在内的公共服务组合,而完全由中央政府主导的"一刀切"做法在政策执行过程中必然会存在效率损失,相比之下,扩大省级政府教育统筹权更符合"效率性"原则的需要。因此,加强省级政府在义务教育经费投入中的统筹职责,存在理论和现实上的必然性。

尽管义务教育经费"省级统筹"不断出现在中央多个文件中,经费"省级统筹"范围也越来越大;但是,目前的义务教育经费"省级统筹"仍是发展过程中还没有定型的政策。无论是政府政策文件还是实际实施过程中,各方至今都未对"省级统筹"概念作出明确定义,"省级统筹"政策内涵不断调整,相关评价标准、配套措施和监督机制并没有建立,现行文件规定尚难以规范和引导地方政府的偏好和行为;同时,由于地方政府并不可能完全按照中央的每一个政策文件进行实施,导致即便是部分作出了"省级统筹"安排的省份,在现实中也极少出台相关细则,包括如何统筹、如何确定分担比例、如何拨付经费等等。上述事实表明"省级统筹"政策在执行落实方面遇到了许多问题,这些问题可能会影响政策预期效果以及义务教育均衡发展。

现阶段的"省级统筹"含义是什么?"省级统筹"所要追求的最终目标是什么?省级政府如何落实中央要求的经费统筹责任?表现出了何种经费统筹水平、模式及特点?最终的政策效果如何?如何才能更好地发挥省级政府在义务教育财政投入中的作用?义务教育均衡发展的推进机制如何建立?

为回答上述问题，本书对"省级统筹"视角下义务教育均衡发展及推进机制进行了研究。通过梳理义务教育经费"省级统筹"政策发展脉络和已有学者相关研究归纳政策目标及现实含义；通过分析省级政府统筹责任落实与政策执行方式，省级政府经费统筹水平、模式与特点探究省级政府的政策执行情况；通过分析统筹背景下县际经费差异变化，"省级统筹"对县级经费支出增量效果、对县际经费差异均衡效果探究政策执行效果；并运用相关理论结合现实情况对各部分研究发现进行解释；进一步地，分析概括现阶段义务教育均衡发展过程中存在的主要问题，并从理论层面探讨义务教育均衡发展推进机制；以期为更好地发挥省级政府在义务教育财政投入中的统筹责任，推进省域内义务教育均衡发展提供可行性政策建议。

（二）研究意义

2017 年 10 月，习近平总书记在党的十九大报告中指出，当前我国社会主要矛盾已经转化为人民日益增长的美好生活需要和不平衡不充分的发展之间的矛盾。这说明随着近些年来我国生产力水平的大幅度提升，包括义务教育在内的一些公共服务供给问题已不再单纯是一个总量性问题，而是公共服务供给不适应人民物质文化生活的多元需求问题，尽管这种不适应表现在多个方面，但一个主要表现形式便是由地区间发展差异导致的公共服务供给不平衡不充分。

义务教育是我国公共服务体系的主要构成部分，实现义务教育基本公平的目标，合理的义务教育财政制度是基础和保障，根本手段是在满足基本需求前提下，提供均等化的义务教育经费保障水平，这也成为义务教育公共财政制度的基础。但在我国地区间经济发展不均衡、财力差异较大的情况下，实现义务教育均衡发展需要各级政府不懈努力。在当前义务教育"国务院领导，经费省级统筹，管理以县为主"体制下，省级政府有义务切实履行法定职责，缩小县际义务教育发展差距，提高辖区内义务教育质量。

本书希望从理论和现实层面对"省级统筹"的政策内涵、执行现状和执行效果进行分析和评价，厘清省级政府在我国义务教育财政投入中的责任，更好地发挥省级政府在义务教育财政投入中的作用，并为义务教育均衡发展推进机制的建立提供思路。这对于我国义务教育健康发展，解决好义务教育区域发展不平衡的问题都具有重大意义。

二、研究方案

(一)相关概念界定

义务教育经费"省级统筹"政策的统筹主体是省级政府,这也是本书后续研究内容的主要分析对象。目前我国共有34个省级行政单位(包括23个省、5个自治区、4个直辖市和2个特别行政区),由于无法获得港澳台地区相关统计资料,并考虑到西藏在经济、财政、教育等方面的特殊性,本书将研究对象限定在除西藏、香港、澳门和台湾外的其余30个省级行政单位,并以"省份"统称。

另外,对义务教育经费"省级统筹"政策的探讨还需明晰政府事权、财政事权和支出责任等关键概念。

"政府事权"是指各级政府在提供公共服务中应该承担的任务、职责以及拥有的公共管理的权力,其本质是公共服务的职责。[1] 事权包括实施权和监管权,前者往往由同一层级政府行使,而后者往往是上级政府对下级政府实施的权力。"财政事权"是政府事权在财政方面的体现,指各级政府运用公共财政资金提供基本公共服务的任务和职责以及所具有的对财政资金支配、使用和管理的权力。[2] "支出责任"指各级政府承担的运用公共财政资金履行其事权、满足公共服务需要的财政支出义务。[3] 相应地,"教育财政事权"是指各级政府运用公共财政资金提供教育产品和服务的任务和职责以及具有的对教育经费支配、使用和管理的权力。"教育财政支出责任"则是指各级政府承担的用以满足居民教育需求的教育经费支出义务。

与财政事权和支出责任密切相关的两个重要概念是财权和财力。"财权"是指在法律允许的情况下,各级政府负责筹集、支配和使用财政收入的权力,

---

[1] 李齐云:《建立健全与事权相匹配的财税体制研究》,中国财政经济出版社2013年版,第96页。

[2] 《国务院关于推进中央与地方财政事权和支出责任划分改革的指导意见》(国发〔2016〕49号)。

[3] 郭庆旺、赵志耘:《公共经济学》(第二版),高等教育出版社2010年版,第330页。

主要指财政收益权，包括税收权、收费权以及发债权。而"财力"是指各级政府在一定时期内拥有的以货币形式表示的财政资源，包括本级政府的税收收入、非税收入和政府债券收入，以及上下级政府间的转移支付和税收返还等。二者的差别主要体现在上下级政府间转移支付和税收返还。对上级政府而言，除承担着本级政府的财政支出责任之外，还须承担向下级政府进行转移支付的财政支出责任，从而使得财政事权和支出责任相匹配（或适应或统一）；对下级政府而言，承担相关事权的所用资金除本级政府的财政收入外，还包括上级政府提供的转移支付，从而使得财政事权和财力相匹配（或适应或统一）。

因此，无论是探讨各级政府间财政事权和支出责任的关系，还是探讨财政事权与财力的关系，调节机制都是政府间转移支付和税收返还。一般来说，中央委托地方行使的财政事权，需通过中央专项转移支付安排相应经费；对地方履行财政事权、落实支出责任存在的收支缺口，主要通过中央给予的财力性转移支付弥补。

依据我国实际情况，合理划分中央与地方教育财政事权和支出责任，必须充分考虑教育与教育财政的特殊性。首先，教育产品或服务具有正的外部性，这将造成地区教育成本与收益的不对等，从而导致教育产品或服务地方供给的不足或者无效率。因此，中央政府应承担部分事权和支出责任以解决溢出效应。其次，教育财政追求的基本目标是公平、效率和充足。从公平和充足的角度来看，上级政府在合理配置教育财政资源方面应发挥统筹职能，以保证教育财政资源在区域间、群体间分配的公平性与充足性。从效率的角度来看，也应引入市场机制，在成本最小化、收益最大化的市场化决策原则指导下，满足居民日趋多样性和个性化的教育需求。最后，政府对教育财政投入缺乏经济激励和政治激励。第一，教育属于非经济性公共物品，投资期长，投资风险高；第二，分税制改革后形成的财政分权体制，使得中央与地方财权和支出责任不对等，地方财政支出受到经济预算的约束；第三，地方财政支出结构有生产性偏向，地方政府对教育财政资金的供给相对偏低。

对于如何在各级政府之间划分提供义务教育等公共产品的责任和相应权力的问题，应基于公共产品受益范围原则、效率原则、公平原则、中央控制原则、法治原则和动态调整原则六大原则。

受益范围原则。根据公共产品的受益范围确定中央与地方、不同地方政府的提供责任。受益范围为全体国民的全国性公共产品,由中央政府提供;受益限于地方居民的地方性公共产品,由地方政府提供;兼有全国性与地方性的公共产品,由中央政府与地方政府共同提供。

效率原则。根据公共产品的提供效率和权力行使的效率,来确定公共产品的提供主体和权力的配置主体。从公共产品提供看,地方政府能有效提供的公共产品,由地方政府提供;中央政府能有效提供的公共产品,由中央政府提供;合作提供才有效率的公共产品,由中央和地方政府共同提供。从财权配置看,中央政府能有效征收的税种,如个人所得税、关税等,由中央政府征收;地方政府能有效征收的税种,如房产税、销售税等,由地方政府征收。

公平原则。政府间权责的划分应该有助于同辖区内的居民享受到基本平等的公共服务;同级政府下属的多个政府之间应具有基本相同的权责;不同级政府间的权责应该匹配,权力大的政府承担的责任应该大,权力小的政府承担的责任应该小。

中央控制原则。中央控制原则是指中央因战略目标、政治考虑、政策导向和价值诉求等而必须承担的教育财政事权与支出责任。首先,教育关乎国家人力资本的积累和知识人才的储备,关乎国家的未来和民族的希望,中央应承担部分教育财政事权和支出责任。其次,涉及国际人才培养、文化流入与输出以及国家安全的教育产品或服务属于中央的教育财政事权和支出责任。再次,中央为引导地方推广教育方针或政策,或鼓励地方创新教育体制,应承担部分教育财政事权和支出责任。最后,教育具有收入再分配的功能,教育对于维护社会公平和社会稳定具有重要意义。因此,中央应承担部分教育财政事权和支出责任,以促进区域间教育基本公共服务均等化。

法治原则。法治原则是指政府间财政事权和支出责任的划分应有法律依据,它是为教育财政事权和支出责任划分提供制度安排的最终归宿原则。依法规范各级政府对于教育产品或服务的提供,明确各级政府教育财政事权和支出责任,可以为各级政府履行提供教育产品或服务的职责提供强制性、权威性的法律依据，减少中央和地方政府间、各地方政府间的矛盾冲突，增强教育产品或服务供给的有效性。

动态调整原则。如果说法治原则保证了财政事权和支出责任划分的短期稳定性，那么动态调整原则就保证了其长期灵活性。动态调整原则是指根据公共物品属性、信息收集难度、经济社会发展需求和政府职能等因素的变化，适时调整财政事权和支出责任的划分。比如将应由市场或社会承担的教育产品或服务通过政府和社会资本合作（Public Private Partnership，PPP）模式或民办教育由市场主体或社会力量承担，并调整应由政府提供的教育产品或服务的教育财政事权和支出责任的划分。

（二）研究思路

图0-1绘制了本书的研究思路图。如图所示，为全面把握义务教育经费"省级统筹"政策现状，探讨"省级统筹"视角下义务教育均衡发展及推进机制，本书采用"问题导向"形式，在导论及第一章国内外研究现状基础上，将第二章至第七章研究内容分为四部分，分别针对"省级统筹是什么""省级政府执行现状如何""省级统筹执行效果如何"以及"义务教育均衡发展推进机制如何建立"四个主要问题进行探讨。

第一部分，由于至今未有针对义务教育经费"省级统筹"政策的明确概念界定，造成现实中对政策的认识和讨论模糊不统一，本书第二章对政策发展与政策含义的概括归纳是为回答"省级统筹是什么"的问题，同时也为后续分析奠定基础。

第二部分，本书第三章、第四章对义务教育经费"省级统筹"政策在各省份的实践进展进行分析，回答"省级政府执行现状如何"的问题。其中，第三章从文本执行角度探讨省级政府经费统筹责任落实与政策执行方式，这涉及省级政府行为选择，因此从省级政府所处的多维组织环境视角对本章研究发现进行解释；第四章探讨省级政府经费统筹水平、统筹模式与统筹特点，由于义务教育财政制度是整个公共财政制度的重要组成部分，因此从各省份省内财政体制视角对本章研究发现进行解释。

第三部分，围绕第二章确立的政策概念界定及政策目标，分析"省级统筹"政策对义务教育均衡发展的影响，回答"省级统筹执行效果如何"的问题,具体包括"省级统筹"后县际义务教育经费差异水平及变化、"省级统筹"对县级经费支出增量效果、对县际经费差异均衡效果三方面,并基于第三章、第四章关于省级政府政策执行层面已有结论对本部分的研究发现进行解释。并就如何更好地承担省级政府义务教育财政投入责任,进一步完善义务教育经费"省级统筹"政策,实现义务教育均衡发展提出可行性政策建议。

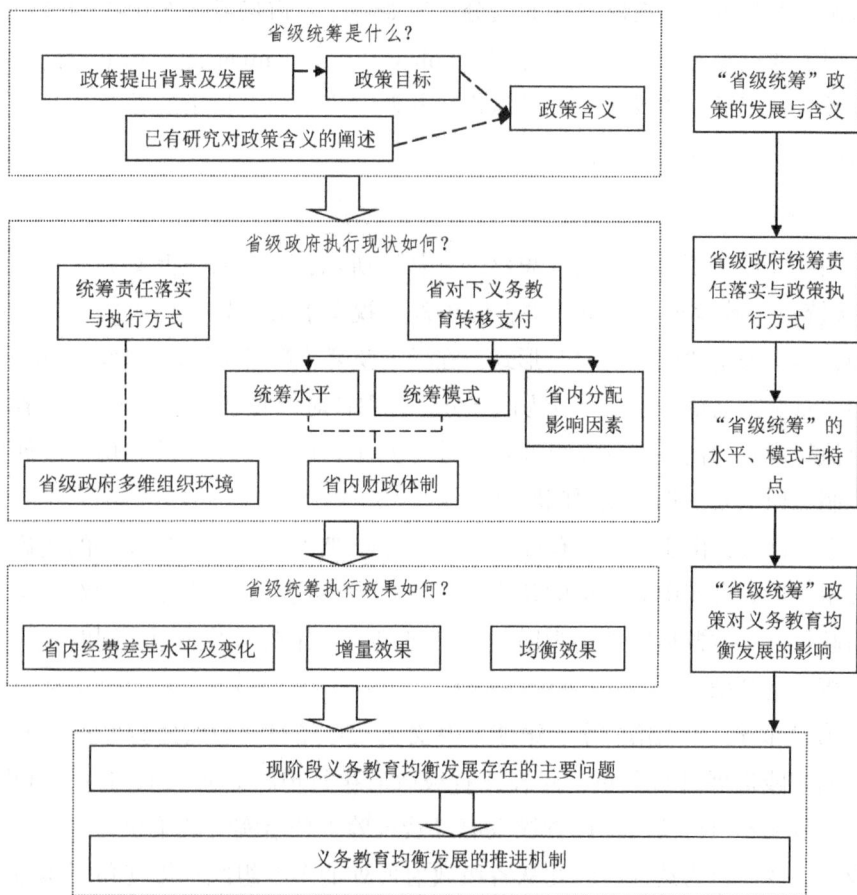

图 0-1　研究思路图

第四部分,在义务教育经费"省级统筹"对义务教育均衡发展影响的研究基础上,第六章、第七章总结概括现阶段义务教育均衡发展中存在的主要问题，并从理论层面进一步探讨义务教育均衡发展的推进机制。

（三）研究方法

本书采用定性分析和定量分析相结合的研究方法。具体为：第二章对政策发展与政策含义的探讨采用文本分析、文献分析方法；第三章对省级政府统筹责任落实与政策执行方式的探讨采用理论分析、文本分析方法；第四章对省级政府经费统筹水平、统筹模式与统筹特点，第五章对省级统筹执行效果的探讨均采用描述性分析、比较分析、个案分析、回归分析、分解分析等研究方法；第六章、第七章采用理论概括、逻辑推论等方法探讨义务教育均衡发展推进机制的构建。

三、研究创新与研究不足

（一）研究创新

先前少有基于义务教育经费"省级统筹"视角，对义务教育均衡发展及推进机制进行的定性与定量分析相结合的研究，因此，本书最大的创新之处即是从政策内涵、政策执行及政策效果等多方面对"省级统筹"视角下义务教育均衡发展及推进机制进行了较为深入系统的评价和分析，并进行了诸多大胆尝试，具体体现在以下三个方面。

首先，在详细梳理了1985年后中央有关省级政府义务教育投入相关政策文件的基础上，结合已有学者相关研究，对义务教育经费"省级统筹"政策内涵进行较为清晰全面的概括，对理解当前和未来一段时期"省级统筹"政策走向会起到积极作用。

其次，实证分析部分包括了多个分析维度，在文本分析、案例分析等定性分析的基础上，尝试通过构建相关度量指标，对当前省级政府的经费统筹水平和统筹模式进行量化评价，并使用计量分析等分析方法，得到相对全面可靠的研究结论，在此基础上，进一步从地方政府组织环境、省内财政体制等视角对研究发现进行解释。上述研究方式可以更加直观地了解当前"省级统筹"政策实施现状和政策效果，也可以较为清晰地理解现象背后的原因，同时也为今后同类型研究提供了全新视角和研究思路。

最后，针对实证分析部分具体研究发现，采用理论概括、逻辑推论等方法分析现阶段义务教育均衡发展中存在的主要问题，探讨义务教育均衡发展的推进机制，为今后一段时期政府间经费投入方式的优化调整以及义务教育均衡发展的进一步推进提供了切实合理的政策建议。

（二）研究不足

本书的不足之处主要体现在以下两个方面。

第一，由于数据限制，实证分析中部分指标采用了估算，存在误差，尽管这种误差并不会对研究结论造成显著差异。同样由于数据限制，回归分析部分多是基于单个年份全国县级层面截面数据进行的分析，这造成缺少对于研究结论的长期动态考察，实证结果的外部有效性需利用面板数据进行进一步验证。

第二，由于研究发现更多是以特点较为鲜明的代表性省份为切入点，并通过回归分析、分解分析等量化分析手段探究义务教育经费"省级统筹"政策的执行和效果；但我国各省份间情况各异，研究发现对解释每个省份的具体情况仍略显笼统，若要解释每个省份义务教育经费"省级统筹"现状及效果，还需在未来研究中进行更加详细的个案分析。

第一章

国内外研究现状

从本书研究主题出发，本章分为三部分内容：首先，对已有关于义务教育经费"省级统筹"政策成因及效果的研究进行归纳总结；其次，对已有关于地方政府公共政策执行行为以及政策执行逻辑方面的研究进行归纳总结；最后，对义务教育均衡发展概念内涵及政府权责的相关研究进行归纳总结。

第一节　义务教育经费"省级统筹"政策研究

已有关于义务教育经费"省级统筹"政策的研究，按照研究视角的不同，可以大致分为政策成因及政策效果两部分。有关政策成因的研究侧重理论视角，多将政策焦点或强化省级政府义务教育经费投入责任的出发点集中于教育公平理论下我国义务教育发展需要以及公共物品理论下政府对义务教育的有效供给；有关政策效果的研究则多是通过构建政策虚拟变量的方式，集中探讨强化省级政府义务教育支出责任后，对义务教育经费增量效果和均衡效果两方面的影响，部分研究也使用了更加精确的准实验研究设计对政策效果进行考察。

一、政策成因的研究

长久以来，诸多学者对强化省级政府义务教育经费投入责任的合理性和必要性进行过探讨。这部分研究多是以地区间义务教育发展差异,县级政府经费投入不足、效率低下等我国义务教育发展中存在的现实问题为切入点,认为实行义务教育经费"省级统筹"是实现义务教育公平和有效供给的一个重要途径。

作为社会公平的组成部分和基础,教育公平包括起点公平、过程公平和结果公平三个维度(刘复兴,2002;李玲等,2012;杨银付,2014 等)。王善迈(2008)将三个维度的具体表现分别概括为受教育机会公平、教育资源配置公平和教育质量公平,前两者是实现教育公平的前提和重要条件,后者则是教育公平的最终目标。义务教育经费"省级统筹"政策本身更多体现的是教育资源配置公平,其政策最终结果应体现为义务教育均衡发展,此则属于义务教育结果公平维度(李祥云等,2016)。国内外已有大量文献探究了教育公平对个体发展、收入分配、社会流动性等多方面所能产生的巨大影响(Levin,2010;Gamboa 和 Waltenberg,2012;韩立芳,2010;Lavrijsen 和 Nicaise,2016;许长青,2016)。

但是,我国义务教育资源空间配置情况长期以来并不令人满意,义务教育经费配置同样如此,这既与社会普遍认知相符,也得到了诸多研究的佐证。相关研究多从教育财政的横向公平、纵向公平和财政中立性三个方面对该问题进行刻画。[①]

在我国义务教育财政投入横向公平方面,多数研究结论表明,现阶段义务教育经费的省际差异已呈现收敛趋势(李恺、罗丹,2015;宗晓华、丁建福,2013),而省内县际差异比省际差异表现得更为突出,其对总体差异的贡献已超过省际差异,并且没有呈现出"趋同"特征(孙志军、杜育红,2010;丁建福、萧今,2013;范先佐等,2015)。丁建福、萧今(2013)对于地区教育发展机制和差距形成原因的解释进行了归纳,并将其概括为两类:一是制

---

① "横向财政公平"指的是同样的受教育者享有同样的教育财政资源待遇、获得均等分配的教育资源;"纵向财政公平"又称"垂直公平",指的是不同的受教育者享有不同的教育财政待遇,对特殊学生或者有特殊需要的地区允许分配给额外资源;"财政中立性"是指每个学生的公共教育经费支出上的差异不与所在学区的富裕程度和财政能力相关(栗玉香:《义务教育均衡推进的财政分析与政策选择》,《教育理论与实践》2006 年第 15 期)。

度分析的范式，二是通过建立回归模型进行因素分析。该研究认为制度分析的范式可以分析差异产生的制度背景，具有一定的说服力；但对于不同制度、政策所具有的实际影响的大小却无从比较。回归方法可以将特定因素的影响进行量化，但是其数据的数量、质量和指标的代表性最易受人诟病，而且并非所有的因素都能通过指标量化进入模型进行分析。

在财政中立性方面，较有代表性的研究包括曾满超（Tsang，1994）、杜育红（2000）、丁延庆（2008）、成刚（2008）、陈朗平等（2010）、庞君芳（2015）等。从省际研究看，杜育红（2000）发现经济发展衡量指标与我国普通小学和普通初中生均教育经费支出的相关系数均高于0.9，表明我国生均义务教育经费支出与地方经济发展水平的关系密切，即我国义务教育财政不符合中立性原则。栗玉香（2006）等研究者运用相同的方法得到了几乎一致的结论。梁文艳、杜育红（2008）的研究结果表明，2003—2006年各省义务教育生均经费支出与人均财政收入呈显著正相关，省级政府的投入努力程度不高、"省级财政不中立"是省际义务教育不均衡问题产生的重要原因。陈朗平等（2010）的研究同样发现，2005—2008年我国义务教育财政中立性程度有所增强，但义务教育生均经费支出与地方经济发展水平的相关性依然很强。从县际研究看，基于2000年全国教育财政基层报表数据，丁延庆（2008）研究发现无论是在民族地区还是非民族地区，中国县级单位的生均教育经费支出不满足财富中立性。林挺进等（2009）使用2001—2006年上海市各区县基础教育财政性教育经费数据，发现区县基础教育生均经费支出与区县财力水平之间存在实质的、显著的函数关系，财政中立性原则没有得到验证。成刚（2008）在利用我国西部某省普通小学2003—2006年的数据分析义务教育财政均衡的现状时得到了类似的结论。部分研究者对于某些地区的研究结论存在分歧。比如，周金燕（2008）利用北京市各区县1999—2003年的数据研究发现，北京市基础教育财政并不符合财政中立原则，主要原因是区县政府自有财力是基础教育经费支出的主要来源。但闫琦、胡咏梅（2008）的研究结果则表明，2001—2004年北京市义务教育经费支出大体符合财政中立原则，各区县间经济发展水平和自有财力的差异，并非造成各区县间义务教育经费支出差异的原因。总体来说，此类研究大多发现我国地方教育支出与地方经济发展程度的正向相关性很强,生均教育支出并不满足财政中立性原则,不利于实现横向教育公平。但是,多数研究并未探讨教育支出财政不中立的影响因素,也没有将教育支出不中立的原因与我国财政体制结合起来。陈昕等(2013)探讨了我国财政分权体制与义务教育财政中立性的关系,该研究利用时间序列和面板数据模型,通过计算城乡义务教育均衡指数和财政分权程度后发现,中央对地方政府的财政分权将有利于义务教育均衡,而省内进一步财政分权则不利于义务教育均衡,并且省内财政分权的负向影响相比中央对地方分权的正向影响更大。

针对我国义务教育存在的区域发展不平衡、教育财政投入不均衡的现状,绝大多数研究得到共识,认为"以县为主"的经费投入模式并不能起到平衡地区、城乡间义务教育发展和经费投入水平差异的作用,应改变当前政府间经费投入现状,建立以中央和省级政府为主的"高重心"义务教育财政投入模式。例如,袁连生(2009)认为阻碍我国义务教育发展的主要原因来自政府治理结构及政府间经费分担的不合理,解决问题的一个重要方式是建立以省级政府为主的义务教育经费分担机制。高如峰(2004)认为在提高经费投入重心的过程中,应结合各省实际发展水平采取差异性策略,经济发展水平越低的省义务教育财政投入的重心主体应该越高。李成贵(2003)使用访谈调查和案例分析等研究方法发现,落后农村地区义务教育投入不足是我国义务教育面临的最大问题,政府间教育投入负担结构不合理是造成该问题的直接原因,提高中央政府和省级政府在义务教育财政支出体系中的责任是解决该问题的最好方式。刘书祥、童光辉(2008)通过计量模型,分析了1996—2004年30个省份的省级面板数据,认为过度地方化的义务教育筹资机制对缓解上一级政府的财政压力具有积极作用,但是缺乏公平和效率,应提高地方政府教育财权与事权的匹配度,在实现"权责统一"过程中,应坚持公平原则、效率原则、监督原则和立法原则,省级政府应承担义务教育投入的主要责任,构建"以省为主"的义务教育财政制度。范先佐等(2015)从我国财政体制、国际经验角度结合我国义务教育发展现状论述了"省级统筹"政策的必要性,认为"省级统筹"是实现义务教育均衡发展最为关键的制度保障,实行"省级统筹"政策的关键是"让省级政府成为义务教育均衡发展最主要的财政责任承担者"。薛二勇（2014）通过构造城乡教育一体化发展指数刻画了我国省际教育城乡一体化情况，发现全国教育城乡一体化程度总体较低，并认为实现教育城乡一体化的政策方向是加强省级政府的财政责任，完善"省级统筹"机制。雷丽珍（2010）将广东省作为案例省份对地方政府经费使用情况进行了考察，研究发现，县级政府在义务教育经费投入中存在经费投入不足、使用不规范等问题，"省级统筹"的政策重点应是如何合理确定省、市、县三级政府教育投入的分担比例。

在供给效率视角下，强化省级政府义务教育经费投入责任在理论上同样具备合理性。从我国义务教育的产品属性来讲，由于法律要求的强制性，其供给与使用过程具有非竞争性和非排他性，属于公共物品范畴（厉以宁，1999；王善迈，2000），这种产品属性决定了应由政府作为主要提供者，但具体属于全国性公共物品还是地方性公共物品理论上并无明确界定。马斯格雷夫（Musgrave，1959）认为政府在财政支出中应当承担的三类支出责任主要体现在资源配置（提供公共物品及服务）、收入分配和经济稳定领域，此三者可以概括为政府的"三职能"。此后，伴随着 20 世纪 50 年代后公共物品理论的兴起，以蒂伯特（Tiebout）、奥茨（Oates）和马斯格雷夫等为代表的第一代财政联邦主义理论从公共物品的供给效率角度论述了地方政府存在的合理性。

在公共物品及服务的提供方面，哈耶克（Hayek，1945）认为由于地方政府距离民众较近，对地方居民的偏好异质性及公共需求的反应较为敏感，且有为地方居民提供一揽子公共选择的愿望，因此在公共物品的提供上相比中央政府能够做出更好决策。蒂伯特（1956）的经典论述认为由于存在辖区居民"用脚投票"机制，由其引发的地方政府间竞争将使地方政府能够提供有效率的地方性公共物品。奥茨（1972）认为在公共物品及服务提供方面，联邦制政府作为公共部门，应当采取集中与分散决策相结合的方式，联邦制政府部门中的各级政府对公共服务内容的决策将主要取决于辖区内居民的公共需求，应当由州和地方政府负责提供与市场失灵有关的地方性公共物品，但是如国防、外交等全国性公共物品仍然应当由联邦政府提供。

基于此种财政支出责任划分模式，20 世纪 70 年代后的美国却出现了政府间横向资源配置的不均衡问题。此后，马斯格雷夫（1976）等研究重新审视了各级政府在财政收支中的定位以及政府间财政关系，认为由于部分公共物品供给过程中存在的溢出效应、辖区间税收竞争、辖区间财政差异等因素可能导致资源配置的无效率，因此，在地方政府提供此类公共物品的同时需要高一级政府进行干预，州和联邦政府应予以支持，缓解地区间差异，提高供给效率。奥茨（1996）认为地方政府资源配置效率的提高只有在政府间竞争满足严格的假设前提下才有效。贝斯利和科特（Besley 和 Coate，2003）将政府间公共物品提供原则归纳为居民偏好异质性和地方性公共物品溢出效应之间的取舍。

在义务教育领域，我国也有诸多学者验证了由于政府间溢出效应、竞争效应等因素存在，单纯由县级政府供给不能达到效率最优，上级政府需要承担更多经费投入责任。其中，吴俊培（1994）从供给效率角度分析了地方政府提供公共商品和服务的均衡点应在边际收益与边际成本相等处，地方政府主要职能应是资源配置；但这并非是完全排除上级政府在资源配置中的作用。该研究认为，我国农村小学教育供给受限于县级政府的经济能力，中央和省级政府有义务对供给能力不足的县级政府通过转移支付的方式进行解决，弥补义务教育单纯由县级政府提供造成的效率损失。曾明、李武龙（2010）认为过于依赖地方政府财源可能形成地区之间义务教育投入的严重不平衡，同时指出义务教育转移支付的总体资金规模相对较小，且转移支付结构不合理，各级政府在实施义务教育转移支付中，缺乏一套科学规范的测算体系和明确的转移方案，并提出了最低标准、机会均等、完全均等的财政转移支付模式，为实现义务教育均等化目标，应采取因素法义务教育转移支付模型，对中央财政向各省、自治区、直辖市义务教育转移支付的资金额进行测算，以进一步明确中央政府和省级政府在义务教育中的投入责任。李世刚、尹恒（2012）认为地方政府行为存在策略互动可能，义务教育投入"以县为主"体制中存在的溢出效应和竞争效应将导致县级政府基础教育财政支出偏离有效率的水平，研究同时得出结论：改善供给效率的主要方式应是上级政府尤其是省级政府承担更多基础教育财政投入责任。

尽管从效率角度考虑，公共物品的有效供给需要各级政府在资源配置方面进行明确分工，但是，政府间财政支出责任划分也并非一成不变。马丁内斯（Martinez, 1998）就认为支出责任划分方式并无最优，既可以通过实际划分与理想模式的适合程度来判断，也可根据分权化战略目标或中央政府目标的完成程度来判断；支出责任划分方式既可能随成本、技术条件的变化而变化，又可能随居民偏好的变化而变化，但在某一特定时期内，必须有稳定且清晰的支出责任划分，否则可能导致政府间关系不稳定和公共服务供给低效率。此外，他还揭示了转轨国家支出责任划分中存在的共同问题，如缺乏法律保障、无效率划分、责任划分模糊等等。在该研究基础上，马丁内斯（2001）围绕财政主体所承担的支出责任与其掌握的财政资源的匹配情况剖析了支出划分对财政失衡的影响。毛飞、王梅（2009）认为政府间支出责任划分应当随实际情况的变化而调整，这一过程中，上级政府应根据责任承担者的财政能力承担部分公共物品供给责任。

二、政策效果的研究

有关义务教育经费"省级统筹"政策效果的研究中，学者们多从政策可能带来的"增量效果"（政策是否提高了生均经费等指标的绝对水平）和"均衡效果"（政策是否缩小了生均经费等指标的地区、城乡差异）两个角度进行分析评价，方法既包括描述性分析法，也包括计量分析法，计量分析以构建政策虚拟变量方式的研究居多。多数研究结论发现，2005年"新机制"等义务教育支出重心上移特征较为明显的财政改革对缩小地区、城乡间义务教育经费差异能够起到积极作用。

在几个较有代表性的研究中，赵力涛、李玲（2015）认为"省级统筹"的最终目标应是实现区域、城乡间义务教育均衡发展，在评价"省级统筹"的政策效果时应区分普惠性改革项目和特惠性改革项目对政策效果进行区别评价。作者使用我国西部某省2008—2013年的校级数据实证验证了"省级统筹"政策的分配效果，发现"省级统筹"对于缩小生均办学条件的城乡和地区差异具有积极作用。张晏等（2013）基于我国1998—2006年省级层面面板数据比较了我国义务教育"中央集权""省级统筹"和"以县为主"三种投入模式下的产出效率，该研究以生均教育经费指标衡量教育产出，实证结果表明相比其他两类政策,"省级统筹"政策对提升生均教育支出的效果更加明显;但政策效果在城乡间存在差异性,因此在政策具体设计上还应考虑城乡间的异质性。成刚、孙宏业(2015)基于北京市 2003—2013 年区县级面板数据,以 2005 年"新机制"政策虚拟变量作为"省级统筹"的代理变量,通过建立计量模型发现"新机制"政策的实施显著提高了农村与城市小学教育经费比率,即"省级统筹"政策能够起到缩小城乡差异、促进城乡均衡的作用。宗晓华、丁建福(2013)使用我国 1999—2009 年省级面板数据,评价了"以县为主""新机制"和"省直管县"三项支出重心明显不同的财政政策对"城乡义务教育生均经费之比"的影响,研究发现"以县为主""新机制"和"省直管县"政策均有利于缩小城乡义务教育生均经费差异;但"新机制"政策均衡效果更为明显。黄斌等(2013)基于我国 1999—2007 年县级政府数据,对 2001 年"以县为主"政策和 2005 年"新机制"政策在均衡地区间义务教育财政支出差异方面的效果进行了评价,研究发现尽管两次改革均在一定程度上缩小了县域间生均教育经费差异;但这种积极效果与地区间财力差异所产生的消极效果相比较小。丁建福(2012)基于我国 1999—2001 年省级层面面板数据,运用有序 Logit 模型对省级政府教育投入努力程度的影响因素进行了探讨,研究发现省级财政集中度、腐败控制力度、人均 GDP 水平、省级政府财政自主度和净转移支付规模等因素均与省级政府的教育投入努力程度呈显著正相关。

此外,部分研究为得到更准确的因果关系,通过构建准实验研究设计对政策效果进行了评价。例如,孙志军等(2010)运用双重差分设计,基于广西、湖北和浙江三省政策实施前后两年的学校数据,对 2005 年"新机制"政策实施效果进行了评价,研究发现政策显著提高了义务教育经费中来自财政拨款部分的水平和分配的公平程度,改革前财政拨款较少的学校改革后获得的财政拨款明显增长;然而,改革对经费总量的提高没有起到明显效果,这一结果表明来自更高层级政府转移支付可能会对下级政府本级教育支出产生抵消作用。卢珂(2014)通过构造配对模型,使用与孙志军等(2010)相同的数据,评价了 2005 年"新机制"政策对缩小县际经费差距的效果,研究发现政策对促进义务教育均衡发展起到了积极作用;但这种作用仅体现在生均公用经费和生均预算内公用经费两个指标上。王文（Wang，2011）基于我国河南省 108 个县 1999—2008 年面板数据，使用双重差分方法评价了"省直管县"政策对生均教育支出的影响，研究发现该政策对教育经费的增量效果并不明显，可能是由于改革后具有更大决策自主权的县级政府将获得的财力投入到了经济建设中，从而挤占了原本用于教育的支出。靳卫东（2014）利用断点回归设计，基于 2006 年中部和西部地区县级数据对"新机制"政策效果的研究表明，在增量效果方面，"新机制"显著提高了西部农村地区的人均义务教育财政投入；在均等效果方面，西部农村落后地区获得了更多的上级转移支付，而中等收入地区的义务教育财政投入水平仍然较低，并没有充分体现财政中立性原则。陈思霞、卢盛峰（2014）针对"省直管县"政策利用 1105 个县级政府数据，使用倍差法的研究发现，深化分权改革并给予基层政府更大的自主决策权，将显著提高基础建设支出比重，降低教育等民生性服务支出占比；分权引致的"重基建、轻民生性公共服务"的支出倾向在贫困地区更为明显；"省直管县"分权的空间配置效应逐步递减。因此，该研究认为单纯依靠转移支付和财权下放并不足以达到修正地方支出结构的目的，为进一步激励地方政府对民生性公共服务进行足额投入，需改变以 GDP 等硬性指标为核心的晋升评估机制。杨晋等（2017）利用 2005—2006 年全国县级教育财政面板数据，通过构建双重差分模型，探讨了新机制改革对义务教育阶段经费支出水平及其结构的影响效果，发现改革具有"收入效应"和"替代效应"，短期内将显著提高公用经费支出水平，但并未提高人员性经费支出水平。该研究表明，地方政府可能在短期内采取优先提高预算内公用经费以达到改革既定目标的策略。刘叶、哈巍（2020）利用我国东部六省面板数据，使用双重差分设计探讨了"新机制"政策对农村小学和农村初中生均预算内和全口径教育经费支出（含生均教育总支出、生均事业费和生均公用经费）的影响，研究发现，"新机制"政策的补贴比例对农村小学的预算内生均总经费、事业费和公用经费以及全口径的事业费和公用经费都有显著的正向影响；对农村初中预算内和全口径的生均公用经费有显著的正向影响。"新机制"政策在直接拉动预算内教育经费增长的同时，对全口径教育经费的增长也存在一定的拉动作用。

第二节　地方政府政策执行行为研究

不同于通过构建计量回归模型等从数理角度对义务教育经费"省级统筹"政策效果的研究，在有关公共政策执行的研究领域，学者更多从政策执行具体过程中找寻影响政策最终效果的答案。

著名组织行为学家马齐（March，1988）提出了一个重要命题：政策执行过程是组织决策过程的延续。针对我国公共政策执行过程中出现的"政策梗阻""政策变通""策略性执行""基层共谋"等现象，诸多研究围绕地方政府在政策执行过程中的行为选择展开分析，此类研究多以案例分析方法为主，形成了"自上而下""自下而上"以及"整合"三种分析视角。三种分析视角在研究侧重点、理论假设等方面存在明显不同。就研究侧重点而言，"自上而下"和"自下而上"分析视角更加倾向于"政策执行主体导向"，"整合"视角则更加倾向于"组织结构导向"。因此，"自上而下"和"自下而上"分析视角的差异实则属于"政策执行主体导向"下的内部差异，"整合"视角更像是对前述两种分析视角的补充和修正（涂锋，2009）。

一、"自上而下"视角的研究

"自上而下"视角的研究以上层政策执行主体作为分析出发点，关注政策文本以及政策制定者（多数情况下即为中央政府）在政策执行过程中的权威地位和控制作用，这一分析视角强调"央地关系"或"府际关系"，认为政策执行就是政策执行官员和目标群体的行为在多大程度上与体现在一个权威体系中的政策目标相一致（O'Tool，2000；Marinetto，2013）。

但事实上，已有研究认为，在"自上而下"视角中，地方政府能否严格按照中央的要求执行政策取决于体制的有效性（刘玉照、田青，2009；郁建兴、高翔，2012）。在一个有效体制下，各级地方政府应忠实地执行中央政府政策主张，不折不扣按照中央政策中相关要求办事；相反，如果体制存在缺陷，则会影响到中央政府在政策执行中的权威地位和控制作用，那么地方政府便极有可能违背中央政府的意图和目的，产生机会主义动机。

一般而言，体制的有效性是相对的，主要取决于三个条件：一是中央政府是否掌握着关键的奖惩手段；二是中央政府对地方政府的任务设计是否合理；三是中央政府对地方政府的绩效考核体系是否完备。三个条件可以共同影响地方政府多样化的行为选择：可能忠实地执行中央政策，可能策略性地执行政策。通常来说，可能被地方政府忠实地执行的政策包括：可以被准确衡量绩效的政策、中央政府优先考虑的事项、与地方利益相契合的政策等等；可能被策略性地执行的政策包括：难以衡量绩效的政策、中央政府不太重视的事项、与地方利益相对立的政策等等（Brien 和 Li，1999；Edin，2003；Landry，2008；周雪光，2008；欧阳静，2011）。

二、"自下而上"视角的研究

与"自上而下"视角过分强调政策制定者在政策执行中的控制能力，忽略政策执行者具有干预政策执行过程的能力不同，"自下而上"分析视角更加突出基层官员在政策执行和公共物品提供过程中的作用，强调基层官员政策执行和公共物品提供过程中的自由裁量权①（Lipsky，2000）。这种自由裁量权往往可以使基层官员成为公共政策执行过程中的关键行动者，而地方政府获得的自由裁量权大小将能够显著影响地方政府在公共物品提供过程中表现出的行为目标（叶托，2012）。有研究认为，地方政府政策执行者实际上有能力对地方政府事务执行的轻重缓急程度进行重新编排，而在这个任务重组过程中，地方领导人和政策执行者的意志，能够取代委托人意志发挥决定性作用（袁瑞军，1999；牛田盛，2013；Birney，2014）。因此，"自下而上"分析视角认为地方政府的行为选择是由基层政策执行者基于自由裁量权的一系

---

① 所谓"自由裁量权"的含义，以城市最低生活保障标准为例，中央政府仅制定了粗线条的《城市居民最低生活保障条例》，并规定保障标准由各地民政部门会同当地财政、物价、统计等部门制定，并要求各地民政部门按照当地生活必需品费用和财政能力实事求是地确定。这便等于将大量的政策制定空间抛给地方政府（叶托：《超越民营化：多元视角下的政府购买公共服务》，《中国行政管理》2014 年第 4 期）。

列个人决策集合所构成。

由于强调了基层政策执行者在政策执行过程中的自利追求，"自上而下"视角的分析多将地方政府视为逐利个体，认为当地方政府存在与上级政策制定者不相一致的自身利益时，虽然在台面上会坚持"政策执行应该遵循原则性与灵活性有机结合"的原则，但在实际的政策执行过程中，往往更加倾向于"执行灵活性"（宁国良，2000；周雪光、艾云，2010；李金珊、叶托，2010；陈家建等，2013）。进一步地，这种"灵活性"容易导致地方政府在政策具体操作过程中出现"政策附加""政策替换""政策抵制""局部流产"等政策失效情形（王国红，2007；Rothstein，2015），使得地方政府总是选择性地执行中央政府制定的政策。作为中央政府的派出机构，地方政府应该不折不扣地执行中央的方针、政策、指示和命令（周振超，2009）。但从实际情况来看，地方政府在实际的政策执行过程中倾向于灵活性（李金珊、叶托，2010）。

在教育领域中，已有研究关于中央加大教育转移力度后，地方政府在教育资源配置结果方面的不确定性也为这一观点提供了佐证（郭庆旺、贾俊雪，2008；成刚、萧今，2011；李永友，2015；龚锋、李智，2016）。现有关于中央加大转移力度对地方教育资源配置的研究区分了以下三种可能情况：一是完全的激励效应，下级政府不仅把上级政府的转移支付全部用于教育，而且同时增加本级的教育支出，结果每增加一个单位的转移支付，下级政府的教育支出会增加超过一个单位；二是挤出激励效应，上级政府的转移支付部分挤出了地方的自筹资金，每增加一个单位的转移支付，下级政府的教育支出会增加少于一个单位；三是完全的挤出效应，转移支付没有增加地方的教育支出。在极端的情况下，如果上级政府的资助导致下级政府教育支出减少，就出现了稀释效应。部分此类研究发现，尽管上级转移支付增加了地方政府财力，但是，作为教育投入过程中层级最低且处于政策执行一线的县级政府，在教育投入中可能会倾向于"灵活性"：当县级政府财力得到改善后，时常通过调整原有财政支出结构的方式，减少原本用于教育的本级支出，导致上级政府期望转移支付所能达到的公共服务均等化效果可能最终并不明显。

三、"整合"视角的研究

尽管"自上而下"和"自下而上"分析视角的侧重点各有不同，但在分析过程中均存在片面性，过分强调了上层政策制定者或下层政策执行者一方在政策执行中的重要性，学界对两种分析模式的批评产生了将两者综合起来的模式，即"整合"视角的研究。该视角的研究从 20 世纪 80 年代后期一直延续至今，学者们试图超越"执行失败"现象和单一执行路径的研究局限，探讨复杂情境下多层次多对象的政策执行问题。例如，戈金（Goggin，1990）提出的政策执行府际关系模型，将联邦、州和地方政府同时纳入分析框架。马特兰（Matland，1995）则从政策的本质特征入手，提取出模糊性和冲突性两种政策属性，并据此建立了模糊冲突模型，成为政策执行研究中最常被使用的理论框架之一。

"整合"视角以整合的方式对政策执行"失效"现象进行解释，将政策制定者的控制作用以及政策执行者的自由裁量权、主体能动性都纳入分析过程，是对前述两种视角的综合；又从政策本身的性质、多维网络分析中的制度视角以及执行结构中的组织视角出发，对前述两种分析视角进行了补充。"整合"视角对政策执行结果的解释包括了政策形成、政策设计、基层官员行为、组织间关系、社会经济环境等一系列组织结构因素，探讨由这些内外部因素构成的复杂情境下多主体多层次政策执行问题，认为政策执行过程在不同政策执行主体间带有更多"博弈"的特点（赵静等，2013；徐敏宁等，2014；闫东玲等，2016）。那么，组织环境到底包含了哪些制度？这一问题并没有准确的答案。对于不同的研究目的或研究对象，这一问题会有不同的答案。例如，弗里兰和阿尔福德（Frienland 和 Alford，1991）从宏观社会现象的角度出发，认为任一组织均面临五种主要的制度：市场、官僚、民主、家庭和宗教，而这些制度背后的逻辑共同形塑了组织或个人行为；又如，桑顿（Thornton，2004）在研究美国高等教育出版组织时发现，市场、企业、职业、国家、家庭和宗教等六大制度逻辑对这些组织的影响最为显著；再如，斯科特等（Scott 等，2000）认为，在美国的医疗卫生领域，市场、民主和职业三个制度逻辑发挥着最为重要的作用。叶托（2012）认为组织环境是由各种制度所组成，既涵盖组织的内部因素，也包括组织的背景因素，而且每一种制度均具有特定的制度逻辑，也即规范组织行为的特定的物质体系和符号体系。由此可见，制度逻辑的概念可以有效地将组织的内部因素和背景因素一起纳入组织行为的分析框架。

关于"整合"视角相关研究中，当前较有代表性的理论研究是马特兰（1995）提出的模糊冲突模型（Ambiguity Conflict Model）。该模型在政策执行分析过程中突出了政策的冲突性和政策的模糊性两大基本属性，并将政策冲突性定义为"某一政策与各级政策执行主体的利益直接相关，但各执行主体的利益之间存在差异，此种差异最终表现为政策执行过程中各执行主体所声称的政策目标不一致或者预期的政策执行方式（手段）不一致"；政策模糊性则具体包括了政策目标的模糊性和政策执行方式的模糊性两方面。

按照两大属性强弱差异的不同排列组合，马特兰（1995）认为某一政策最终的实施策略可以区分为四种不同情况：低冲突性和低模糊性的情况下为"行政性执行"，此时，政策目标清晰、执行方式明确、各执行主体利益一致，政策的顺利实施只需必要的人财物"资源要素"作为保证即可；高冲突性和低模糊性的情况下为"政治性执行"，此时，政策目标虽然清晰，但政策执行存在内在冲突，"权力要素"在这一过程中决定着政策执行的结果，只有当执行主体一方以足够大的权力给其他执行主体施加压力，才能确保政策顺利实施；高冲突性和高模糊性的情况下为"象征性执行"，此时，政策的出发点往往是为强调某种价值观或原则起到价值引领作用，它的执行结果取决于"执行主体联盟的强大程度要素"；低冲突性和高模糊性的情况下为"试验性执行"，此时，政策执行主体具有充足的"自由裁量空间"，空间中不同要素资源的综合作用构成了不同的"情境"，不同的"情境要素"进一步决定了政策执行主体采取的不同执行策略。

马特兰的模糊冲突模型为政策执行研究提供了一个有用的综合框架，并已在关于我国地方政府政策执行行为分析的相关研究中得到广泛应用（丁煌、定明捷，2004；陈家建，2016；Yang，2016；吴少微、杨忠，2017），但是，部分研究结论也表明，对于特定政策，地方政府政策执行和行为选择往往并没有统一范式，应具体情况具体分析。例如，吴少微、杨忠（2017）基于模糊冲突模型的基本思路，对模糊冲突模型做了部分修正。该研究分析了某市实施的区县共建科技园案例，对参与园区共建的区县政府在政策执行过程中表现出的行为逻辑进行了解释，研究进一步发现，面对具有高冲突性和低模糊性特点的共建园政策，区县政府并非一定会采取"政治性执行"策略，还可能采取"行政性执行"或"变通性执行"，而在这一具体决策过程中，"压力型体制""集体主义文化""执行主体间的共生关系""不同执行主体的利益诉求"等具体因素都将发挥重要作用。

第三节 义务教育均衡发展相关研究

国内学界对义务教育均衡问题的关注始于20世纪90年代。2000年后，义务教育均衡发展逐渐进入社会公众的视野，成为教育理论与实践研究的关注重点。尤其是2006年国务院修订的《中华人民共和国义务教育法》明确了"义务教育均衡发展"的教育理念后，社会各界对义务教育均衡的探讨持续升温，与此相对应，学界对义务教育均衡的研究视角不断扩展、理论分析不断深化、实践探索不断丰富。

一、关于义务教育均衡概念的研究

义务教育均衡发展是一个相对的概念。目前，学术界普遍接受和广泛应用的是义务教育均衡的层次论。按照教育均衡的层次论，它包含三个相互联系的层次：一是确保人人都有受教育的权利和义务；二是提供相对平等的受教育的机会和条件；三是教育成就机会和教育效果的相对公平，即保证受教育者获得个性发展和实现相对均等的高质量的教育。这三个层次呈现依次递进关系，第一层次是最基础的要求，并且是第二层次和第三层次的前提条件；第二层次是对教育均衡发展更高层次的要求，同时也是实现教育结果均衡的重要前提条件；第三层次是最高要求，也是最终目标。

从已有文献看，国内学界对义务教育均衡的概念界定主要可分为以下三类。

其一，从教育均等及教育公平视角界定义务教育均衡。例如，栗玉香（2006）将义务教育均衡界定为某政府在义务教育阶段发展所需要的硬件投入（包括校舍、设施、办学经费等方面）实现相对均衡，从而实现办学条件的均衡化。这种均衡有利于在城乡间、地区间初步实现居民义务教育权利的平等、公民发展权利的起点公平。赵庆华（2005）认为，义务教育均衡发展是指在国家法定的义务教育接受年限内，国家为适龄儿童、少年提供均衡发展的受教育条件，并以法律手段保证教育资源配置的均衡性，使受教育者在公平、公正、均衡的状态下获得最大限度的发展。王唯（2003）提出，"均衡发展"是一个动态性的原则，均衡是为了大面积提高教育质量，不是"一刀切"，而是鼓励办出特色；"均衡教育" 也不是限制发展，把高水平的拉下来，而是要鼓励发展快的地区提高质量和水平，在发展过程中逐步把水平不高的提上来；"均衡发展" 不是低水平、停滞不前的静态教育，而是不断发展、与时俱进的教育。高宁波（2015）认为，义务教育均衡发展是指在教育公平理念指导下，区域间义务教育在教育起点、教育过程、教育结果各方面协调、稳定、有序地发展。它不仅体现在静态的发展结果上，更体现在动态的发展过程之中。田晓婧（2017）认为义务教育均衡是指不论任何种族、民族、性别的适龄学生，都能够接受到平等、均等、同质化的义务教育，这是义务教育均衡的第一重内涵；义务教育均衡还指义务教育体系内外各利益相关方和利益主体的平衡，这是义务教育均衡的第二重内涵。

其二，从教育供给和需求的角度界定义务教育均衡。例如，王阳（2015）认为，义务教育均衡发展指在正常的教育群体之间平等地分配公共教育资源，达到教育需求与教育供给的相对均衡，其内涵主要包括合理控制教育差距、政府配置的教育公共资源和教育机会相对均衡，以及义务教育的普及程度、学校的布局、义务教育的总体质量等大致均衡。姚永强（2014）认为，尽管义务教育均衡发展涉及受教育者权利保障和教育公平实现的问题，但教育公平主要表现为公共教育资源分配的一种均衡状态，义务教育均衡发展的最终目标就是合理配置教育资源，通过资源配置提供相对均等的受教育机会和条件。因此，义务教育均衡发展就是指在一定区域内，例如一个县、一个省的范围内，在义务教育的硬件投入、校舍、设施、办学经费方面，实现国家（含地方政府）投入的相对均衡，并在此基础上实现办学的标准化和均衡化。

其三，从教育系统优化的角度界定教育均衡，例如，聂劲松、刘斌（2006）认为，义务教育均衡发展是指一定时空范围内义务教育制度实施的不断优化过程，其评价涉及实施的广度、深度和最终结果。鲍传友（2007）认为，义务教育均衡是一个多层次的概念，它不仅包含了区域义务教育均衡发展、学校均衡发展，而且也包含了个体均衡发展。所谓区域义务教育均衡发展，主要指地区间和城乡间义务教育发展水平的大致均衡，其外延应主要包括义务教育的普及程度、学校的布局、义务教育的总体质量等等，此类均衡属于宏观层次的均衡。

从已有相关研究看，国内学界对义务教育均衡概念的探讨基本形成了以下三点共识：第一，义务教育均衡发展以教育民主和教育公平作为内在的理念基础；第二，义务教育均衡的执行主体应为政府，各级政府应以义务教育的公共性、普及性和基础性作为政策制定依据，调整资源配置，使本地区的义务教育资源处于一个相对均衡的状态，以向受教育者提供相对平等的受教育的机会和条件；第三，义务教育均衡应包括教育成功的机会和教育效果的相对均等两个方面的外延。

义务教育财政均衡作为义务教育均衡的重要组成部分，是义务教育均衡在教育财政领域内的体现，是义务教育均衡发展的财力保障。从理论上讲，义务教育财政均衡在整个教育均衡体系中处于重要地位。首先，许多学者在定义教育均衡时强调过程均衡的重要性。例如，于建福（2002）认为教育均衡是指政府通过一定的法律、法规、政策确保给公民或未来公民以同等受教育的权利和义务，通过政策的调整制定及资源的调配而提供相对均衡的教育机会和条件。翟博（2002）认为教育均衡是在平等原则的支配下，教育机构、受教育者在教育活动中平等待遇的实现（包括建立和完善确保其实际操作的教育政策和法律制度），其最基本的要求就是在正常的教育群体之间平等地分配教育资源，达到教育需求与教育供给的相对均衡，并最终落实在人们对教育资源的支配和使用上。其次，从教育均衡的层次论看，义务教育机会均衡和义务教育结果均衡并不直接涉及义务教育财政均衡，只有义务教育过程均衡与义务教育财政均衡密切相关。

从义务教育投入的类型看，直接投入包括经费投入，间接投入包括办学条件、师资配置等由于经费投入而形成的教育资源。由于间接投入离不开直接投入作为保障，故经费投入是教师资源和办学条件的原始形态。因此，义务教育财政均衡在义务教育过程均衡中处于基础性地位。

二、关于政府在义务教育均衡发展中权责的研究

由于义务教育的公共属性和重要价值，义务教育均衡发展与政府权责关系紧密，县域义务教育均衡作为当前义务教育均衡的现实选择，与政府的关系更是密不可分。

从已有研究来看，学界对于政府应成为义务教育均衡发展的工作主体，形成了较为一致的研究结论。例如，赵庆华（2005）认为，确保义务教育均衡发展是我国实现教育现代化、建设和谐社会的重要基础。王焱（2005）认为，义务教育的基本属性决定了政府应在义务教育均衡发展中发挥主体作用。各级政府应切实采取措施，缩小同一区域内不同学校在办学条件、经费投入、师资水平、教育教学质量等方面的发展差距，深入推进本区域内义务教育均衡发展，这是全面实施素质教育的重要基础。陈上仁、田延光（2003）指出，受市场经济发展不均衡、分税制财政体制等因素的影响，我国义务教育发展十分不均衡。尤其是贫困山区的发展差距很大，如没有政府的介入干预，很难实现义务教育均衡发展。王小柳（2004）认为，在基础教育领域中的义务教育均衡发展问题，已经成为亟须研究和解决的重要问题，解决这个问题的一个关键工作是区级政府教育职能部门如何理解"均衡化"问题，如何正确定位、明确义务教育均衡的内涵。

在义务教育均衡发展推进过程中，一个基础性问题即是义务教育均衡发展的经费问题，学界对此问题也进行了较为深入的分析和讨论。学界探讨的重点集中在省级统筹、农村城乡义务教育、转移支付制度等方面。崔晓萍等（2007）指出，我国目前"地方负责、分级管理、以县为主"的农村义务教育管理体制，特别是农村税费制度改革使得农村义务教育经费投入保障问题进一步凸显。明确各级政府在农村义务教育发展中的职责边界、进一步完善

农村义务教育财政转移支付制度，是保障义务教育公平、实现教育均衡发展的关键。张筱峰（2004）认为，税费改革使得我国大部分农村地区的义务教育经费严重短缺，应探索出台纵横交错的教育财政转移支付制度，加强中央政府和省级政府教育财政的整体协调功能，这是推进义务教育均衡发展的重要基础。关于城乡义务教育均衡发展中的经费投入问题，学界也展开了分析讨论。例如，王焕清（2006）对城乡义务教育均衡发展的经费投入进行了分析，研究结果表明，我国城乡义务教育均衡发展在财政保障和经费投入等方面还存在不小的差距，各级政府应明确本级政府在农村义务教育经费投入中的实际主体责任，完善财政投入机制，保障和进一步推进本区域内城乡义务教育的均衡发展。吴吉惠、章义华（2015）认为，教育经费投入是保障城乡义务教育均衡发展的关键，教育经费投入差异是导致城乡教育发展差距较大的主要因素之一，消除城乡"二元"结构、统筹城乡发展、发挥中央和省级政府财政宏观调控职责、明确各级政府的义务教育投入责任和比例、完善教育投入考核制度、实行行政问责机制以及完善义务教育转移支付制度是实现城乡教育经费均衡投入的重要举措。赵海利等（2018）认为，当前义务教育均衡发展的改革思路主要可以通过三类途径发挥作用：一是增加中央和省级政府义务教育投入责任，通过"输血"提高县级政府对义务教育的供给能力；二是促进县域经济发展，通过"造血"功能增加县级政府对义务教育的供给能力；三是减少政府层级，增加单位义务教育财政资金使用效率，以提高"输血"效率来间接扩大义务教育供给能力。为检验三类途径的有效性，作者利用江西省 2000—2015 年八十个地市县面板数据，采用双重差分法对省直管县财政体制改革对地区义务教育投入的影响进行了实证分析，结果表明，省直管县改革并没有显著缩小地区间义务教育投入差距，原因在于该项改革主要是通过第二种和第三种途径影响地区间义务教育投入差距，但这两种作用途径产生了反向抵消的效果。因此，为更好地促进义务教育健康均衡发展，还需加强省级政府对欠发达地区的经济帮扶，提高欠发达地区的"造血"能力，更多发挥第一种途径的作用效果。

有学者对各级政府在经费投入中的职责边界作出分析。例如，方建锋（2005）认为，为缓解教育资源匮乏的局面，各级政府应切实加大对义务教育经费的投入力度，同时应研究在义务教育领域建立财政专项转移支付制度。就基层政府来看，县级政府承担着统筹县域内义务教育经费的责任，县级政府应在本级财政预算中列支详细的义务教育收支预算。就省级政府来看，应在省级层面出台义务教育收支缺口弥补政策，由省级财政推进义务教育专项转移支付制度，对于教育经费标准（特别是生均公用经费）低于全省平均线的县区，应制定出科学合理的财政补助标准，尽量缩小不同地区由于财政资源差异而产生的义务教育经费投入差距，推动义务教育均衡发展。张辉蓉等（2019）基于数据分析的视角，总结了我国义务教育均衡发展历程后认为，我国义务教育均衡发展取得了明显成效，这些成效主要表现在教育经费投入持续加大，区域、城乡经费差距逐渐缩小；师资队伍建设成效显著，均衡配置师资逐步落实；推进学校标准化建设，办学条件不断改善；等等。但也存在诸多问题，例如，义务教育经费投入存在农村义务教育经费投入总体不足，义务教育经费保障机制尚未落实到位，且"滞拨""挤占"现象频发；西部、农村等贫困薄弱地区专任教师不足、学科结构性缺口、优质教师"难招难留"问题突出；基本办学条件存在薄弱环节，学校标准化建设有待持续推进；等等。相关问题解决的重要措施就是要实施差别化的转移支付责任分担机制，完善义务教育经费保障；强化义务教育财政供给的主渠道，实施差别化的转移支付责任分担机制，匹配不同层级政府间的事权与财权，减少薄弱地区或贫困县转移支付资金的配套压力；同时加强对各级政府教育投入的检查和监督力度，严防教育经费挪用、滞拨、挤占等现象。

小　结

本章分别就义务教育经费"省级统筹"政策、地方政府政策执行行为分析，以及义务教育均衡发展的相关研究进行了总结归纳。

可以看出，针对"省级统筹"政策成因的已有研究证实了强化省级政府义务教育经费投入责任存在理论层面的合理性和现实层面的必然性，这一点在学界已基本达成共识。但是，在实现义务教育公平与有效供给的要求下，许多研究对强化省级政府投入职责的呼吁更多像是一种"口号"，并没有针对政策内涵、政策实施情况等内容进行更加详细的论述，使该问题仍没有得到深入研究。

政策效果的研究中，有关"省级统筹"政策增量效果和均衡效果的研究结论并不一致，并且许多研究是以构建政策虚拟变量的方式对政策效果进行评价，这种评价方式往往忽视了政策执行过程中某些因素对最终执行效果的影响，缺乏从政策执行等角度对政策最终效果的有力解释。

在地方政府政策执行行为分析的研究领域，已有研究发现大量政策内部和外部因素将会影响政策实施过程以及地方政府行为选择，这揭示出政策执行过程的多样化，同时也揭示出政策执行的不确定性和动态变化特征。尽管某一政策的最终效果并不是给定的，但也并非无规律可循，不确定的执行结果背后有一条虽难以捕捉但确实存在的逻辑主线，是多重因素影响下的综合表现。同时，已有研究也为分析地方政府政策执行行为提供了丰富的分析视角及分析模式，本书后续内容将吸纳已有研究先进经验，尝试对省级政府在义务教育经费"省级统筹"政策中的执行落实情况进行分析解释。

在义务教育均衡发展的相关研究中，学者对义务教育均衡发展的概念内涵及政府权责进行了较为深入的论述，本书第六章、第七章将在已有研究的基础上，总结概括现阶段义务教育均衡发展中存在的主要问题，就进一步实现义务教育均衡发展的推进机制进行分析。

第二章

"省级统筹"政策的发展与含义

自义务教育经费"省级统筹"政策提出以来，各方对"省级统筹"这一术语所指不同，甚至有着截然相反的观点，这造成现实中对"省级统筹"的认识和讨论模糊不统一。因此，对义务教育经费"省级统筹"视角下义务教育均衡发展及推进机制的学术探讨，有必要建立一个客观、一致的分析框架。本章分三个部分对"省级统筹"政策的发展及含义进行分析：第一部分，基于1985年后中央在义务教育领域若干重大文件中有关省级政府财政投入责任话语体系的演变过程，对义务教育经费"省级统筹"政策的提出背景和发展沿革进行文本归纳和制度分析；第二、三部分，在对中央话语体系中有关省级政府财政投入责任要求进行归纳分析的基础上，结合学界已有的关于"省级统筹"政策的探讨，对义务教育经费"省级统筹"的政策目标及当前含义进行概括。

本章构建的概念框架是解决"'省级统筹'政策是什么"的问题，并为下文分析奠定基础。但需要强调以下三点。

第一，"省级统筹"并不是教育领域中的专有名词，其在养老保险、城乡基本医疗保险等领域都有其独特所指。当前，教育领域中的"省级统筹"同样已经是一个很宽泛的概念。从概念涉及的教育层次来讲，它已涵盖了学前教育、基础教育和高等教育等各级各类教育；从概念涉及的教育类别来讲，它既包括了职业教育和非职业教育，也包括了公办教育和民办教育；从概念涉的范围来讲，它覆盖了教育领域中省级政府有关人、财、物等资源投入配置的各个方面，具体包括教育办学财政投入、教育经费使用、教师队伍管理、干部教师培训、校舍和其他办学条件改造提升等等。至今，概念范围仍然处于不断发展和变化过程当中。本书将"省级统筹"政策的研究对象确定为义务教育经费投入领域的省级政府统筹，主要强调省级政府在义务教育经费投入、使用和配置中的统筹责任。在我国，教育经费主要是指国家用于发展各级教育事业的费用。从其使用方向来看，可分为教育事业费（即各级各类学校的人员经费和公用经费）和教育基建费（建筑校舍和购置大型教学设备的费用）两大类（陈晓宇，2012）。教育经费使用和配置的好坏将直接影响教育发展的质量和结果。

第二，2016年8月，国务院将义务教育明确为中央与地方政府的共同事权①。作为政府共同事权，自然涉及在各级政府间的责任划分问题。通常来说，政府的某项事权会涉及"服务的提供"和"服务的监管调控"两方面内容（魏建国，2017）。一般情况下，二者都是由同一层级政府行使。但是，在某些情况下也会出现分离，上级政府往往对下级政府的事权实施予以监管，确保相应政策目标得以更好地落实。在我国中央、省、市、县、乡五级政府治理框架下，多层级政府间关系相对复杂，既包括中央与地方的关系，又包括地方多层级政府间的关系。由于2001年后义务教育实行"以县为主"的管理体制，县级政府往往承担义务教育供给的直接责任。因此，省级政府作为层级最高的地方政府，"省级统筹"政策更多强调省级政府从"服务的监管调控"角度履行义务教育相关财政投入责任，确保本区域内义务教育服务有效供给，政策目标有效落实。在这一视角下，从中央文本角度来看，各文件对省级政府义务教育的职责要求也着重围绕"服务的监管调控"提出，具体涵

---

① 2016年，国务院明确将义务教育、高等教育等体现中央战略意图、跨省（区、市）且具有地域管理信息优势的基本公共服务确定为中央与地方共同财政事权，并明确各承担主体的职责（《国务院关于推进中央与地方财政事权和支出责任划分改革的指导意见》（国发〔2016〕49号））。

盖了工作统筹、资金统筹和考核统筹三方面内容。①

第三，尽管义务教育经费角度的"省级统筹"更多与资金统筹相关，但同样也会涉及如具体项目标准制定、各部门间协调配合等工作统筹的内容，某些情况下会同时具备两方面属性，二者难以明确区分。因此，本书后续内容着重从工作统筹和资金统筹两方面对义务教育经费"省级统筹"政策进行探讨。

第一节 "省级统筹"政策的发展

教育政策作为教育管理的一种重要工具，在教育发展中的作用已日益受到重视。某项政策的出台或修改是一个有组织、有目的的动态发展过程，一般是为顺应特定政策需求并服务预期政策目标。在我国，政策主要是通过公开或由上级政府传达给下级政府的政策文本形式发布。以文本形式存在的政策可以被看作是政治目的的表达，是政策制定者陈述其打算遵循的行动过程（涂端午，2009）。政策文本作为社会、经济、政治、文化等一系列因素在某一领域综合影响结果的反映，通常是对政策意义、总体目标、行动任务、实施举措的阐述。当政策文本被制定、修改或废除时，也记录了政策制定者在面对内部或外部压力时所作出的反应和调整（盛明科、朱玉梅，2014）。因此，政策文本的发展过程也反映着某项政策所在领域中组织结构和组织环境的变迁过程，是对政策整体轮廓的勾勒，对教育政策文本的系统梳理和分析是从宏观上把握教育政策、教育制度和教育改革发展变化的一个逻辑起点。

---

① 关于工作统筹、资金统筹、考核统筹三方面内容的具体含义，笔者于2017年6月12日在广东省教育厅对广东省教育厅副厅长那佳进行了实地访谈。以广东省为例，三方面统筹的总体目标可以概括为加大教育投入、改善办学条件。其中，工作统筹的主要方式包括建立省、市、县政府间一级抓一级、层层抓落实的纵向机制，以及省、市、县政府各部门间横向协调联动机制两方面。资金统筹的主要方式是全面规划、总体考评、综合奖补，将各级财政教育投入、各项教育专项资金和社会各界支持教育的资金统筹整合，从碎片化投入转为整体化资金投入，提高资金使用效益。考核统筹的主要方式是建立统一考核办法、省级综合督导验收机制。

本节梳理了 1985 年我国实行义务教育以来，中央义务教育领域若干重大文件中有关省级政府财政投入责任的相关要求及变化过程，可以看出，"省级统筹"一词最早出现在 2001 年国务院颁布的《国务院关于基础教育改革与发展的决定》之中。若将该文件视为省级政府在整个义务教育财政投入责任变化过程的一个时间节点，省级政府在政府间义务教育财政投入中的角色经历了一个"从无到有、从弱到强"的过程，义务教育经费"省级统筹"政策也经历了一个不断调适、完善的变迁过程，政策在目标、方式、机制等方面发生了一系列变化。这一变化过程同时也是与我国整个财政体制中中央和地方政府关系的变化密不可分或者说紧随其后的，是中央与地方政府间关系不断变化的结果。基于对中央文本中有关省级政府义务教育财政投入责任发展脉络和变化过程的梳理，本节将"省级统筹"政策的发展和演变过程大致分为四个阶段。

一、省级政府财政责任虚置时期（1985—1993 年）

改革开放后，中央为充分激发地方经济活力，在放权让利思想指导下，打破了旧的"统收统支"财政体制，建立了"分级包干"的新财政体制。因此，1985—1993 年这段时期，中央和地方政府间财政收支采取了相对分权模式。"包干制"在扩大地方财权权限，使地方财政成为真正独立一级财政的同时，也使中央财政收入占全国财政收入的比重逐年下降，以致财政支出连年出现赤字，中央掌握的财力与其所要承担的任务不相适应，缺少促进资源配置横向公平的财力，削弱了其对国民经济的宏观调控能力。在此背景下，我国义务教育财政投入体制也处于高度分权状态。从 1985 年《中共中央关于教育体制改革的决定》（以下简称"1985 年《决定》"）至 1993 年《中国教育改革和发展纲要》（以下简称"1993 年《纲要》"），中央相关文件中并未单独对省级政府的义务教育财政投入责任作出明确要求，各文件对省级政府的职责要求更多体现在义务教育的管理责任方面，如 1985 年《决定》明确"我国基础教育的管理权属于地方"；1986 年《中华人民共和国义务教育法》要求"实施义务教育所需事业费和基本建设投资所需资金，由国务院和地方各级人民政府负责筹措，予以保证"；1993 年《纲要》要求各地区学制、招生规模、教学计划、教材、教师职务限额和工资水平等由省、自治区、直辖市政府确定,而省以下各级政府权限仍由省、自治区和直辖市政府自行确定。

这一时期,在"国务院领导,地方负责,分级管理"原则下,我国农村义务教育实行"三级办学、分级管理"体制,即由县、乡、村三级办学,县、乡两级管理,并形成了"以乡为主"的农村义务教育财政投入体制,乡镇一级财政负担了绝大部分义务教育发展所需经费。尽管财政包干制下地方政府财力整体而言比较充裕,但相对省、市两级政府,县、乡两级政府财力仍较为薄弱,基层政府为保证义务教育发展,在义务教育资金来源方面形成了利用财、税、费、产、基等多种渠道筹措教育经费的方式。各文件对省级政府在义务教育投入方面的责任未做单独说明,导致各级政府教育财政投入责任不明确,尤其是省级政府财政投入责任不明确。因此,省级政府在对义务教育的财政支持范围和力度方面具有很大自主权,省级政府财政能力和支出偏好也成为当时影响地方义务教育经费投入和发展的重要因素。

二、省级政府财政责任过渡时期 (1994—2000 年)

为解决中央财力严重不足的问题,1993 年开始实施的分税制改革对财政收支在中央与地方间进行了重新划分,这对地方政府财力产生了根本性的影响。分税制改革一改以往对地方政府"财政包干、超额分成"的财政激励模式,按照税收种类划分中央和地方政府间主要财政收入来源。在新的财政收支划分原则下,中央财力逐步得到加强,地方财力相对弱化,中央掌握了更多的财政收入以便加强宏观经济调控,中央与地方间财政关系出现了一个"收入集权,支出分权"的过程。同时,作为分税制改革的配套措施,1995年开始实施的过渡时期转移支付制度为上级政府在义务教育财政投入中发挥作用提供了制度保障。与上述情形相对应,在国家有关义务教育的相关政策文件中,中央不断通过转移支付对地方政府的财政支出方向和范围进行引导和规范,义务教育财政投入的责任重心主体也出现上移的趋势。1994—2000年这段时期的国家文件中,中央除继续强调了先前文件中提到的省级政府在义务教育管理方面的职责外,也强化了省级政府在财政投入方面的职责要求,如1994 年《国务院关于中国教育改革和发展纲要的实施意见》中要求省级政府需"建立用于补助贫困地区、少数民族地区的专项基金,对县级财政教育事业费有困难的地区给予补助";1995 年《中华人民共和国教育法》再次强调"国务院及县级以上地方各级人民政府应当设立教育专项资金,重点扶持边远贫困地区、少数民族地区实施义务教育";2000 年《中共中央 国务院关于进行农村税费改革试点工作的通知》要求"省、市级财政要加大对财政困难和贫困地区县、乡财政的转移支付力度,保障基层政府履行职能所需支出"。

可以说,这一时期的政策文件中虽未明确提出"省级统筹"概念,却已经有了"省级统筹"的含义和雏形,省级政府在保证省域内义务教育供给效率方面的作用有所加强,并逐渐承担起弥补部分农村贫困地区教育经费不足等经费投入责任。但是,我国当时各级政府间财政投入责任划分不明确,涉及全局性资源配置方面的投入责任大量划分给省及省以下政府。以财政收入重心上移为特征的全国各级政府财政收入关系调整使县、乡两级财政能力降低。作为实际义务教育经费投入主体的乡镇政府,其事权却并没有相应减弱,导致在很多经济不发达地区,财政资金仅够日常开销和基本需求。尽管这一时期中央文件已经对省级政府的义务教育财政投入提出要求,但在相关转移支付体系构建尚不成熟的背景下,改变的财力结构与未变的义务教育财政投入责任间形成反差。在许多农村地区,乡镇政府只有通过不断向农民集资、征收教育费附加、让农民投工投劳等渠道弥补财政性教育经费不足。因经济发展水平、财政能力等因素带来的地区间财力不均导致了义务教育供给地区、城乡差异不断拉大。基层政府在义务教育供给上出现困难,基础教育运转情况不利,许多地区出现了农村中小学教师工资无法得到保障的现象。

三、"省级统筹"政策初步形成时期(2001—2004 年)

2001 年实施的农村税费改革取消了农村教育费附加和教育集资。农村税费改革虽减轻了农民负担,但教育集资和教育费附加的取消却使得县、乡两级政府的财政收入锐减,这进一步加剧了基层政府开展义务教育的资金负担。基层政府对义务教育的投入严重不足,原本以基层政府尤其是乡镇政府作为单一供给主体的方式已不能满足义务教育发展的需要。在宏观财政政策再次发生变化的大背景下,为保证义务教育正常运转,我国义务教育的财政投入体制也随之发生改变。2001 年 5 月,国务院颁布的《国务院关于基础教育改革与发展的决定》（以下简称"2001年《决定》"）确立了义务教育"地方政府负责、分级管理、以县为主"的体制，并首次明确提出农村义务教育经费"省级统筹"。当时，2001年《决定》对各级政府在义务教育中的职责范围作出了比较详细的规定，并要求各省将农村中小学教师工资的管理权由乡上移到县，实行县级财政统一发放与管理，确保教师工资发放的按时足额。但是，对于某些财政实力原本就很薄弱的县来说，农村税费改革后更加弱化的县财力仍难以满足国家政策目标中的相关要求，部分县级政府发放教师工资的困难仍客观存在。为了扭转这一局面，中央提出要求，让省级政府承担"财政最后兜底"责任，统筹解决部分财力薄弱县中小学教师工资的发放问题。因此，2001年《决定》中省级政府"统筹"责任范围侧重于农村教师工资层面。一方面，在工作统筹中，2001年《决定》强调省级政府"统筹制定农村义务教育发展和中小学布局调整的规划，严格实行教师资格制度，逐县核定教师编制和工资总额"；另一方面，在资金统筹中，省级政府需通过对"财力不足、发放教师工资确有困难的县调整财政体制和增加转移支付"的方式统筹解决农村中小学教师工资发放问题，确保全省范围内的教师工资按时足额发放。

2002年1月，中央开始实施的所得税收入分享改革对企业所得税和个人所得税收入施行了中央和地方间按比例分享，并建立了中央对地方转移支付资金稳定增长机制。中央与地方间财政转移支付体系得到进一步完善。此后，中央开始不断加大对下级政府转移支付规模。与此同时，省级政府作为我国地方行政建制的最高层级，对地方税收具有在全省范围内省以下各级政府间的分配权，在相对独立的区域经济发展规划下，该机制也为日后省级政府逐渐承担更多义务教育财政投入责任、更好地发挥统筹作用奠定了制度基础。

2003年9月，国务院召开了新中国成立以来第一次全国农村教育工作会议，会议出台了《国务院关于进一步加强农村教育工作的决定》（以下简称"2003年《决定》"），并再次对省级政府在"保障农村中小学教师工资发放"层面的统筹责任提出了更加细致的要求。2003年《决定》要求各省级人民政府需"进一步落实省长（主席、市长）负责制，逐县核定并加大对本省财政困难县的转移支付力度，统筹安排财政资金，确保农村中小学教职工工资按时足额发放"。

　　总结这一时期义务教育经费"省级统筹"政策特点。政策确立伊始，在"分级管理，以县为主"的体制下，中央文件中对"省级统筹"含义和范围要求相对较为单一和明确。省级政府实际统筹责任侧重于确保农村中小学教师工资的按时足额发放层面。中央文件中多次强调省级政府可以通过调整省内财政体制和财政支出结构、增加省本级财政转移支付资金、合理安排中央财政转移支付资金等方式，切实均衡省域内各县间财力，帮助并督促县级人民政府，确保农村中小学教职工工资按时足额发放，保证财政困难县义务教育发展的基本需要。

四、"省级统筹"政策不断完善时期（2005 年至今）

　　"省级统筹"政策提出伊始可以被看成是侧重于农村义务教育教师工资层面的"单一任务统筹"。2005 年后，政策开始从"单一任务统筹"向以各级各类教育为统筹对象的"多重任务统筹"转变。

　　2005 年 12 月，国务院颁布了《关于深化农村义务教育经费保障机制改革的通知》（以下简称"2005 年《通知》"）。作为中央财政健全义务教育转移支付体系过程中的一项重要改革，2005 年《通知》提出了政府对农村义务教育经费保障的基本原则，即"明确各级责任、中央地方共担、加大财政投入、提高保障水平、分步组织实施"。也就是说，从 2005 年《通知》开始，农村义务教育被逐步纳入公共财政保障范围，建立起了中央和地方"分项目、按比例"分担的农村义务教育经费保障机制。具体而言，2005 年《通知》从农村义务教育经费"两免一补"、公用经费保障、校舍维修改造以及农村中小学教师工资四个方面对省级政府投入职责提出较为明确的要求。工作统筹方面，省级政府除继续落实在先前文件中提到的教育发展规划制定、教师资格制度管理、教师工资发放的统筹责任外，2005 年《通知》还将省以下各级政府应承担的具体项目经费比例、分担办法、经费保障方式的制定权下放给省级政府，要求省级政府对落实各项农村义务教育发展所需经费实行统筹管理；资金统筹方面，2005 年《通知》要求省级政府需"不断完善省以下财政转移支付制度，确保中央和地方各级各项目农村义务教育经费保障机制改革资金落实到位"。

自 2005 年《通知》明确省级政府在教育发展规划布局、农村义务教育经费和教师管理等多个项目经费保障责任后，中央在增加义务教育投入规模的同时，也持续加强了对省级政府支持县级政府义务教育财政投入方面的体制机制建设，关于经费"省级统筹"不断出现在中央各个文件中，部分政策制定权逐渐由中央向省级政府下放。此后，"省级统筹"政策进入一个快速发展和变化的时期，各文件的频繁发布以及省级政府在义务教育财政投入中责任、原则、方式的明确不断充实了"省级统筹"政策内容。

2006 年 1 月，为确保 2005 年"新机制"改革顺利进行，进一步加强农村义务教育经费管理，财政部、教育部共同发布了《关于确保农村义务教育经费投入加强财政预算管理的通知》，该文件再次强调省级财政需负责统筹落实2005 年《通知》中要求由地方财政承担的项目资金部分，并提出了相对具体和明确的经费实施原则和方式。具体可以概括为：省本级财力比较充裕的地区，省级财政应负担全部或大部分补助经费；省级财力下移较多或省以下财力相对充裕的地区，可以确定由省以下各级财政分担，具体分担办法由省级财政确定。

2006 年 6 月，新修订的《中华人民共和国义务教育法》在法律上首次明确规定省级政府对义务教育经费投入负有"规划统筹"责任，即我国义务教育经费投入实行"由国务院和地方各级人民政府根据职责共同负担，省、自治区、直辖市人民政府负责统筹落实"体制，同时以法律条款形式确定"对于违法、未能履行经费保障职责的省级政府部门，中央将实行责任追究机制"，此举推进了义务教育经费管理的法制化进程。

2008 年 8 月，国务院出台的《国务院关于做好免除城市义务教育阶段学生学杂费工作的通知》要求省级政府加强领导，明确责任，落到实处，通过"强化省级统筹，制定切实可行的实施方案；确定省和省以下各级人民政府的经费分担责任，落实所需资金；足额安排城市义务教育阶段学校预算内公用经费，学校运转水平逐步提高"等方式确保免除城市义务教育阶段学生学杂费工作顺利进行。

"以县为主"经费保障原则尽管在一定程度上解决了农村教师工资足额按

时发放问题，但由于省域内县际教师待遇差距大，尤其是边远地区学校教师待遇低、生活条件差、工作环境艰苦、个人发展机会少，导致许多地区出现骨干教师流失、教师缺编等现象。[①] 新问题出现后，为进一步保障和改善义务教育教师，特别是中西部地区农村义务教育教师的工资待遇，提高教师地位，促进教育事业发展，2008 年，中央决定在义务教育学校实施教师绩效工资制度。同年 12 月，教育部、财政部、人社部三部委联合颁布《关于义务教育学校实施绩效工资指导意见的通知》（以下简称"2008 年《通知》"）。2008年《通知》从义务教育学校教师绩效工资体系设计和工资日常管理两个方面对实施绩效工资制度的执行方式进行明确，要求义务教育学校实施绩效工资所需经费均纳入公共财政预算，按照"管理以县为主、经费省级统筹、中央适当支持"原则拨付，省级财政需"强化责任，加强经费统筹力度，确保义务教育学校实施绩效工资所需资金落实到位"，在具体绩效标准制定中需向农村地区，尤其要向条件艰苦地区倾斜。

2010 年 7 月，《国家中长期教育改革和发展规划纲要（2010—2020）》（以下简称"2010 年《纲要》"）的颁布实施进一步加大了省级政府对省域内各级各类教育统筹力度，并对省级政府在教育统筹中的任务、目标、方式等进行了较为明确的阐述和规定，2010 年《纲要》要求省级政府需"进一步完善省对省以下财政转移支付体制，加大对经济欠发达地区的支持力度"。

此后，为进一步建立健全基本公共服务体系，促进基本公共服务均等化，2012 年 7 月国务院印发的《国家基本公共服务体系"十二五"规划》全面强化了省级政府在教育、就业、社会保险、社会服务、医疗卫生等领域基本公共服务的支出责任。"省级统筹"政策内涵被表述为"编制实施省级基本公共服务专项规划或行动计划，以国家基本标准为依据制定本地基本公共服务标准体系，并加强对市县级政府的绩效评价和监督问责"。

---

① 例如，2006 年全国有 508 个县，每县平均 5 所小学不足一名外语教师，其中，西部山区农村小学平均 10 所才有一名音乐教师，中西部贫困地区、少数民族地区农村初中音乐、美术、信息技术三门学科教师平均每所学校不足一人，致使部分学校无法正常开设规定课程。另据中西部 9 个省份的学校数据统计，2006 年，3 万多所村小的班师比平均仅为 1∶1.3，4 万多个教学点的班师比平均仅为 1∶1，均远低于全国小学 1∶1.9 的平均配置水平（2008 年《国家教育督导报告》）。

为确保地方政府能够科学合理地安排和使用义务教育经费，财政部、教育部联合发布《关于切实加强义务教育经费管理的紧急通知》，文件要求"省级财政和教育主管部门应当按照'经费省级统筹'的原则，加大对义务教育经费统筹力度，优化教育支出结构，明确辖区内各级财政应承担的义务教育经费，落实省级财政投入，合理安排中央和省级对下转移支付资金，在经费安排和使用上，重点向农村、边远、民族、贫困地区倾斜，向义务教育发展的薄弱环节倾斜，并对辖区内义务教育经费管理使用情况进行监督"。

近年来，随着城乡免费义务教育全面实现，为解决城乡义务教育经费保障机制政策不统一等问题，2015 年 11 月国务院发布了《关于进一步完善城乡义务教育经费保障机制的通知》（以下简称"2015 年《通知》"），中央政府在整合农村义务教育经费保障机制和城市义务教育"奖补"政策的基础上，提出建立"城乡统一、重在农村"的义务教育经费保障机制，要求城乡义务教育建立起统一的"分项目、按比例"分担经费保障机制。该文件是教育领域健全城乡发展一体化体制机制的重大举措，同时也标志着城市义务教育经费、民办学校生均经费补助被正式纳入义务教育经费"省级统筹"政策中，是省级政府财政支出责任不断扩大的体现。此外，强化资金绩效管理的内容也被纳入"省级统筹"政策中，具体包括细化预算编制、硬化预算执行等。

2018 年 2 月，国务院办公厅颁布《〈对省级人民政府履行教育职责的评价办法〉实施细则》，对省级人民政府领导、管理、保障、推进本行政区域内教育事业改革发展稳定工作有关情况开展评价，并要求评价工作每年开展一次。评价办法根据国家教育事业发展的总体目标、当年重点任务和存在的突出问题，制定年度评价工作重点、实施细则，以期进一步提高教育教学质量，促进教育公平，提升教育服务经济社会发展能力。

从上述对中央文本的梳理可以发现，"省级统筹"政策发展既受到财政体制中中央与地方间关系变化的影响，同时也是为解决义务教育事业发展中不断出现的新问题。自 2001 年《决定》首次提出农村中小学教师工资"省级统筹"概念后，政策已实行近二十年时间。表 2-1 对 2001 年后中央义务教育主要文件中有关省级政府教育投入责任的要求要点和"省级统筹"政策变化的主要特点进行了总结。

表2-1 2001年后中央文件对省级政府义务教育财政责任要求

文件名	相关要求	特点
2001年《国务院关于基础教育改革与发展的决定》	省级政府对教师工资发放具有统筹规划的责任,对财力不足、发放教师工资确有困难的县,要通过调整财政体制和增加转移支付的办法解决农村中小学教师工资发放问题	首次提出"省级统筹"概念
2003年《国务院关于进一步加强农村教育工作的决定》	人员经费:统筹安排,落实省长(主席、市长)负责制。公用经费:对满足公用经费标准有困难的县,省、地(市)政府要予以补足缺口。基建支出:省级政府要从农村税费改革专项转移支付资金中每年安排一定资金用于学校危房改造	强化了对省级政府在多项经费支出中的责任
2005年《国务院关于深化农村义务教育经费保障机制改革的通知》	加大对本行政区域内财力薄弱地区的转移支付力度,确保农村中小学教师工资按照国家标准按时足额发放。落实分担责任,强化资金管理。省级人民政府要负责统筹落实省以下各级人民政府应承担的经费,制订本省(区、市)各级政府的具体分担办法,完善财政转移支付制度,确保中央和地方各级农村义务教育经费保障机制改革资金落实到位	建立起"分项目、按比例"分担机制,明确省级政府统筹落实省以下政府应承担的各项经费
2006年《中华人民共和国义务教育法》	义务教育教育经费投入实行"国务院和地方各级人民政府根据职责共同负担,省、自治区、直辖市人民政府负责统筹落实"体制	将"省级统筹"写入法律
2008年《义务教育学校实施绩效工资指导意见的通知》	省级政府按照管理以县为主、经费省级统筹、中央适当支持的原则,确保义务教育学校实施绩效工资所需资金落实到位	进一步加强省级经费统筹力度
2010年《国家中长期教育改革和发展规划纲要(2010—2020年)》	根据国家标准,结合本地实际,合理确定各级各类学校办学条件、教师编制等实施标准。义务教育全面纳入财政保障范围,实行国务院和地方各级人民政府根据职责共同负担,省、自治区、直辖市人民政府负责统筹落实的投入体制	加强省级政府对区域内各级各类教育的统筹责任

续表

文件名	相关要求	特点
2012 年《关于切实加强义务教育经费管理的紧急通知》	省级财政和教育部门要加大义务教育经费统筹力度，优化教育支出结构，在经费安排上重点向农村、边远、民族、贫困地区倾斜，向义务教育发展的薄弱环节倾斜。 省级财政和教育部门应当按照"经费省级统筹"的原则，明确辖区内各级财政应承担的义务教育经费，落实省级财政投入，合理安排中央和省级对下转移支付资金，对辖区内义务教育经费管理使用情况进行监督。 要不断加强省级政府实施免费义务教育的统筹力度。具体包括：统筹安排中央转移支付的资金；统筹确定省级及省级以下各级政府的经费分担责任；统筹制定辖区内实施免费义务教育的各项具体政策措施	对"省级统筹"中省级政府职责进行明确
2014 年《关于进一步扩大省级政府教育统筹权的意见》	切实统筹管理义务教育，把均衡发展义务教育作为重中之重	强调省级政府在义务教育均衡发展中的作用
2015 年《国务院关于进一步完善城乡义务教育经费保障机制的通知》	省级人民政府加大对本行政区域内财力薄弱地区的转移支付力度。切实发挥省级统筹作用，制定实施方案和省以下各级政府间的经费分担办法，完善省以下转移支付制度，加大对本行政区内困难地区的支持力度	对城市义务教育和民办教育进行统筹
2018 年《省级人民政府履行教育职责的评价办法》	通过对省级人民政府履行教育职责情况的评价，构建顶层有设计、责任有分工、规划有落实、进展有督查、奖惩有通报的监管体系，推动省级人民政府提高履行教育职责的积极性、主动性，为各级各类教育添动力、谋发展、求突破，努力形成布局结构更加合理、治理能力更加优化、办学行为更加规范、人民群众更加满意的新局面，为加快实现教育现代化、建设教育强国保驾护航	强化对省级政府统筹责任的监督考核

资料来源：2001 年后中央有关义务教育的各主要文件，经由笔者整理得到。

纵观"省级统筹"政策发展沿革，伴随着 2003 年《决定》对省级政府农村中小学教师工资统筹责任的细化加强；2005 年《通知》中"分项目、按比例"分担机制的建立，将义务教育发展规划布局、农村教育经费和教师管理等多个方面纳入统筹内容；2006 年《中华人民共和国义务教育法》、2008 年《通知》等一系列文件使"省级统筹"概念范围扩大到城市；2010 年《纲要》将省域内各级各类教育纳入省级政府统筹责任中，并将"省级统筹"范围从"统筹经费投入"扩大到"制定各级各类教育的办学支出标准"，体现出中央简政放权的思路；2014 年《意见》通过进一步下放和扩大省级政府教育统筹权强调省级政府在义务教育均衡发展中的作用；2015 年《通知》还将城市义务教育经费、民办学校生均经费补助纳入整个义务教育"省级统筹"政策中。"省级统筹"政策涵盖范围不断扩大，要求不断细化，中央对省级政府在义务教育管理和投入中的责任要求逐步加强，省级政府在教师工资、公用经费、校舍建设、危房改造、学生资助等多个项目经费投入中的职责得到明确。

但是，目前的义务教育经费"省级统筹"仍是发展中还没有定型的政策，并没有形成制度化的经费投入方式和统筹手段。省级政府财政投入责任的变化往往是中央为解决不同时期义务教育发展中出现的不同问题而采取的一种"应急手段"。基于这样的认识，本书将"省级统筹"政策含义区分为最终目标的"省级统筹"和当前实践中的"省级统筹"。

第二节　"省级统筹"政策的目标

从义务教育经费"省级统筹"政策实施的初衷来看，通过省级政府统筹方式保障农村中小学教师工资发放，无疑是以解决县级政府提供义务教育财力不足、实现省域内县际义务教育均衡发展为基本导向。2008 年实施的绩效工资制度作为一种激励机制，通过合理科学考核，一方面，可以使"多劳多得"的公平激励特征得到充分体现；另一方面，亦可以将其视作一种均衡机制，通过强调省级政府在机制设计方面的调控和引导，使特定行政区域内义

务教育学校教师的工资水平达到基本均衡,最终确保教师等资源配置的相对
均衡。2010年《纲要》将省级政府教育统筹的任务目标明确定位于"统筹推
进省域教育现代化、统筹推进各级各类教育协调发展、统筹城乡、区域教育
协调发展、统筹教育与社会协调发展、统筹保障教育经费投入以及统筹推进
教育综合改革"。综上所述,有理由认为实现省域内县际教育公平是"省级统
筹"政策一直以来所要追求的目标。在追求教育公平基础上,中央从效率角
度不断强化对于省级政府的激励约束措施。

就"省级统筹"政策激励约束的具体措施而言,理论上认为,在政府间
财政联邦制体系中,授权(Mandates)和转移支付(Intergovernmental Grants)
是上级政府对下级政府决策和行为施加影响的两种主要方式(Odden 和 Picus,
2000)。与此情形相类似,从我国政府间义务教育财政投入责任的横向划分情
况来看,表2-2反映了义务教育财政事权在中央与地方政府间的横向划分
现状。

表2-2 中央与地方政府义务教育财政事权划分现状

中央政府	省级政府	县级政府
统一的中央和地方分项目、按比例分担的城乡义务教育保障机制	经费省级统筹	管理以县为主
制定统一的全国义务教育学校生均公用经费基准定额	1. 制定不低于国家标准的学校学生人均公用经费标准 2. 制定按照学生人数平均的教职工编制标准和校舍建设、图书资料、仪器设备配置等标准	—

续表

中央政府	省级政府	县级政府
1. 免除学杂费资金：在西部和中部地区分别承担80%和60%，东部按照财力状况分省确定 2. 免除教科书资金：全额承担国家规定课程 3. 家庭经济困难寄宿生生活费补助资金：承担50% 4. 义务教育学校校舍维修改造所需资金：在中西部农村地区承担50%，东部地区采取"以奖代补"方式	加大对本行政区域内财力薄弱地区的转移支付力度。切实发挥省级统筹作用，制定实施方案和省以下各级政府间的经费分担办法，完善省以下转移支付制度，加大对本行政区内困难地区的支持	除向农村地区学校和薄弱学校倾斜外，应均衡安排义务教育经费
对中西部地区及东部部分地区义务教育教师工资经费给予支持		确保县域内义务教育教师工资按时足额发放

资料来源：2006年《中华人民共和国义务教育法》、2008年《通知》、2015年《通知》、2016年《意见》等义务教育相关文件。

若仅强调中央与地方两级政府的关系，当前，中央对于下级政府义务教育财政投入的激励约束措施可以归纳为"标准""奖惩"和"补助"三个方面。具体体现在：一是改变了以往由中央政府核定各项财政支出标准"一刀切"做法，中央政府仅负责制定义务教育经费中各个项目补助保障的基准标准和水平，满足向所有受教育者提供一个最低水平教育的所需条件，保证基本教育公平，具体项目标准包括生均公用经费基准定额、教职工工资标准、财政生均拨款标准、学校基础实施建设与改造标准等等，下级政府尤其是省级政府可以根据自身实际情况，制定不低于上级政府确定的基准水平的教育经费标准，并建立动态调整机制，在满足基本公平的同时强调政策制定的效率原则。二是中央政府要求下级政府贯彻落实相关政策的同时，鼓励下级政府根据实际情况进行制度创新，中央政府则通过转移支付等手段对政策最终效果进行奖惩。三是不断强调省级政府具有统筹地区教育发展的职责，要通过转移支付扶持本行政区域内的落后地区和困难群体发展教育，其中，落后地区包括农村地区、边远贫困地区、少数民族聚居区和边疆地区等，困难群体包括经济困难学生、残疾学生和孤儿等。

后续分析可以看出，上述激励约束模式也在省级政府对省以下各级政府义务教育财政投入责任的要求中得到沿用。

总结义务教育经费"省级统筹"的政策目标，即是从工作统筹、资金统筹和考核统筹三个方面强化省级政府对义务教育的财政投入责任，在尽可能多地尊重地区异质性基础上，为满足城乡、地区教育公平基本要求，缩小城乡、地区间教育发展差异，中央通过将省域内义务教育发展规划、经费标准等政策制定权下放、资金奖惩等方式，调动省级政府及省以下各级政府义务教育财政投入的积极性，避免完全由顶层规划带来的效率损失，逐步实现省域内县际义务教育经费均衡，推进全省范围内义务教育服务提供均等化，最终为全省适龄儿童、少年提供有质量的义务教育。

第三节 "省级统筹"政策的含义

本节对当前"省级统筹"的政策含义进行明确阐述。目前，中央还未有关于义务教育经费"省级统筹"的明确定义。而在学术界，个别学者对"省级统筹"政策进行过概括，但单纯从义务教育经费角度对"省级统筹"政策含义的阐述并不多。

从"统筹"的直接含义来讲，"统筹"一词作为"统"和"筹"的合称，既包括了统一、全面、综合的"统"，又包括了计划、协调、处理、谋划的"筹"。所以，"统筹"的主旨就是一种统一谋划、综合协调、通盘考虑、全面安排的工作思路或行为方式（陈彬、袁祖望，2000）。即使将"统筹"对象限定在教育领域，多数学者仍遵循了这一思路，认为教育领域中的"统筹"无法离开社会、经济等其他要素的影响而单独存在。盛明科、杨满凤（2017）认为"教育统筹"是为了实现教育公平发展的目标，通过统筹学、系统论、协同论等学科作为改革思维的引导,将教育置于诸多社会要素系统中,由多元统筹主体在效率与公平价值秩序优先抉择的前提下,根据对教育改革现实诉求的反映,综合管理各级各类教育规模、结构和质量的活动,实现在城乡、区域、校际之间科学有效持续地配置与调度教育资源,从而推进国家或地区教育均衡发展的行为与过程。若将概念范围进一步细化,当把"教育统筹"中的统筹主体限定到省级政府时,周谷平、吴华(2012)认为"省级政府教育统筹"政策可以理解为:国家依据教育统筹发展需要,为实现省域范围内乃至全国范围内教育均衡发展的目标,设计和规定的一整套省级政府行动依据和行为准则。袁振国(2014)强调应将该问题置于整个社会系统中加以考虑,教育领域的"省级统筹"应是省级政府根据本地区实际和经济、社会发展需要,制定本地区教育发展规划,通过提高教育、经济、社会三者的契合程度,实现三者协调发展的过程。具体到义务教育领域,多数学者认为义务教育"省级统筹"的含义和落实应主要体现在省级政府推进省域内义务教育均衡发展,依法落实各级政府财政投入责任方面。例如,黄俭(2015)认为义务教育的"省级统筹"是指,由省级政府对全省义务教育改革和发展统一的筹划思路与方法,或者说是省级政府运用统筹方法推进本省义务教育改革和发展的行为,是实现省域内义务教育均衡发展的重要手段和措施。

已有研究观点对政策目标的解释普遍较为清晰,也与前文从中央文本角度对政策目标的总结基本一致;但对政策含义的定义较为抽象,并没有回答"统筹"的两个主要问题:一是在明确各级政府财政投入责任的基础上,义务教育经费应由哪一级政府承担主要责任和终极责任;二是省级政府在缩小省域内县际经费差异过程中通过何种方式承担责任。范先佐等(2015)对上述问题进行了较为清晰的阐述,认为义务教育"省级统筹"实质就是要求省级政府在实现义务教育均衡发展的过程中承担最主要的财政责任,这一要求既与义务教育的一般特性和我国现实国情相符合,同时也是保障义务教育均衡发展经费充足的必然要求。从实现省域内县际教育均衡发展的角度来讲,该研究认为,在中央和省级政府加大对下转移支付资金规模的同时,由省级政府承担教师工资的项目支出将是一种相对合理的经费统筹方式。

一般情况下,教育统筹概念应包括统筹目标、统筹主体、统筹权利、统筹对象、统筹要素、统筹方式、统筹效果七个结构要素（李涛、姚俊，2009）。本书在七要素框架下，基于前文从中央文本角度对义务教育经费"省级统筹"政策目标的总结以及相关学者的概括，除统筹目标要素外，着重强调统筹方式和统筹效果两个要素。

首先，对于义务教育经费"省级统筹"政策的统筹方式，2006 年修订的《中华人民共和国义务教育法》第四十六条明确规定"国务院和省、自治区、直辖市人民政府应规范财政转移支付制度，加大一般性转移支付规模和规范义务教育专项转移支付，支持和引导地方各级人民政府增加对义务教育的投入。地方各级人民政府要确保将上级人民政府的义务教育转移支付资金按照规定用于义务教育"。所以，从法律角度讲，转移支付应被视为确保"省级统筹"政策实施和落实的主要方式之一。由于省级政府处于中央、省和县级政府的中间环节，同时又是层级最高的地方政府，具有对本地区经济财政等多个方面的"裁量权"，在操作与管理环节上存在优势及合理性，加之我国当前仍存在着较为突出的低层级政府财力与所承担事权不对称的矛盾，"省级统筹"政策即是要求省级政府在综合中央对本省转移支付，并且充分考虑了县级政府自身财政能力基础上，通过省级政府对下义务教育转移支付，对县级政府义务教育财政缺口承担最终责任。因此，省级政府应被视为整个义务教育政府财政投入体系中的"最后兜底者"，承担义务教育经费投入的最终责任。

其次，统筹效果应体现为省域内县际教育经费的均衡配置，但同时应区分"自然状态下的均衡"和"人为条件下的均衡"。从省域内县际义务教育均衡发展的最终结果来看，二者的区别在于，某些省份由于县际初始均衡状况较好，即使省级政府在整个政策实施过程中所做不多，县际也可能表现出相对较好的均衡水平，此即为"自然状态下的均衡"。相反，某些省份由于县际经济发展水平、财政供给能力的差别很大，"自然状态下的均衡"原本较差，省级政府在整个政策实施过程中努力很多，其省域内县际可能最终仍表现出较大差异，此时还应关注"人为条件下的均衡"。后续分析可以看出，由于各省份义务教育发展现状和需求不同，在政策具体实施过程中表现出的目标、模式也有所差别。因此，对政策效果的分析不能一概而论，而应根据各省份实际情况区别考虑，避免仅从结果均衡角度分析导致的片面性。

综上所述，基于对中央文本的梳理归纳以及学者研究的相关总结，本书对当前义务教育经费"省级统筹"政策的含义可以表述为：在尽可能多地尊重地区异质性、避免效率损失的基础上，为了实现省域内县际义务教育均衡发展，为全省适龄儿童、少年提供有质量义务教育的最终目标，省级政府在整合中央转移支付和下级政府承担的与其财力相称的资金后，通过对下义务教育转移支付，承担义务教育经费的全面和最终责任，逐步实现省域内县际义务教育经费的均衡。

小　结

本章分为"省级统筹"政策提出背景和发展、政策目标、政策含义三个部分，基于对中央文本的梳理、义务教育事权划分现状的分析以及已有研究的相关总结，构建了义务教育经费"省级统筹"政策的概念框架，为后续分析奠定了基础。

可以看出，"省级统筹"政策发展与中央地方间财政关系变化密切相关。在中央不断强化省级政府义务教育财政投入责任背景下，"省级统筹"涵盖的具体范围相较政策确立伊始已有很大不同。但至今，由于缺乏制度化较强的经费统筹方式和统筹手段，义务教育经费"省级统筹"应被看成是还在发展中的政策。

本书认为，当前义务教育经费"省级统筹"政策仍是以追求教育公平、实现义务教育均衡发展为基本导向。与此同时，中央通过扩大省级统筹权范围和内容等方式，尽可能多地尊重地区异质性，避免"一刀切"带来的效率损失。

政策含义方面，尽管各界并没有关于义务教育经费"省级统筹"政策的明确定义，但经过分析归纳可以发现，无论从中央文件的主观意图，还是政策实施后的客观效果，抑或是义务教育本身的发展要求来看，义务教育经费"省级统筹"政策含义的核心应体现在"保底"和"均衡"两方面，在尽可能多地尊重地区异质性、避免效率损失基础上，为了实现省域内县际义务教育均衡发展，为全省适龄儿童、少年提供有质量义务教育的最终目标，省级政府在整合中央转移支付和下级政府承担的与其财力相称的资金后，通过对下义务教育转移支付，承担义务教育经费的全面和最终责任，实现省域内县际义务教育经费的均衡。

本书后续内容将基于本章构建的概念框架，对省级政府政策执行情况、"省级统筹"执行效果以及义务教育均衡发展的推进机制进行更加深入和直观的分析。

第三章

省级政府统筹责任落实与政策执行方式

　　义务教育经费"省级统筹"政策执行涉及省级政府行为选择，行为选择具体表现为政策执行过程中省级政府统筹责任落实情况与政策执行方式。现代产业经济学中"组织环境—企业行为—行为绩效（Structure-Conduct-Performance）"理论（以下简称"SCP理论"）构建了对企业行为绩效分析的经典分析框架。该理论认为，产业组织环境决定了产业内竞争状态，进而影响产业组织中各企业行为选择及经营战略，并最终影响企业行为绩效（苏东水，2000）。从第一章国内外研究现状部分的总结可以看出，在地方政府政策执行和行为选择领域，已有基于"整合"视角的研究认为，地方政府同样无法离开周围环境独立存在，行为选择受到所处的组织环境的影响，组织环境中多维因素相互竞争博弈，形成了地方政府特定行为逻辑，进而支配地方政府作出相应行为选择，表现出不同政策执行方式（王南湜，1998；周雪光，2008；叶托，2012）。因此，产业组织环境中企业行为决策和多维组织环境中地方政府行为选择一定程度上存在相似性，二者均受各自所处的组织环境的影响。

　　当前，中央对省级政府义务教育经费"省级统筹"政策执行过程中的责任要求可以概括为"保底"和"均衡"，具体体现为两方面：一是"分项目，按比例"分担原则下，省级政府对各项资金投入在省以下政府间责任划分、标准制定、组织保障，确保各项资金落实到位；二是省级政府通过调整省内财政体制、财政支出结构、转移支付结构，保证省域内各地区义务教育发展需要，促进义务教育均衡发展。与此两方面内容相适应，对义务教育经费"省级统筹"政策执行情况的分析首先需要回答省级政府如何落实中央文件中提出的相关财政投入统筹责任，表现出何种政策执行方式。

为回答上述问题，本章分两个部分进行探讨。第一部分，结合国内外研究现状中关于地方政府政策执行行为分析的相关研究，沿用 SCP 理论分析范式，基于省级政府所处多维组织环境视角，从理论层面分析省级政府在"省级统筹"政策执行过程中可能的行为选择，对可能表现出的政策执行方式提出研究假设；第二部分，通过对三个较有代表性的中央政策文件在各省份执行情况的文本分析，考察"省级统筹"政策执行过程中省级政府行为选择和政策执行方式，对第一部分提出的研究假设进行验证。

第一节　省级政府行为选择

如同多数关于"省级统筹"政策含义的已有研究所述，应将政策置于整个社会系统中加以考虑（袁振国，2014；黄俭，2015；盛明科、杨满凤，2017）。本节基于省级政府所处的多维组织环境视角，对省级政府在"省级统筹"政策执行过程中可能的行为选择和政策执行方式进行分析，并提出本章后续内容的研究假设。

一、省级政府行为选择与多维组织环境

省级政府作为我国层级最高的地方政府，财政收入方面，对省以下财政体制拥有一定自主权，具有对省以下各级政府地方税收分配比例、市县财政收入留成和上解比例制定权；财政支出方面，除教育支出外，还肩负着经济发展、一般公共服务、社会保障和就业、医疗卫生、节能环保等多项支出责任，存在多维任务特征。在作为福利性公共物品的义务教育领域，当前，中央政府通过立法或颁布政策的形式制定基本制度框架，地方政府则侧重政策具体实施。由于中央将义务教育统筹权、多项具体政策制定权下放给省级政

府，不断扩大的省级统筹权使省级政府在政策制定中具有较大空间和自主性。正是源于中央在义务教育领域的权力下放和省级政府自由裁量权的扩大，省级政府充分考虑自身实际能力和社会、经济、教育等各方面因素，在政策执行过程中会有自身的行为逻辑，对"省级统筹"政策执行作出符合自身利益的理性选择。

同时，省级政府也处于一个由多维组织环境因素共同组成的组织环境中。这里的"组织环境"指能够影响省级政府生存、发展的所有内外部关系总和，涵盖政治、经济、文化和社会等各个领域，既包括与上下级不同层级政府间的关系，也包括多种外部关系。每种关系均会对省级政府产生特定的行为逻辑，进而影响省级政府的行为选择。在政策执行过程中，省级政府最终行为选择是其所处的组织环境中各因素相互竞争、相互权衡后的结果，行为选择的具体表现形式即是省级政府在政策执行过程中的政策执行方式。

基于已有关于地方政府政策执行行为分析的相关研究，本节将政策执行过程中能够影响省级政府作出最终行为选择的组织环境因素概括为以下四个主要维度。

第一，与中央政府的关系。如国内外研究现状部分所述，"自上而下"视角的分析突出了中央政府在政策执行过程中的权威地位和控制作用，尽管来自中央政府的影响并不是影响地方政府行为选择的唯一因素，但省级政府如何处理好与中央政府的关系在其行为选择过程中仍占据重要位置。

第二，与地区经济发展的关系。当前，在财政分权体制下，关于解释我国地方政府为何在财政支出中带有明显发展主义倾向，即倾向于把绝大部分财政资金投入能够刺激经济增长的领域，如基础设施建设、城市改造等，而对教育、医疗、环保等福利性公共物品领域投入热情不足的研究已不计其数（Qian 和 Weingast，1997；乔宝云等，2005；Li 和 Zhou，2005；傅勇、张晏，2007；张军等，2007；郑磊，2008）。地方政府在政策执行过程中出于对优先发展省域内经济的考虑，省级政府在政策执行过程中的行为策略会按照"追求经济效益最大化"原则，将社会福利性公共服务供给视为次要职能，将提高本省 GDP 当成"主业"，这种行为结果可能导致省级政府极端追求经济效益，而忽视本应在其他领域有所作为的财政投入职能。

第三，与社会民众的关系。以蒂伯特、奥茨和马斯格雷夫等为代表的第一代财政联邦主义理论开启了有关公共物品由哪级政府提供最合适问题的探讨。蒂伯特（1956）的经典论述认为由于存在辖区居民"用脚投票"机制，居民会通过自由迁移方式自发地对能够满足自身效用最大化的公共物品组合进行选择，而由此引发的地方政府间竞争将使地方政府能够提供有效率、地方民众满意的地方性公共物品。一项利用 2010 年我国 2103 个县级政府公开网站数据开展的在线田野实验研究（Online Field Experiment）对我国"压力型体制"下的地方政府电子政务回应性来源（Sources of Authoritarian Responsiveness）进行了考察。研究结果表明，与西方民主体制不同，"压力型体制"下我国地方政府回应性来源包括了"自上而下"的行政监督和"自下而上"的社会舆论压力两个方面，两者均能对地方政府行为产生显著影响，并且，当面临公众集体行动和越级上访威胁时，地方政府电子政务回应性将显著提升（Chen 等，2016）。

现实中，2012 年 9 月"湖北省某镇 3000 余名小学生自带课桌报到上学"的案例能够对上述观点加以验证。当媒体曝光此事并引发社会舆论强烈反响后，一方面，财政部、教育部等中央政府部门很快作出反应，迅速出台了相关文件①，要求各级政府加强义务教育经费使用管理；另一方面，湖北省在次年便开展改善贫困地区义务教育学校办学条件工作，要求通过五年时间，实现"决不让一个孩子在 D 级危房学习和生活，决不让一名学生自带课桌椅上学"的目标。② 因此，在地方政府政策执行过程中，行为选择结果是否能够提高辖区内社会民众福利以及社会满意度也将作为一个相对重要的影响维度被考虑在内。

第四，与决策者自身利益的关系。除上述三个维度外，与国内外研究现状中"自下而上"视角的分析强调地方政府决策者在政策执行过程中的重要性相似，地方政府在政策执行过程中的行为选择还将受地方领导人和政策决

---

① 2012 年 11 月，教育部、财政部联合出台《关于切实加强义务教育经费管理的紧急通知》（财教〔2012〕425 号）。

② 《湖北：决不让一名学生自带课桌椅上学》，新华网，见 http://roll.sohu.com/20140515/n399601993.shtml。

策者个人行为方式及利益动机的影响。作为地方政府决策者，基于理性人假设，其在进行行为选择时的行为目标可能既不会充分维护公共利益，也不会过于注重执行效率，而会更多考虑行为选择结果是否能够提高其个人效用（Niskanen，1971）。因此，在这一组织环境因素影响下，地方政府行为选择会把"追求自我利益最大化"作为政策执行策略，地方政策决策者"追求自我利益最大化"的具体表现主要包括两方面：一是个人收益最大化，二是满足"公共服务需求"最大化。就前者而言，地方政府官员政治权力最大化可能是其追求个人收益的核心目标，而这方面利益动机集中体现为职位晋升（冉冉，2013）。因此，作为地方政策决策者，同等情况下自然会更倾向于选择利于显示其政绩的亮点工程。就后者而言，体现在行为选择是否能够满足地方官员的"公共服务需求"。官员同样具有享受福利性公共服务的需求，对于与其自身效用密切相关，并且主要只能从当地获取的公共服务，例如子女义务教育、社会治安、医疗服务等等，地方政策决策者自然会有较强的供给动机。但是，需要强调的是，这种供给动机可能更多来自辖区内是否拥有"顶尖"公共服务来满足其需求，"低质量"公共服务并不会过多影响政策决策者的自身效用。同时，当辖区内拥有某些"顶尖"公共服务后，也可能会起到"吸引外来优质人才、吸引外来投资"的作用，这种影响的结果将进一步反作用于前者，进而满足地方政策决策者"追求自我利益最大化"的需要。

现实中，可以以海南省当前义务教育发展模式为例对上述观点加以验证。一方面，海南省就其经济发展水平来说，作为我国最大经济特区，2018 年全省 GDP 总量为4832.05亿元，仅位列 30 个样本省份第 28 位，在人口规模并不算很大的情况下①，当年全省人均 GDP 为 51965 元，位列第 17 位，经济发展结构上，全省原有基础设施较为薄弱，产业结构较为单一，缺少强有力的工业制造业作为支撑，第三产业、服务业比重较大，经济发展主要依靠农业、旅游业、房地产业等产业。另一方面，由于海南省人口结构中少数民族比重

---

① 海南省并不能算人口大省，2018 年全省总人口 934 万人，位列全国第 28 位，另外，虽然在人口统计上属于人口净流入的省份，但是海南省的流入人口结构同长三角、珠三角地区相比具有显著不同。流入人口主要是休闲养老、享受消费，较难为海南提供廉价劳动力。

较大, 从义务教育阶段的学生学业水平角度来看, 学生学业成绩相比全国平均值存在较大差距①, 但在省域内县际均衡角度则表现出一种较为均衡的状态 (实际可以理解为一种低水平状态下的均衡)。当前, 海南省主要任务仍是吸引投资、发展省内经济, 为提高全省包括义务教育在内的公共服务供给水平, 达到吸引和留住外来优质资源及 "候鸟型人才" 的目的。2016 年海南省省级财政花费较大财力在义务教育阶段专项资金中设立如 "引进中小学优秀校长和学科骨干教师工程" "'一市 (县) 两校一园' 优质教育资源引进奖补资金" 等项目, 2016 年两个项目资金总量分别达到 4165 万元、2000 万元②, 是全省当年度省级义务教育专项资金中数额最大的两项支出。从经济发展和决策者自身利益角度来讲, 上述优质义务教育资源引进项目的作用无疑将是积极的; 但从全省整体教育公平角度来讲, 由于将优质教育资源集中于少数学校, 其政策效果并不一定是积极的。综上所述, 省级政府在政策执行过程中通过何种行为选择建立符合决策者自身利益的公共服务体系也将是一个重要影响维度。

需要强调的是, 尽管上述四个维度的组织环境因素都会对省级政府行为选择产生影响, 但各自对行为选择结果的影响强度并不相同。在我国当前政府治理结构下, "与中央政府的关系" 在四方面因素中无疑处于基础性位置, 其强度变化将能够对另外三者的相对重要性起支配作用, 而在不同政策领域, 四者的相对重要性又会有所差异, 需要结合具体情况进行分析。

二、"省级统筹" 政策下省级政府行为选择

以上分析可以看出, 如同处于产业组织中的企业, 地方政府 (包括省级政府在内) 同样处于一个由多维因素共同影响的组织环境中。因此, 省级政府在政策执行过程中的行为选择并不是在某一因素的影响下作出的, 而可以

---

① 从 2016 年海南省义务教育阶段四年级、八年级学生语文学业成绩的量尺得分来看, 海南省全省均值为 425 分和 421 分, 均远低于同年龄段的全国均值 500 分 (2016 年国家义务教育质量监测数据)。

② 《海南省人民政府办公厅关于印发海南省引进中小学优秀校长和学科骨干教师工程实施方案的通知》 (琼府办〔2015〕60 号)、《海南省人民政府关于开展 "一市 (县) 两校一园" 优质教育资源引进工作的实施意见》 (琼府〔2016〕52 号)。

视为在上述四个维度因素的共同驱动下，为尽量满足各方面利益关系，省级政府经过博弈权衡后作出的一种"统筹兼顾"的理性选择。

就义务教育经费"省级统筹"政策而言，结合第二章关于政策含义的分析结论，当前中央对省级政府政策执行中的责任要求主要包括两方面：一是"分项目，按比例"分担原则下省级政府对各项目资金投入在省以下各级政府间的责任划分、标准制定、组织保障，确保各项资金落实到位；二是省级政府通过调整省内财政体制、政府支出结构、转移支付结构，保证省域内各地区义务教育发展的需要，促进义务教育均衡发展。本书认为，在"省级统筹"政策执行过程中，省级政府行为选择包括：不执行政策、保底执行政策以及超预期执行政策。具体而言，"不执行政策"即代表省级政府会作出与中央政策要求不一致甚至相反的行为选择；"保底执行政策"即代表省级政府会在确保中央相关目标任务能够实现的基础上，仅按照最低标准落实中央要求的相关责任，而将能推卸的责任推卸给下级政府，能逃避的责任便不做明确要求，或以其他方式模糊规避；"超预期执行政策"即代表省级政府会在严格落实中央责任要求的基础上，实行更高标准、更有力度的经费统筹政策。与省级政府的三种行为选择相对应，按照中央政府对省级政府的责任要求，"分项目，按比例"分担原则下，省级政府表现出的政策执行方式包括：在各项目的经费投入中不负担经费、省本级以较低水平负担经费和省本级以较高水平负担经费。

具体到上述四个组织环境因素对省级政府在义务教育经费"省级统筹"政策执行过程中行为选择造成的影响，分析如下。

就省级政府行为选择与中央政府关系而言。如前所述，2001年后中央开始不断强化省级政府在义务教育财政投入中的统筹责任，部分项目以"落实省长（主席、市长）负责制""扣回转移支付资金""建立奖补机制"等方式设置明确的岗位责任目标和政策考核方式，要求各省级政府确保任务落实到位。尤其是2005年后各类文件的密集出台，中央政府将大量义务教育经费投入责任分配给省级政府。同时，有研究表明，党的十六大后，我国社会福利政策有了重大转变，各级政府开始不断强化自身在福利性公共物品供给中的角色（王绍光，2007），党的十八大报告对我国教育工作作出"努力办好人民满意的教育" 的承诺, 党的十九大报告对这一承诺进行重申。在此背景下, 中央政府也在不断调整官员政绩考核体系, 将教育、环保等一系列社会福利领域指标逐步纳入考核体系当中。[①] 因此, 在这些因素共同影响下, 基本能够排除省级政府不执行义务教育经费 "省级统筹" 政策的可能。但是, 由于中央政府始终把经济发展目标放在社会福利目标之前, 社会福利始终是为经济发展和社会稳定服务, 因而也从未超越经济发展成为国家的首要目标 (彭华民, 2010)。在此情形下, 地方政府并没有足够的激励来提供更高水平的社会福利。综上, 在中央政府维度的影响下, 可以预见, 省级政府在 "省级统筹" 政策执行过程中的最优选择是 "保底执行政策", 但不排除 "超预期执行政策" 的可能。

就省级政府行为选择与经济发展关系而言。由于经济发展维度对地方政府行为选择的影响不是强调 "社会福利最大化", 而是 "经济效益最大化", 从投入产出角度来讲, 省级政府必然会注重行为选择结果的投资收益。义务教育的产品属性是典型的福利性公共物品, 具有明显非生产性特征, 并且义务教育发展所需投入规模相对较大[②], 短期来看更像是一个 "只有投入、没有产出" 的项目。因此, 地方政府并不存在主动供给的行为动机, 行为选择更可能倾向 "不执行政策"。但是, 随着中央政府对社会福利领域愈加重视, 中央政府可以间接影响经济发展维度下省级政府的行为选择, 经济发展维度对最终行为选择的影响受到来自中央政府维度的压制。在两者双重影响下, 为实现 "成本最小化", 地方政府会尽可能压低政策执行目标, 仅将 "保底执行政策" 作为政策执行的次优选择, 并且, 来自中央政府的压力越小, 省级政府行为动机就会越弱, 设定的行为目标就会越低。

就省级政府行为选择与社会民众关系而言。一方面, 如第二章所述, 义

---

① 近年来, 诸如食品安全、全民健康、农产品质量、文物安全保护等关乎国计民生的公共服务也被不断纳入地方政府绩效考核体系当中, 政府职能不断由 "管制型政府" 向 "服务型政府" 转变 (央视网、中国网, http://news.cctv.com/2017/07/20/ARTInjeU-KNQJxnpbdRwLkbkS170720. shtml、http://www. china. com. cn/travel/txt/2017 - 02/21/content_ 40330142.htm)。

② 例如: 2019 年我国教育经费总投入 50175 亿元, 其中, 义务教育经费总投入 22780 亿元, 占比 45.41% (《2019 年全国教育经费执行情况统计公报》)。

务教育经费"省级统筹"政策要求省级政府承担各项资金"保底"责任，促进义务教育均衡发展，所以就其政策特征来说，是一个覆盖面较广的福利性工程，并且在政策执行过程中各项经费投入会重点向贫困地区倾斜，照顾贫困地区儿童；另一方面，当一个辖区拥有了有质量、广覆盖的义务教育体系后，对于辖区内居民整体福利水平的提高、社会满意度的提高自然会有积极影响。因此，本书认为，基于社会民众维度的影响，省级政府会有足够动力落实"省级统筹"政策，在"保底执行政策"的基础上尽可能强化省级政府统筹责任，提高政策执行目标。

就省级政府行为选择与决策者自身利益关系而言。由于"省级统筹"政策是一个广覆盖的福利性项目，对满足与决策者自身效用相关的"公共服务需求"影响并不大，加之政策见效周期较长，为实现"个人利益最大化"，政策决策者存在将本省财政资源配置到具有更高投资效益领域的可能。可以预见，决策者自身利益维度的影响会使省级政府行为选择更加倾向于"保底执行政策"。

结合以上四方面组织环境因素对省级政府行为选择影响的分析，本书将多维组织环境下省级政府对义务教育经费"省级统筹"政策的行为选择过程绘制成图3-1。

从图3-1可以看出，省级政府最终行为选择将受限于其所处的多维组织环境，四方面组织环境因素分别对省级政府行为选择产生不同影响，不同行为选择对应表现出不同的省级政府政策执行方式。从各因素的影响强度来讲，来自中央政府维度的影响强度最强，在直接影响省级政府行为选择的同时，还可通过经济发展维度和社会民众维度两方面因素间接影响省级政府行为选择结果，使省级政府在原本单因素最优选择的基础上作出同维度下的次优选择（图中虚线即代表来自中央政府维度间接影响下的次优选择，实线代表各维度直接影响下的最优选择）。相比来说，来自决策者自身利益维度的影响相对较弱，这主要与"省级统筹"政策特征有关。在四方面组织环境因素共同影响下，省级政府会作出"符合"各方面利益的行为选择。

表3-1和表3-2描述的是省级政府在"省级统筹"政策执行过程中的行为选择和表现出的政策执行方式选择。为简化分析过程，表3-1和表3-2并

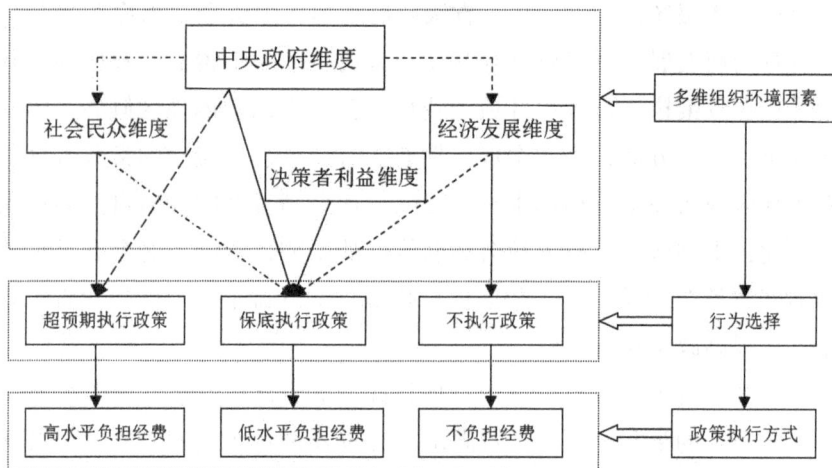

图 3-1　多维组织环境下省级政府行为选择

不对省级政府的"最优选择"和"次优选择"进行区分，仅区分"选择"（用"●"表示）和"不选择"（用"○"表示）两类。由表 3-1 可以看出，省级政府在综合四方面组织环境因素基础上，为实现各方利益关系的"统筹兼顾"，"保底执行政策"将是省级政府的理性选择。与此行为选择相对应，由表 3-2 可以看出，在落实中央"分项目，按比例"分担原则的经费统筹责任过程中，省级政府可能更加倾向于选择"省本级以较低水平承担相应经费"的政策执行方式。

表 3-1　省级政府对"省级统筹"政策执行的行为选择

组织环境因素	影响强度	政策执行行为选择		
		不执行政策	保底执行政策	超预期执行政策
行为选择与中央政府的关系	强	○	●	●
行为选择与经济发展的关系	中	●	●	○
行为选择与社会民众的关系	中	○	●	●
行为选择与决策者自身利益的关系	弱	○	●	○

注："●"表示选择；"○"表示不选择。

表 3-2　省级政府对"省级统筹"政策的执行方式选择

组织环境因素	影响强度	政策执行方式		
		不负担经费	省本级低水平负担经费比例	省本级高水平负担经费比例
行为选择与中央政府的关系	强	○	●	●
行为选择与经济发展的关系	中	●	●	○
行为选择与社会民众的关系	中	○	●	●
行为选择与决策者自身利益的关系	弱	○	●	○

注："●"表示选择；"○"表示不选择。

综上所述，本节提出如下假设。

假设一：省级政府对"省级统筹"政策的行为选择将倾向于"在确保中央相关目标任务完成的条件下，保底执行中央对省级政府的相关统筹要求"。

假设二：省级政府对"省级统筹"政策的执行方式将选择倾向于"省本级以低水平的经费分担比例落实各项目经费"。

本章第二节将以文本分析的方式对各省级政府政策执行过程中的行为选择和表现出的政策执行方式进行考察，对上述假设加以验证。

第二节　"省级统筹"文本执行分析

本节通过对较有代表性的中央文件在各省份执行落实情况的文本分析，透过省级政府话语体系，考察省级政府在"省级统筹"政策执行过程中的行为选择和表现出的政策执行方式，验证第一节提出的相关假设。

现实中，为确保政策文件中的相关要求和意志得到有效落实、政策目标得以实现，中央在颁布某项政策文件后，也会要求地方政府结合中央文件中的相关内容并根据各地实际情况，出台相应的地方条例或实施细则。一个普遍现象是，在中央某项重大文件发布后，地方政府（多为省级政府）会在一定时间期限内通过地方文件的形式发布本省关于该政策的具体实施方案，前文所述的"省级统筹"政策各有关文件（详见表2-1第1列）皆是如此。中央运用此种方式行使其在义务教育事权中"服务监管调控"的职责，在制度设计中不断改进激励机制，创新政策工具确保政令畅通，并通过中央转移支付的方式利用"资金杠杆"实现其在维持义务教育基本公平和鼓励地方政府进行制度创新方面的政策目标。省级政府侧重政策具体实施，但在本省政策制定过程中拥有来自中央政府赋予的自由裁量权。

省级政府发布的地方文件作为其基于中央文本内容的自我表述，代表了各省份对本省工作的最高行为规划。为有利于本省工作开展，地方文件中往往会将具体工作时间、实施方案、组织保障等内容包括在内。因此，地方文本中的内容既会反映本省政策落实过程中的政策执行方式，也会在符合中央相关要求的基础上一定程度体现其自身意愿，对省级政府话语体系及文本表述的分析一定程度上可以作为省级政府对"省级统筹"政策响应程度和政策执行行为选择的参考。

结合第二章对政策沿革的梳理，本节具体选择了2001年《国务院关于基础教育改革与发展的决定》（以下简称"2001年《决定》"）、2008年《义务教育学校实施绩效工资指导意见的通知》（以下简称"2008年《通知》"）和2015年《国务院关于进一步完善城乡义务教育经费保障机制的通知》（以下简称"2015年《通知》"）三个文件。与三个文件对应的各省级政府文件主要搜集方式包括查阅相应年度各省政府公报以及网络搜索。对各省份文本执行落实情况的基本判断标准即是省级政府是否在省级文件中明确了中央对省级政府提出的义务教育经费投入统筹责任（三个文件中中央对省级政府具体要求参见表2-1第2列）。

从三个文件在各省级政府文本执行落实以及话语体系表现出的总体特点来看，各省级政府文件在大体形式上并不会与中央文件存在太大出入，政策目标及核心内容会与中央文件保持基本一致，这也是政策下达过程中保证上级政府政策连贯性的基本要求。但就三个文件在各省份执行落实中表现出的不同特点，均可以从省际共性特点和差异性特点两方面概括。

一、2001 年《决定》的文本执行

2001 年《决定》主要内容包括"十五"期间基础教育发展目标、农村义务教育管理体制改革、教育教学改革、教师人事制度改革、办学体制改革五项四十条。作为中央要求省级政府承担"统筹"责任的最早文件，2001 年《决定》在"分级管理，以县为主"原则下，对省级政府要求较为明确单一，省级政府的统筹任务主要体现在农村中小学教师工资层面，文件中与此相关的内容集中在农村义务教育管理体制改革部分。因此，主要通过分析各省地方文件中该部分内容，对省级政府的地方文本执行情况进行考察。本书共搜索到了 27 个省份（上海、江苏、贵州未搜索到）发布的本省与 2001 年《决定》相对应的地方文件。

就 27 个省份地方文件在省际表现出的共性特点来说，主要可以概括为以下三点。

第一，各省地方文件的核心内容是，为贯彻中央对基础教育改革与发展的相关要求，在当时农村税费改革的大背景下，各省地方文件的最大共性特点是旨在通过对省内基础教育管理和投入体制的设计和调整，确保经费充足，保证基础教育正常运转。因此，各省地方文件在内容上均较为重视教育经费"两个比例""三个增长"等法定指标的提高，普遍将如何增加教育投入、鼓励社会力量投资基础教育、多渠道办学等内容放在地方文件中较为重要的位置，有关省级政府在教育资源均衡配置方面的内容要求并不突出。第二，在维持经费充足的前提下，各省地方文件均结合 2001 年《决定》中提出的相关基础教育发展目标，设定了本省的基础教育发展目标，并不同程度落实了 2001 年《决定》中"保持教育适度超前发展"的相关要求，从各省份设定的本省基础教育具体目标来看，无疑是与各省份经济发展水平和教育发展程度正向相关。第三，对于本书重点关注的农村中小学教师工资保障方面的相关内容，各省地方文件在对本省教师工资管理体制的制度设计和改革中，均落实了中央文件中"将工资管理上移到县"、县级财政设立"工资资金专户"的相关要求，各省级政府对县、乡两级政府在中小学教师工资发放管理方面的责任要求与 2001 年《决定》中的相关内容保持高度一致。对于 2001 年

《决定》中明令禁止的如"不得挤占、挪用教师工资"等方面的内容，各省份也在地方文件中普遍进行了明确。这说明，各省份均将本省中小学教师工资的按时足额发放放到了基础教育改革和发展的优先位置，是对中央文件相关内容的延续。

省际的差异性特点集中体现在省级政府对义务教育财政投入责任落实部分，主要表现为以下两个方面。

第一，关于"分级管理"责任在省以下各级政府间的划分。尽管27个省份在各自文件中均明确了新的农村义务教育管理体制，并将各方面责任在省、地市、区县、乡镇四级政府间进行了划分，但是，各省份在地方文件中普遍对县、乡两级政府的责任要求较为细致明确，对于省级政府自身责任的定位和要求，多数省份能够与中央要求相一致，明确为"加强统筹规划，搞好组织协调，在安排对下级转移支付资金时要保证农村义务教育发展的需要"，但个别省份的要求却出现与中央不一致或含义模糊的现象。例如，有的省份在文件中将统筹规划和转移支付责任下移到地市级政府，只字未提省级政府的自身责任；有的省份将统筹规划和组织协调的责任下移给地市级政府；有的省份尽管明确了"分级管理"原则，但文件中并未对责任在省以下各级政府间的划分进行明确，也并没有明确省级政府的统筹责任。

第二，关于省级政府统筹解决农村中小学教师工资按时足额发放责任的政策落实情况（中央文件具体要求详见表2-1第2列）。从各省地方文件要求来看，北京、山西等21个省份对于省级政府在教师工资发放中"财政最后兜底"的统筹责任定位和要求较为明确，部分省份还制定了制度化较强的教师工资解决方式和经费统筹手段。在几个较有代表性的省份中，辽宁省在文件中要求，对于在教师工资保障过程中财力出现困难的县，首先是由地市级政府通过转移支付的方式给予补助，对于仍存在的缺口，省级政府再给予补助，这体现了中央要求的"省级政府财政最后兜底"的统筹责任；河南省在要求调整各级政府财政支出结构，增加省、市相关转移支付，优先保证教师工资发放的基础上，为加强工资管理，将教师工资能否按时足额发放列入省级政府对各省辖市的年度目标考核体系当中；湖北省在文件中要求，省级有关职能部门要通过调整财政体制和增加转移支付的办法统筹解决教师工资发放问题，并对教师工资不能按时按要求实现县级财政统一发放的地方实行惩罚措施，对于未能履行责任的地方政府省级财政将不再给予转移支付补助。相反，从文本执行来看，部分省份尽管同样要求本省中小学教师工资必须做到按时足额发放，明确了中央文件中提出的基本目标；但未能较好落实省级政府在教师工资中的统筹责任，普遍存在对自身统筹责任要求不明确或将财政责任主体下移等现象。如某些省份要求地市级政府负有对财政困难县通过转移支付形式解决教师工资发放的统筹责任；某些省份要求区县政府"建立教师工资保障机制，负责工资的统筹发放"；某些省份则在文件中并未对教师工资最终的统筹责任加以明确，仅要求"县级政府负责实行教师工资的统一发放"。在中央确保教师工资发放"按时足额"的硬性要求下，省级政府统筹责任的弱化无疑将加大省以下各级政府的工作负担。

二、2008 年《通知》的文本执行

尽管 2008 年《通知》与 2001 年《决定》都涉及省级政府在教师工资中的统筹责任，但两个文件侧重点有所不同，2001 年《决定》对省级政府的相关要求更加侧重于确保工资发放"按时足额"，2008 年《通知》则更强调省级政府通过制度设计，实现其在省域内县际教育资源，特别是教师资源均衡配置中的统筹责任。2008 年《通知》的核心内容是要求各省份落实义务教育学校教师绩效工资制度，省级政府制定本省绩效工资制度具体实施方式，按照"管理以县为主、经费省级统筹、中央适当支持"的经费保障原则，省级政府需在该项目的经费投入中强化自身责任，加强统筹力度。因此，关于该文件在各省份文本执行情况的分析主要侧重于考察各省份对绩效工资的制度设计以及省级政府在经费保障中的统筹责任落实。本书共搜索到了 28 个省份（上海、广东未搜索到）发布的本省与 2008 年《通知》相对应的地方文件。总体来看，2008 年《通知》的地方文本执行在省际表现出的共性特点强于差异性特点。

就 2008 年《通知》在省际的共性特点来说，各省份对于绩效工资制度的实施在政策文本方面存在较强的趋同性。具体体现为各省份对于绩效工资制度在本省的实施范围、实施时间、核定方式、分配方式、相关政策等工作的

设计原则基本相同，同时，各省级政府在这些方面的文本表述也与中央文件高度一致。另外，由于在绩效工资构成中，基础性绩效工资主要受职称、教龄等资历因素的影响，绩效工资的激励导向作用主要通过奖励性绩效工资部分的设计加以体现，为体现2008年《通知》要求各省份在政策制定中"对农村学校，特别是条件艰苦地区学校教师适当倾斜"的原则，在中央文件基础上，各省地方文件中普遍在占比30%的奖励性绩效工资部分中增设农村学校教师补贴，并适当增加条件艰苦地区学校教师的奖励性绩效在整个工资总量中的比重。

通过将各省地方文件与中央文件中的相关内容进行比对后发现，地方文件在省际最大的差异性特点体现在省级政府对经费投入的组织保障方面。2008年《通知》中对实施绩效工资的经费保障方式已经提出了相对明确具体的要求（中央文件具体要求详见表2-1第2列），省级政府在政策落实中应按照中央基本要求确保资金组织保障到位。从各省份具体情况来看，多数省份能够按照中央要求落实绩效工资制度的经费保障原则，将自身责任定位于"调控省级以下区县间财力水平差异，加大对财力薄弱地区补助力度，既确保将中央财政对农村义务教育学校实施绩效工资的补助性资金全部下拨给县级财政，又统筹安排本省财力性转移支付补助增量，优先用于对县级以下义务教育学校实施绩效工资经费补助"。但是，部分省份对自身"经费省级统筹"责任仍然存在表述较为模糊、不够明确等问题。例如，有的省份将经费的保障原则概括为"所需经费以县（市、区）为主、上级适当支持"；有的省份仅要求经费保障按照"分级管理、以县为主"原则，所需资金由地方进行筹措；有的省份确定的原则是"管理以县为主、经费市县自筹、省级适当支持"，省级财政统筹确定经费分担办法；福建省在对省以下各级政府的经费保障责任划分中要求"县级财政要优先保障义务教育学校实施绩效工资所需经费，设区市级财政要加强统筹力度，对困难的县给予适当支持"，但并未对省级政府自身责任进行明确划分。

三、2015年《通知》的文本执行

与2001年《决定》和2008年《通知》重点强调省级政府在教师工资中

的统筹责任不同，2015 年《通知》对省级政府统筹的范围更广、责任要求更细，涉及省级政府制定政策执行方式的项目类型更多。在 2015 年《通知》中，中央文件以"分项目，按比例"分担的形式给地方下达任务，从"两免一补"、公用经费基准定额、校舍维修改造、教师工资四个方面对省以下各级政府提出了经费支出和组织保障的具体要求，确保各省级政府按时建立城乡统一的义务教育经费保障机制；2015 年《通知》同时制定了工作实施时间表，并鼓励地方政府在中央文件要求的基础上进行制度创新，进一步确保义务教育发展所需经费，促进义务教育省域内均衡发展。本书共搜集到了 29 个省份（陕西未搜索到）发布的本省与 2015 年《通知》相对应的地方文件。对于该文件的分析侧重于省级政府制定的四个项目在本省的具体实施标准、分担方式以及省级政府的经费保障责任落实情况，并与中央的相关要求进行比对。基于对省级政府文件内容的归纳整理，将各省份确定的部分项目经费标准、经费分担比例以及项目实施方式进行了汇总（见表 3-3），从中可以更加直观地看出各省级政府表现出的不同政策执行方式。

表 3-3　2015 年《通知》中部分项目在样本省份执行方式汇总

省份	公用经费基准定额（元/每生·每年）		"一补"项目		校舍维修改造项目
	小学	初中	项目覆盖面	经费分担方式	经费分担方式
北京市	—	—	—	市级承担	区县承担
天津市	1300	1450	—	区县承担	区县承担
河北省	600	800	26%	省、市、县 4：2：4	省、市、县 4：2：4
山西省	600	800	23%	省、市、县 5：2：3	省全额负担
内蒙古自治区	600	800	60%	自治区、盟（市）4：6	农村省级承担，城市地方承担
辽宁省	650	850	—	分地区差异分担	—
吉林省	600	800	35%	省、市县 5：5	省、市 5：5
黑龙江省	600	800	—	省、市县 7：3	农村按比例承担，城市地方承担

续表

省份	公用经费基准定额（元/每生·每年）		"一补"项目		校舍维修改造项目
	小学	初中	项目覆盖面	经费分担方式	经费分担方式
上海市	650	850	—	—	区县承担
江苏省	700	1000	苏南6%、苏中8%、苏北10%	分地区差异分担	地方承担，省级奖补
浙江省	650	850	—	—	地方承担，省级奖补
安徽省	600	800	—	市县承担	农村省级承担，城市地方承担
福建省	650	850	—	省、市、县按比例分担	地方承担，省级奖补
江西省	600	800	30%（城市10%）	差异分担	地方承担，省级奖补
山东省	710	910	30%	分地区差异分担	各市承担
河南省	600	800	农村27%，城市10%	市县承担	农村省县8：2，城市地方承担
湖北省	600	800	31%	省财政承担	分地区差异分担
湖南省	600	800	33%	分地区差异分担	分地区差异分担
广东省	1150	1950	—	省财政承担	分地区差异分担
广西壮族自治区	600	800	65%	自治区、市、县5：4：1	贫困地区省、市4：1，其他地区3：2
海南省	650	850	40%	省属学校由省级承担，市属学校省、市县5：5	省属学校由省级承担，市县所属学校由市县承担
重庆市	600	800	55%	分地区差异分担	分地区差异分担
四川省	600	800	—	分地区差异分担	"谁举办，谁负担"
贵州省	600	800	70%	省级财政承担	农村省级承担，城市省、市区按比例承担

续表

| 省份 | 公用经费基准定额（元/每生·每年） | | "一补"项目 | | 校舍维修改造项目 |
	小学	初中	项目覆盖面	经费分担方式	经费分担方式
云南省	600	800	100%	分地区差异分担	省级全额负担
甘肃省	600	800	—	分地区差异分担	农村省级承担，城市地方承担
青海省	700	900	农牧区100%	分地区差异分担	省、市（州）县8：2
宁夏回族自治区	600	800	100%	市县承担	农村省级承担，城市地方承担
新疆维吾尔自治区	600	800	86%	省级财政承担	农村省级承担，城市地方承担

资料来源：各省份发布的与 2015 年《通知》相对应的地方文件，内容经由作者整理得到；陕西省的文件未搜集到。

从各省地方文件在省际表现出的共性特点来看，2015 年《通知》在各省份的文本执行具有以下五个主要特征。

第一，2015 年《通知》对义务教育投入责任在中央和省级政府之间进行了明确的划分，在各省地方文件中，省级政府对省、地市、区县政府之间的支出责任也进行了相对明确的划分，在支出责任分解过程中，遵循中央部署，省级政府按照"分项目、按比例"分担原则对各项工作中的支出责任进行了细化落实，对本省省以下各级政府的经费分担办法及实施步骤进行了较为明确的说明。可以说，各省级政府从文本执行角度均落实了中央的最低要求。

第二，关于不同经费项目在省以下各级政府间确定的经费分担比例，各省份的具体划分方式并没有改变以区县为主的教育支出分权模式，区县一级政府仍然是义务教育经费支出的主体，承担着"服务提供"的直接责任。

第三，省级政府在四个项目中的经费统筹责任带有较为明显的"累退"特点，即从校舍维修改造项目、"两免一补"补助、公用经费到教师工资保障，支出数额越大的项目，省级政府的统筹作用越弱。从省以下各级政府间财政能力和各项目支出的相对数额来看，这种经费分担方式一定程度上存在不合理性。例如，作为义务教育经费的主体部分，在教师工资项目中，各省地方文件中表现出的基本统筹方式多是省级政府"对部分财力薄弱的区县在核定其财力的基础上进行转移支付"，具体经费支出责任仍然在各区县级政府，相比其他项目，省级政府在教师工资中"经费统筹"责任体现得并不明显。而在校舍维修改造支出方面，省级政府统筹力度相对较大，个别省份还采取了经费支出由省级财政全额负担的方式。因此，有理由猜测，省级政府对不同经费项目统筹力度的不同，可能会对总生均经费和分项目的生均经费在省域内县际均衡水平的变化产生不同影响，本书第五章将对该问题进行实证检验。

第四，各省份文本执行基本体现了中央文件中要求省级政府的"工作向贫困区县倾斜"原则，从表 3-3 可以看出，在"两免一补"、公用经费补助和校舍维修改造三个项目政府间分担比例的具体制定中，各省份基本是按照省域内县际的经济发展水平和地区财政能力差异，采用政府间分地区差异化分担方式，从政策制定角度来说，这无疑将有利于省域内县际义务教育均衡发展。

第五，在工作推进时间和实施步骤方面，各省份与中央要求基本保持一致，未有不同且要求相对明确，即在 2016 年春季学期实现省域范围内生均公用经费项目的城乡统一，2017 年春季学期实现"两免一补"项目的城乡统一。

从省级政府在文本执行落实及话语体系中的差异性特点来说，与 2001 年《决定》和 2008 年《通知》不同，2015 年《通知》在各省份文本执行中表现出的省际差异性大于共性，差异性特点主要体现在以下两个方面。

第一，省级政府在各项目中的统筹力度或具体政策执行方式存在差异。通过 29 个省份地方文件的对比分析可以清晰发现，统筹力度差异主要表现为省级政府对省以下各级政府具体项目分担比例的设计以及工作开展的细致程度不同。分项目来看，在生均公用经费基准定额标准和分担方式的确定上，中央仅根据各省份所处地域对补助的基准定额标准和分担方式提出了基本要求[①]，在满足基本要求的基础上，各省份可以依据自身情况确定本省标准以及省、市、县各级政府间的具体分担比例，这便使公用经费基准定额在省际出

---

① 中央确定 2016 年生均公用经费基准定额具体为：中西部地区普通小学每生每年 600 元、普通初中每生每年 800 元；东部地区普通小学每生每年 650 元、普通初中每生每年 850 元（《国务院关于进一步完善城乡义务教育经费保障机制的通知》 （国发〔2015〕67 号）)。

现标准与分担方式上的差异。在补助标准制定方面，23 个省份制定的补助标准与中央要求的最低标准相同，包括天津、辽宁、江苏、山东、广东、青海在内的 6 个省份制定的补助标准高于国家标准①，其中广东省的生均公用经费补助标准全国最高，小学和初中分别达到生均每年 1150 元、1950 元。从 6 个省份的地域分布来看，除青海外，其余均位于东部沿海地区。因此，对于各省份在经费标准方面的差异除受到省级政府统筹力度的影响外，还可能与各省份经济、教育发展水平有关。从生均公用经费具体分担方式来讲，各省份普遍采用省域内分地区分档次差异化分担的方式，即经济发展水平越差的地区，省级政府负担的比例越高，从这一点来看，各省份均较好落实了中央文件有关"加大对本行政区域内困难地区支持"的原则。在省级政府负担的生均公用经费具体比例方面，尽管多数省级政府负担了经费支出大头，但对比后发现，各省份主要依据省级政府财力和省域内县际发展情况，省级财政负担比例各不相同，差异同样明显。

"两免一补"项目中，由于 2015 年《通知》对免除学杂费和教科书费后的经费负担方式要求较为明确统一，因此，较能体现省级政府统筹特点的是"对家庭经济困难寄宿生提供生活补助"项目（以下简称"'一补'项目"）。在"一补"项目的统筹方面，2015 年《通知》确定的基本原则是：中央和地方按照 5∶5 的比例分担补助资金，并要求省级政府在统筹落实地方所需资金的同时，制定本省"家庭经济困难寄宿生贫困面"。从该项目落实情况来看，多数省份确定了"一补"项目的具体覆盖面，但少数省份在本省地方文件中并未对补助覆盖面进行说明。在确定了覆盖面的省份中，从地域分布来讲，西部省份的覆盖面普遍较高，如云南、宁夏要求本省（自治区）全部寄宿生均可享受生活补助，覆盖面达到 100%，新疆、贵州、重庆、广西等四个西部省份也分别达到 85%、70%、55%、65%，覆盖范围均高于东部和中部省份；中部省份中，最高的是内蒙古，覆盖面达到 60%，其余各省份覆盖面基本在

① 6 个省份 2016 年春季学期的小学、初中每生每年公用补助标准分别为：天津 1300 元、1450 元，辽宁 850 元、1050 元，江苏 700 元、1000 元，山东 710 元、910 元，广东 1150 元、1950 元，青海 700 元、900 元（三江源地区为 900 元、1100 元）（各省《关于进一步完善城乡义务教育经费保障机制的实施意见》）。

30%左右，其中，山西省为23%、江西省为30%、河南省为27%、湖北省为31%、湖南省为33%。从项目经费的分担比例来看，与公用经费补助基准定额的分担方式不同，"一补"项目的分担比例除少数省份采用"分地区差异化分担"的方式外，多数省份采取的是省内各地区在省以下各级政府间"一刀切"的分担方式，省以下各级政府负担的经费比例在全省范围内保持一致。从省级政府负担的具体比例来讲，北京、广东、湖北、贵州、宁夏和新疆6个省份由省级政府全额负担，天津、安徽和河南3个省份的省本级财政并没有进行相应经费分担，补助经费完全由省以下政府承担。

在省级政府对"校舍维修改造"项目的统筹中，2015年《通知》确定，中西部农村公办义务教育学校中央和地方按照5∶5比例分担所需资金，东部农村地区中央采取"以奖代补"的方式，给予适当奖励，城市公办义务教育学校所需资金则由地方承担。从各省地方文件来看，多数省份在文件中仅对省以下各级政府经费分担方式进行了说明，并且省级政府统筹力度相对较大。具体而言，各省份较为普遍的经费分担方式是"农村学校省级承担，城市学校市县承担"或"谁举办，谁负担"，其中，山西、云南两省校舍维修改造经费完全由省本级财政负担，而北京、天津、上海、浙江、福建、江西、山东7个省份则完全由地市或区县负担。

第二，差异性特点的另一方面体现在经费投入组织保障方面。2015年《通知》对于完善城乡义务教育经费保障机制中省级政府经费投入的组织保障要求是"需切实发挥省级统筹作用，制定切实可行的实施方案和省以下各级政府间的经费分担办法，完善省以下转移支付制度，加大对本行政区域内困难地区的支持"（中央文件具体要求详见表2-1列2）。但从各省份地方文件对自身责任的相关要求来看，省级政府对政策的响应程度并不完全相同。某些省份在确保城乡统一的义务教育经费保障机制能够按时落实的基础上，对自身责任要求并未完全与中央文件保持一致。具体表现为弱化、逃避自身在中央文件中规定的责任，或将原本应属于省级政府本身的统筹责任下移给市、县级政府。例如，有的省份将经费投入保障中省级政府的责任要求表述为"切实发挥组织协调作用"；有的省份在文件中将统筹责任下移到地市一级，要求"市级政府要发挥统筹作用，制定切实可行的实施方案，加大对区域内财政困难地区的支持"；有的省份要求"各区县人民政府要高度重视，加强组织领导，切实发挥统筹作用"；有的省份要求县级政府"加强县域内教育经费的统筹安排和管理，优先保障规模较小学校正常运转，加强经费统筹力度，严格按照资金使用范围合理支出"，未对省级政府提出相关的责任要求；有的省份则并未提及经费统筹的明确责任主体，仅要求"县级政府要按照义务教育'以县为主'的管理体制，落实管理主体责任"；内蒙古和黑龙江两省对于经费投入的统筹保障则未提出实质性要求。

第三节　省级政府行为趋同
——基于文本分析的总结

上述分析结果可以看出，在"分项目、按比例"分担原则下，省级政府对中央相关经费统筹责任落实过程中的行为选择存在一定程度的"行为趋同"，即在该分担原则下，省级政府在"省级统筹"政策执行过程中倾向于"保底执行政策"，将"省本级低水平负担经费比例"作为政策执行方式，第二节文本分析结果验证了第一节提出的研究假设。

从省级政府行为选择来看，三个文件在各省份执行落实过程中并未出现"不执行政策"的情况，地方文件均对落实中央相关政策目标作出了明确承诺，如在地方文件中要求"确保本省教师工资按时足额发放""切实做好义务教育教师绩效工资实施工作""确保按时按要求建立城乡统一的义务教育经费保障机制"等等。同时，本书认为，各省地方文件中对"项目经费组织保障"部分的相关表述也能较好地体现各省份政策执行行为选择。

分析 2001 年《决定》、2008 年《通知》和 2015 年《通知》三个文件文本在各省份的执行落实情况，发现虽然中央文件对于各项目经费"如何保障、如何统筹"的阐述较为明确，但是，统筹责任并没有在全部省份得到落实，某些省份具体执行过程中出现了省级政府弱化自身支出责任或将统筹责任下移地市或县级政府的情况，这反映出省级政府在执行义务教育经费"省级统筹"政策时，对自身责任要求认识的不明确、不统一，存在"保底执行政策"的行为倾向。出现这种现象可以从省级政府所处的多维组织环境角度加以解释，经过分析发现，为综合考虑来自中央政府、地区经济发展、辖区内民众和决策者自身利益四个方面因素的影响，"保底执行政策"是省级政府在现阶段义务教育经费"省级统筹"政策执行过程中的"理性选择"。但是，在中央政策总目标必须完成的大前提下，这种弱化或下移统筹责任的情况无疑将增加省以下政府特别是县级政府的财政压力。

另外，省级政府统筹责任未能较好地落实的问题在三个文件间又有所不同。其中，2015年《通知》中"文本执行较差"省份较多，2001年《决定》和2008年《通知》的省级政府文本执行情况整体好于2015年《通知》，政策执行并没有呈现出随着政策实施时间延长，责任落实更好的情况。结合本章第一节对省级政府所处组织环境的分析，本书认为，一方面原因可能是2015年《通知》中涉及的统筹项目更多、责任更细，而2001年《决定》和2008年《通知》仅是与省级政府教师工资统筹相关的两个文件，从"中央政府对地方政府的任务设计"角度来说，2015年《通知》中的统筹任务更重，省级政府行为选择动机更强；另一方面，从"中央政府奖惩手段"角度来说，为达到相应政策目标，2001年《决定》和2008年《通知》中体现出的政策权威性和约束力较强，例如，2001年《决定》要求"对于不能保证教师工资发放地方，中央会停止财政转移支付，扣回转移支付资金，并追究主要领导人的责任"，在这种情形下，省级政府在政策执行过程中随意性较小，为确保中央政策目标落实，在全省总体财力一定的情况下，省级政府必然会承担更多责任，行为选择动机更弱。

从省级政府表现出的政策执行方式来看，由于资料所限，本书并不能确定各省份在所有义务教育经费项目中的具体投入数额、分担方式以及分担比例等等。本书认为，省级政府在2015年《通知》落实过程中制定的各项目经费分担比例和分担方式能够较好地反映省级政府政策执行方式。从第二节分析可以看出，第一，省级政府对不同经费项目的分担方式和分担比例有所不同，越是支出数额大的项目，省级政府的统筹力度越弱，统筹体现出"累退"

特点；第二，部分省份在"一补"项目或校舍维修改造项目中，并没有承担相应经费，经费分担采取由省以下政府承担的方式，统筹责任仅体现在经费标准和分担比例的确定方面。因此，与"保底执行政策"的行为选择对应，省级政府的政策执行方式表现出"低水平负担经费比例"特点。

小 结

本章从省级政府所处的多维组织环境角度对省级政府的政策执行方式提出假设：为综合考虑来自中央政府、地区经济发展、辖区内民众和决策者自身利益四个方面因素的影响，"保底执行政策"是省级政府在现阶段义务教育经费"省级统筹"政策执行过程中的"理性选择"。进一步地，通过针对代表性中央文件在省级政府的执行落实，对研究假设进行了验证。

第四章将通过构造相关指标对各省份义务教育经费的统筹水平和统筹模式进行度量，尝试从"实际执行"角度对政策执行现状和特点进行分析。

第四章

"省级统筹"的水平、模式与特点

从本书第二章对"省级统筹"政策含义的阐述可知,省级政府履行义务教育经费统筹职责的核心工具是省对下级政府义务教育转移支付,这也是实现"省级统筹"政策目标,建立省内县际义务教育财政均衡机制的重要工具。因此,在第三章有关省级政府文本执行角度的政策执行分析基础上,本章进一步围绕省对下级政府义务教育转移支付,对各省份义务教育经费统筹水平、统筹模式、统筹特点以及义务教育转移支付在省内县际配置的影响因素等问题展开讨论。

本章内容主要包括三个部分:第一部分,基于政策定义和数据可得性,在省级政府层面构造度量各省份经费统筹水平和统筹模式的相关指标,考察当前政策在各省份实际执行情况以及省级政府经费统筹特点;第二部分,基于各省省本级与地市县政府间相对财力水平,从省内财政体制视角对省级政府经费统筹特点进行解释;第三部分,在更加微观的县级政府层面,通过建立计量回归模型,探讨造成省内县际义务教育转移支付配置差异的影响因素。

第一节　义务教育经费统筹水平及统筹模式

本书第三章以文本分析方式对省级政府统筹责任落实和政策执行方式进

行了分析，将政策文本角度执行视为各省份对"省级统筹"政策的"口头执行"，本节通过构造相关指标对各省份义务教育经费的统筹水平和统筹模式进行度量，尝试从"实际执行"角度对政策执行现状和特点进行分析。

一、"省级统筹"水平指标的构建

为比较各省份义务教育经费统筹水平和特点，首先需要找到一个合适的度量指标。当前，各方并没有一个对"省级统筹"水平统一明确的度量指标，本书第二章对"省级统筹"政策含义的总结认为，义务教育经费角度的"省级统筹"应当是省级政府在综合考虑了中央转移支付和省内各地市县财政能力等因素后，通过对下转移支付承担本省义务教育经费的统筹职责。作为上下级政府间一种财政资金转移或财政平衡制度，现实中，可以将义务教育转移支付分为一般性转移支付中用于义务教育的部分和义务教育专项转移支付两大类，两者的功能和使用方式不同，后者由于带有较为明确的使用用途，且多数项目资金需要地方政府进行配套，对于教育支出的直接刺激作用较强，前者则包含在一般性转移支付中，支出及使用方式受地方政府财政支出偏好的影响较大。基于本书对"省级统筹"的政策定义以及现实情况，从理论上讲，某一年度内"省级政府对下一般性转移支付中用于义务教育的部分和义务教育专项转移支付的总额占当年度全省义务教育总支出比重"将是对省级政府实际经费统筹水平一个较为理想的度量指标。首先，该指标包括了省级政府用于补助地市县义务教育的全部支出，这些支出能够较全面地反映一个省份的"统筹绝对力度"；其次，该指标进一步控制了各省份的义务教育支出总体规模，使得指标在省际可比性更强。指标值越大，说明义务教育转移支付在全省义务教育总支出中的比重越大，省级政府对义务教育统筹的努力程度越高。但由于无法获得各省份一般性转移支付中用于义务教育部分的具体数额，并且如第二章所述，省级政府对下义务教育转移支付需建立在中央对省义务教育转移支付基础上，在指标构建过程中没有必要将省对下义务教育转移支付中来自中央和省级政府的部分进行明确区分。

因此，基于相关数据的可得性，并为尽可能减小度量误差，本节分别选择 2011 年和 2013 年"省级政府对地市县补助支出中用于义务教育的部分占全省义务教育支出比重"和"省级政府义务教育专项支出占全省义务教育支出比重"两个指标,尝试从不同维度尽可能全面准确地对省级政府经费统筹水平进行度量和分析。

本节选取的两个度量指标区别在于:在各省份年度财政决算过程中,省对地市县全部补助支出主要包括了返还性支出、一般性转移支付支出和专项转移支付支出三大类,通常情况下,三类支出项目中一般性转移支付和专项转移支付两项支出的数额最大[①],但是,在 2011 年和 2013 年各个公开统计资料中仅能查阅到省对地市县补助支出的总额,无法单独区分出省对地市县级政府的税收返还数额,由于省对地市县税收返还可以视为地方政府应得收入,与省级政府实际的义务教育统筹力度并无直接关联,因此,"省级政府对地市县补助支出中用于义务教育的部分占全省义务教育支出比重"指标中由于包含了省对下级政府税收返还数额,其结果将在一定程度上高估各省级政府实际的经费统筹水平[②],而"省级政府义务教育专项支出占全省义务教育支出比重"指标由于仅包含了义务教育各专项转移支付,并没有包含数额最大的一般性转移支付中用于义务教育的部分,将造成对省级政府实际统筹水平的低估。各省份实际的义务教育经费统筹水平应当介于二者之间,并且从理论上讲,对第二个指标的低估程度将大于对第一个指标的高估程度。

另外,关于两个指标的具体构造过程还需说明如下几点。

第一,从省本级财政收入和支出的角度来讲,"省对地市县补助支出"可以近似表示为如下形式:

省对地市县补助支出 = 中央对该省补助 + 省本级公共财政收入 + 省以下上解收入 – 省本级公共财政支出

对于样本年间个别没有直接在本省决算报告中公布"省对地市县补助支

---

① 以地市县级政府财力在全国范围内相对较强的山东省为例,2018 年省对地市县全部补助支出为 2686.1 亿元,其中,一般性转移支付支出为 1397.9 亿元,专项转移支付支出为917.1亿元,税收返还支出为 370.1 亿元,分别占当年省对地市县全部补助支出的52.04%、34.14%、13.77%(《山东省 2018 年度决算报告》)。

② 尽管税收返还部分在全部补助支出中仅占 10%左右,并且其中用于义务教育的部分会更少。

出"指标的省份，该指标的具体数额即通过上述公式计算获得。

第二，事实上，在获得 2011 年和 2013 年各省份对地市县补助支出的具体数额后，由于无法知晓下级政府在上级补助收入中用于义务教育部分的比例，所以仍不能直接获得省对地市县补助支出中用于义务教育的具体数额。但是，由于一般性转移支付和税收返还收入在财政支出特点上与地方政府自有财政收入类似，地方政府对此部分收入的支出选择具有自主决策权。同时，已有大量研究证实，县级政府普遍具有将不同类型专项转移支付打通、挤占、挪用的支出倾向（侯一麟，2009；王广庆、王有强，2010）。因此，本节在指标构建过程中假设某一年度内某省地市县级政府公共财政义务教育支出占地市县政府公共财政总支出的比例即为当年度该省对地市县补助支出中用于义务教育部分的比例。

即，"省级政府对地市县补助支出中用于义务教育的部分占全省义务教育支出比重"指标的构建过程可以表示为：

$$\frac{省对地市县补助支出 \times \dfrac{全省地市县级政府公共财政义务教育支出}{全省地市县级政府公共财政总支出}}{全省义务教育总支出}$$

第三，在"省级政府义务教育专项支出占全省义务教育支出比重"指标的构建过程中，本书仅获得了 2011 年和 2013 年 30 个样本省份内各地市县当年度教育专项转移支付数据。考虑到县级政府主要承担了义务教育阶段的财政支出责任，因此，假设县级政府获得的上级教育专项转移支付全部用于义务教育，在此基础上，将省内各地市县教育专项转移支付数额在省级层面加总，即为当年度各省份全部义务教育专项支出。"省级政府义务教育专项支出占全省义务教育支出比重"指标的构建过程可以表示为：

$$\frac{省内各地市县上级教育补助专款总额}{全省义务教育总支出}$$

两个指标构建过程中所需数据的主要来源包括：省对地市县补助支出（包括个别省的中央对该省补助支出、省本级公共财政收入和省本级公共财政支出）数据来自 2011 年和 2013 年各省财政厅厅长在本省人大常委会上所作的当年度全省财政预算执行及决算情况报告，经由各省级政府门户网站查阅而得；地市县级政府公共财政义务教育支出、公共财政总支出、各地市县获得的教育专项转移支付数据来自 2011 年和 2013 年"全国教育经费统计综合报表"中"教财综 8 表""教财综 10 表"；各省份财政总支出数据来自 2011 年和 2013 年《中国财政年鉴》，各省份义务教育阶段总支出数据来自 2012 年和 2014 年《中国教育经费统计年鉴》。

指标构建过程中使用到的主要省级财政收支项目具体数值详见附表 1、附表 2。

二、各省份义务教育经费统筹水平

基于上述两个指标度量的 2011 年和 2013 年各省份义务教育经费统筹水平结果见表 4-1。从表 4-1 可以看出，各省份对应年份"省级政府对地市县补助支出中用于义务教育的部分占全省义务教育总支出比重"指标的计算结果均高于"省级政府义务教育专项支出占全省义务教育总支出比重"指标，这符合前文关于两个指标度量误差的基本判断。

将两个指标区分来看，"省级政府对地市县补助支出中用于义务教育的部分占全省义务教育支出比重"指标具有以下四个主要特点。

表 4-1　2011 年、2013 年样本省份义务教育经费统筹水平

(单位:%)

项目 省份	省级政府对地市县补助支出中用于义务教育的部分占全省义务教育总支出比重		省级政府义务教育专项支出占全省义务教育总支出比重	
	2011 年	2013 年	2011 年	2013 年
北京市	26.86	37.41	17.15	25.20
天津市	15.98	27.23	0.83	3.50
河北省	64.83	67.19	23.46	10.99
山西省	62.09	67.73	23.17	15.52
内蒙古自治区	71.58	66.92	20.18	11.43
辽宁省	30.76	44.71	6.71	8.92
吉林省	83.41	87.41	18.94	15.04

续表

项目 省份	省级政府对地市县补助支出中用于义务 教育的部分占全省义务教育总支出比重		省级政府义务教育专项支出 占全省义务教育总支出比重	
	2011 年	2013 年	2011 年	2013 年
黑龙江省	80.51	86.20	11.35	14.58
上海市	42.88	44.87	2.51	12.30
江苏省	15.05	16.86	9.35	8.02
浙江省	20.85	24.60	5.85	9.59
安徽省	62.32	68.24	21.45	18.12
福建省	30.23	38.98	19.06	11.37
江西省	68.02	65.08	21.34	18.16
山东省	43.58	43.01	14.21	9.67
河南省	64.94	65.73	25.29	16.99
湖北省	62.69	64.43	22.29	21.10
湖南省	57.83	76.34	22.74	21.77
广东省	34.95	38.79	12.93	12.27
广西壮族自治区	79.69	79.89	32.08	35.22
海南省	61.21	61.78	20.83	13.23
重庆市	45.62	53.94	29.54	21.03
四川省	68.34	82.47	23.63	15.94
贵州省	82.70	78.19	30.67	21.42
云南省	77.77	74.47	38.61	31.07
陕西省	77.94	85.52	22.14	26.14
甘肃省	92.65	99.67	28.37	28.96
青海省	99.89	99.47	29.38	24.26
宁夏回族自治区	77.53	73.23	35.89	25.90
新疆维吾尔自治区	73.09	81.57	18.78	14.03

第一，在指标绝对量方面，2011 年 30 个样本省份指标平均值为59.19%，2013 年指标平均值为 63.41%，2013 年较 2011 年略有增长，这说明从全国范围来讲，省级政府的经费统筹总体水平在样本年间有所上升，省对下义务教育转移支付占全省义务教育总支出的比重略有提高。具体到省级层面，2011年有 19 个省份统筹水平高于全国平均水平，其中，青海省最高，达到99.89%，排名第二至第五位的甘肃、吉林、贵州、黑龙江 4 个省份的经费统筹水平也均高于80%，排名较低的 5 个省份分别为福建、北京、浙江、天津和江苏，其中最低的江苏省为 15.05%；2013 年有 18 个省份高于全国平均水平，其中，甘肃省最高，达到 99.67%，江苏省仍最低，为 16.86%。第二，2011 年和 2013 年该指标省际变异系数分别为 0.3929 和 0.3454，2013 年相比2011 年省际差异程度略有缩小。第三，从各省份 2011 年和 2013 年两年间的变化来看，有 7 个省份指标计算结果出现下降，分别为青海、贵州、云南、宁夏、江西、内蒙古和山东，除青海、山东两省外，其余 5 个省份降幅均大于 1 个百分点。第四，从各省份义务教育经费统筹水平的地域分布来看，中西部地区省份义务教育总支出中省对下义务教育转移支付所占比重普遍高于东部地区省份，出现这种现象的原因可能与省内财政体制密切相关，本章第二节将结合各省份省内财政体制对这一统筹特点进行探讨。

"省级政府义务教育专项支出占全省义务教育总支出比重"指标具有以下四个主要特点。

第一，在指标绝对量方面，2011 年该指标全国平均值为 20.29%，2013年全国平均值下降为 17.39%，2013 年较 2011 年下降 2.9 个百分点。这说明从全国范围来讲，在 2012 年教育经费支出占 GDP 比重达到4%后，尽管 30 个样本省份义务教育专项转移支付总额从 2011 年的 1910.6 亿元上涨为 2013 年的 2116.9 亿元（各省份具体数据详见附表 2），但其增幅并没有地方义务教育总支出的增幅大，这造成了义务教育专项支出占义务教育总支出比重在样本年间出现下降。若将两个统筹水平指标综合加以考虑，在义务教育转移支付总额占义务教育支出总额比重有所上升的情况下，"省级政府义务教育专项支出占全省义务教育总支出比重"的下降说明一般性转移支付中用于义务教育的数额和占比有所上升，进而弥补了专项转移支付占比下降对第一个指标带来的负向影响。具体到省级层面，2011 年有 17 个省份高于全国平均水平，其中，云南、宁夏、广西、贵州、重庆 5 个省份位列前五位，2013 年有 13 个省份高于全国平均水平，排名前五位的省份依次为广西、云南、甘肃、陕西和宁夏。第二，2011 年和 2013 年该指标省际变异系数分别为 0.4597 和 0.4331，两年的差异程度均大于前一指标，这说明义务教育专项转移支付占比在省际的差异更大，并且 2013 年与 2011 年相比省际差异程度同样出现缩小。第三，从各省 2011 年和 2013 年两年间的变化来看，仅有广西、甘肃、陕西、北京、黑龙江、浙江、上海、辽宁、天津 9 个省份出现上升，其中增幅最大的为北京市，增长 8.05 个百分点，降幅最大的为河北省，下降 12.47 个百分点。第四，从该指标全国的地域分布情况来看，这与基于"省级政府对地市县补助支出中用于义务教育的部分占全省义务教育总支出比重"指标计算的各省份地域分布特征基本一致。

三、各省份义务教育经费统筹模式

将基于上述两个指标计算结果的地域分布特征进行对比可以发现，虽然指标值较高的省份都集中于中西部地区，但是西南地区以"省级政府义务教育专项支出占全省义务教育总支出比重"指标度量的统筹水平相比西北地区更高，西北地区以"省级政府对地市县补助支出中用于义务教育的部分占全省义务教育支出总比重"指标度量的经费统筹水平在全国范围内排名较高。这说明尽管同为享有中央大量转移支付，尤其是一般性转移支付的西部地区，西南地区和西北地区在经费统筹模式上仍然存在明显差异，造成这一现象的原因可能与各省份义务教育转移支付的内部结构有关。较为笼统的义务教育转移支付内部结构可以理解为，义务教育转移支付总额中一般和专项转移支付所占的相对比重，更加详细的内部结构则还可以包括转移支付的具体项目类别、经费数额及使用用途等等。

事实上，在第一小节构造的"省级政府义务教育专项支出占全省义务教育总支出比重"指标与"省级政府对地市县补助支出中用于义务教育的部分占全省义务教育支出比重"指标基础之上，若将两个指标相除，可以近似得到 2011 年和 2013 年各省份省对下义务教育转移支付总额中专项转移支付所占的比重,即"省级政府义务教育专项支出占全部义务教育转移支付比重"指标,该指标能够较为笼统地反映出各省份省对下义务教育转移支付内部结构。指标构建过程可以表示为:

$$\frac{省内各地市县上级教育补助专款总额}{省级政府对地市县补助支出中用于义务教育的部分}$$

按照上述方法计算的各省份该指标具体数值如表 4-2 所示,该指标 2011 年和 2013 年全国平均值分别为 35.18% 和 29.65%,计算结果与根据 2013 年全国财政决算报告计算的中央对地方教育转移支付总额中教育专项转移支付 40.1% 的比重相比偏小。[1] 造成差异的原因可能来自两方面:一是后者的计算过程无法按教育层级进行区分,因此包括了学前教育、基础教育、高等教育、职业教育等各级各类教育,涵盖的教育层级更多;二是受省级政府经费统筹的影响。从本节计算的"省级政府义务教育专项支出占全部义务教育转移支付比重"指标全国平均水平来看,样本年间中省对下义务教育转移支付内部结构中,一般性转移支付约占 2/3,专项转移支付约占 1/3,并且 2013 年相比 2011 年义务教育专项转移支付占比出现下降,相应地,一般性转移支付占比有所上升。由于一般性转移支付项目并未明确规定使用用途,地方政府在使用时的灵活性和自主性较大,这种"因地制宜"的使用方式在一定程度上可能会更加有利于义务教育转移支付发挥均衡地区教育资源配置的作用。另外,2011 年 30 个样本省份义务教育专项转移支付占比的省际变异系数为 0.4252,2013 年下降为 0.4023,变异系数下降说明各省份统筹模式的省际差异变得更小。

表 4-2　2011 年、2013 年样本省份义务教育专项支出占
全部义务教育转移支付比重　(单位:%)

省份	2011 年	2013 年	省份	2011 年	2013 年	省份	2011 年	2013 年
北京市	63.60	67.38	浙江省	28.11	38.94	海南省	34.04	21.39

---

[1] 李振宇、王骏:《中央与地方教育财政事权与支出责任的划分研究》,《清华大学教育研究》2017 年第 5 期,第 35—42 页。

省份	2011 年	2013 年	省份	2011 年	2013 年	省份	2011 年	2013 年
天津市	5.47	13.02	安徽省	34.44	26.50	重庆市	64.80	39.06
河北省	36.25	16.36	福建省	62.99	29.14	四川省	34.61	19.30
山西省	37.32	22.91	江西省	31.42	27.96	贵州省	37.10	27.37
内蒙古自治区	28.21	17.06	山东省	32.57	22.51	云南省	49.61	41.76
辽宁省	21.67	20.06	河南省	38.99	25.82	陕西省	28.41	30.51
吉林省	22.68	17.27	湖北省	35.52	32.86	甘肃省	30.60	29.03
黑龙江省	14.12	16.93	湖南省	39.31	28.50	青海省	26.48	24.40
上海市	6.02	17.56	广东省	36.99	31.68	宁夏回族自治区	46.25	35.39
江苏省	62.13	47.47	广西壮族自治区	40.25	44.14	新疆维吾尔自治区	25.64	17.26

表4-2还可以看出各省份义务教育经费统筹模式呈现如下特点。

第一，由于专项转移支付受不同时期政策性影响较强，各省份2011年和2013年两年间"省级政府义务教育专项支出占全部义务教育转移支付比重"指标的波动幅度普遍较大，仅有8个省份指标年际间变化率小于10%，并且除北京、天津、黑龙江、上海、浙江、广西、陕西7个省份外，其余各省份义务教育转移支付总额中专项转移支付占比均出现下降。第二，从指标计算结果的地域分布来看，2011年与2013年指标的省际分布大致相似，以2013年为例，东部沿海地区多数省份专项转移支付占比普遍较高，越往内陆地区延深指标值越低，专项转移支付占比越低。第三，如前所述，同为西部地区，西南地区各省份专项转移支付所占比重相比西北地区更大，西北地区各省份在统筹模式上则更加偏向于使用义务教育一般性转移支付，这一特点在2013年发生了些许变化，甘肃、宁夏、陕西3个省份专项转移支付占比与全国其他省份相比排名有所上升；另外，虽然同为直辖市，并且北京、重庆、上海和天津四市以"省级政府对地市县补助支出中用于义务教育的部分占全省义务教育总支出比重"指标度量的经费统筹水平与其他省份相比均较低，但四个直辖市各自的经费统筹模式并不一致，义务教育转移支付内部结构差异较大，相比而言，北京和重庆两市义务教育专项转移支付所占比重较大，天津和上海两市一般性转移支付所占比重较大。

表4-3 2015年北京、上海、天津相关财政统计指标

（单位：亿元）

项目 ＼ 直辖市	北京市	上海市	天津市
全市一般公共财政预算收入	4779.8	5519.5	2667
市本级一般公共预算收入	2642.4	2806.1	943
全市一般公共预算支出	4779.8	6191.6	3231
市本级一般公共预算支出	2484.0	2333.5	1171
市对区县补助支出合计	1150.1	1050.9	299
市对区县税收返还	469.6	630.9	44
市对区县转移支付	680.5	420.1	255
市对区县一般性转移支付 其中用于教育	339.6 42.5 [①]	382.3 132.2	205 22
市对区县专项转移支付 其中用于教育	340.9 88.8	37.7 —	50 3

注：以上数据均来自各直辖市财政局网站公布的2015年度本市财政决算报告[②]。

出现义务教育经费统筹模式差异的最直接原因可能与各省份转移支付总额的内部结构密切相关。以财政体制和义务教育管理体制可比性较强的北京、上海、天津三个直辖市为例对上述差异现象加以解释，由于目前仅能搜索到部分省份2015年后较为详细版本的年度预决算报告，因此，在查阅三个直辖

① 北京市该指标为"义务教育等转移支付"。

② 北京市：http://www.bjcz.gov.cn/zwxx/czyjsxx/t20160121_596183.htm；上海市：http://www.czj.sh.gov.cn/zys_8908/czsj_9054/zfyjs/zxqk/201602/t20160205_172527.shtml；天津市：http://www.mof.gov.cn/xinwenlianbo/tianjingcaizhengxinxilianbo/201602/t20160215_1694312.html。

市财政局网站公布的 2015 年度财政决算报告后，列示了 2015 年度三市部分财政统计指标（见表 4-3）。可以看出，第一，三个直辖市 2015 年全市财政总收支及市本级收支规模存在差异，其中，北京和上海财力水平较为相似，上海略高于北京，天津虽然是除上海、北京、深圳外全国市级公共财政预算收入排名第四的城市[①]，但与北京、上海两个"强一线城市"相比差距仍较为明显。第二，北京、上海和天津三市市对区县转移支付规模并不相同，分别为 680.5 亿元、420.1 亿元和 255 亿元，约占各市财政总支出的 14.23%、6.78% 和 7.89%，其中，无论是转移支付总额还是相对比例，北京都明显高于其他两市，这与三市财政收支的特点并不完全一致。第三，在转移支付总额的内部结构方面，三个直辖市一般性转移支付的规模分别为 339.6 亿元、382.3 亿元和 205 亿元，占各市财政总支出的 7.11%、6.17% 和 6.34%。尽管一般性转移支付规模和相对比例存在差异，但是并没有三市在转移支付总额占全市财政总支出比重指标中反差那么明显，因此，三市转移支付规模和相对比例差异主要来自专项转移支付部分。

在专项转移支付方面，北京市 2015 年市对区县的专项转移支付绝对规模达到 340.9 亿元，远高于其他两市，这也直接导致专项转移支付中用于教育部分的差异。北京市当年教育专项转移支付为 88.8 亿元，约占全市教育转移支付总额的 67.63%，天津市教育专项转移支付为 3 亿元，绝对量仅约为北京的 1/30，相对量仅占全市教育转移支付总额的 12%，表 4-3 中 2015 年两市的教育转移支付中专项占比与表 4-2 中反映的 2011 年和 2013 年两市义务教育经费统筹模式相比并没有出现太大变化。2015 年北京市教育专项转移支付中数额最大的一项支出是"市对区改善基础教育办学条件补助资金"，项目资金达到 73.8 亿元。除用于教育的专项转移支付外，北京市当年专项转移支付中分别还有 85.6 亿元和 54.6 亿元用于节能环保和农林水领域，是仅次于教育的第二、第三大专项支出，而上海市当年"林业建设专项补助"项目资金为 4.4 亿元，远低于北京市。因此，在一般性转移支付占各市财政总支出比重相差不大的情况下，正是三个直辖市转移支付总额中专项部分的规模和结构差

---

① 《中国大陆城市财力 50 强排行榜》南海网，见 http://www.hinews.cn/news/system/2016/03/30/030270498.shtml。

异直接影响到专项转移支付中用于义务教育的部分，并进一步导致三市出现了明显的义务教育经费统筹模式差异。

第二节　省内财政体制与义务教育经费"省级统筹"

义务教育支出作为政府财政支出体系的重要组成部分，支出特点受到政府整体财政收支情况及各级政府间财政关系的影响。因此，对于各省份在义务教育经费统筹水平和统筹模式中表现出的不同统筹特点一定程度上可以从省内财政体制角度加以解释。

一、省内财政体制特征

省内财政体制是一项反映省级政府以及省以下各级政府之间预算管理职责权限和预算收支范围的制度，与各省份经济发展状况、产业结构选择、省内税收体制、省及省以下政府间关系以及年度偶发性事件等因素密切相关（张光，2009）。受上述因素影响，我国各省份省内财政体制也有所不同。根据附表1、附表2中省本级财政支出、省对地市县补助支出、全省财政总支出等相关财政数据，本节计算了2011年和2013年各省份"省本级财政支出占全省财政总支出比重"指标，指标计算过程中按照如下公式原则，把"省对地市县补助支出"归属至不同支出主体，将指标区分为两种情况，进而对省本级政府与地市县政府间的相对财力水平加以区分。

$$\frac{地市县级政府自有财力支出}{全省财政总支出} = 1 - \frac{包含省对地市县补助支出在内的省本级财政支出}{全省财政总支出}$$

各省份"省本级财政支出占全省财政总支出比重"指标计算结果在表4-4中进行了列示，可以较为清晰地看出，基于财政支出视角的各省份省内财政体制差异明显。

表 4-4 2011 年、2013 年样本省份省本级财政支出占全省财政总支出比重

(单位:%)

省份 \ 项目	将省对地市县补助支出作为地市县级政府财政支出		将省对地市县补助支出作为省本级财政支出	
	2011 年	2013 年	2011 年	2013 年
北京市	45.12	40.78	58.04	59.90
天津市	43.87	39.07	50.45	48.45
河北省	16.82	16.21	61.28	57.97
山西省	26.77	20.63	62.28	58.91
内蒙古自治区	18.40	15.62	62.18	56.17
辽宁省	15.70	12.39	34.46	37.54
吉林省	23.63	22.01	70.26	66.93
黑龙江省	28.40	23.29	76.40	71.46
上海市	38.53	35.12	55.20	52.91
江苏省	12.79	11.16	23.18	22.47
浙江省	10.41	10.19	25.07	25.56
安徽省	18.09	13.73	61.46	57.24
福建省	17.01	13.73	37.64	37.46
江西省	19.29	15.70	62.26	56.51
山东省	12.25	9.97	38.98	35.36
河南省	17.35	14.16	62.12	59.09
湖北省	10.66	10.54	56.09	52.73
湖南省	21.02	17.22	64.51	63.68
广东省	17.67	10.56	36.01	34.43
广西壮族自治区	24.04	19.23	72.68	68.49
海南省	30.69	26.60	70.84	68.03
重庆市	38.09	34.35	66.18	66.26
四川省	17.63	13.54	68.10	67.24

续表

省份 \ 项目	将省对地市县补助支出作为地市县级政府财政支出		将省对地市县补助支出作为省本级财政支出	
	2011 年	2013 年	2011 年	2013 年
贵州省	24.96	21.07	72.98	67.69
云南省	19.59	21.31	70.41	69.48
陕西省	29.79	24.58	70.84	69.41
甘肃省	24.56	20.40	83.82	82.00
青海省	31.83	41.61	89.24	87.95
宁夏回族自治区	28.33	23.74	76.57	75.24
新疆维吾尔自治区	27.45	26.38	72.47	69.83

若将 "省对地市县补助支出" 作为地市县级政府的财政支出 (见表 4-4 第 2、3 列), 在此情况下, 省级财政支出中由于没有包括各类转移性支出, 此时 "省本级财政支出占全省财政总支出比重" 指标可以较好反映各省省本级政府的自有财力水平。可以看出, 2011 年, 北京、上海、天津、重庆四大直辖市的市本级财政支出占比在全国范围内明显高于其他省份, 市本级支出占各市财政总支出比重均在 38% 以上, 其他省份则大多在 10%—30%。在剔除了省对地市县补助支出后, 省本级财政支出占比较高的省份还有: 青海、海南、陕西、黑龙江、宁夏、新疆、山西, 上述 7 个省份的省本级财政支出占比也都达到 25% 以上。省本级财政支出占比较低的省份有: 浙江、湖北、山东、江苏、辽宁, 支出占比均在 15% 以下。从该指标在两个样本年间的趋势变化可以看出, 与 2011 年相比, 2013 年省内公共财政支出重心进一步下沉, 大多数省份的地市县财政支出占比出现上升。具体到各省份来看, 仅有青海、云南两省的省本级公共财政支出占比出现增长, 青海省增长了 9.78 个百分点, 云南省增长了 1.72 个百分点。

若将 "省对地市县补助支出" 作为省本级的财政支出 (见表 4-4 第 4、5 列), 在此情况下, 由于地市县政府的财政支出中没有包含由上级政府转移支付收入形成的支出, 因此该指标可以较好反映各省份地市县级政府自有财力水平。指标取值越高的省份,说明地市县自有财政支出占全省财政总支出的比例相对越小,从省内财政体制来讲,即代表地市县本级的财政能力相对越弱。① 从各省份该指标具体数值来看,2011 年,省本级财政支出占比最高的前 11 个省份依次为青海、甘肃、宁夏、黑龙江、贵州、广西、新疆、海南、陕西、云南、吉林,支出占比均达到 70% 以上,其中青海省最高,为89.24%,与此比例相对应,上述省份地市县自有财政支出占比均在 30% 以下,这说明上述 11 个省份地市县财力在全国范围内相对偏弱,而这 11 个省份中,除了财政体制和经济发展情况较为特殊的海南省之外,其他各省份均位于我国中西部地区。与此同时,位于东部沿海发达地区的江苏、浙江、辽宁、广东、福建、山东则为省本级财政支出占比最低的 6 个省份,省本级财政支出占比均在 40% 以下,其中江苏省全国最低,为 23.18%,对应地,上述6 省地市县自有财力支出占比则都维持在 60% 以上。与 2011 年相比,2013 年各省份该指标排名的相对位次并未出现明显变化。

综上所述可以得出结论,从各省份省内财政体制的地域分布来讲,中西部地区各省份地市县自有财力水平远低于东部沿海发达地区,而这也与东、中、西部地区间经济发展水平差异的直观逻辑相一致。

按照"省本级财政支出占全省财政总支出比重"与"地市县级政府自有财力支出占全省财政总支出比重"之和等于 1 的原则,可以进一步计算出各省份"地市县级政府自有财政支出占全省财政支出比重"。因此,为更加直观地反映各省份省内财政体制中省级政府和地市县级政府间相对财力水平,图4-1 绘制了 2011 年、2013 年各省份"省本级财政支出占全省财政总支出比重"(表4-4 第 2、3 列)与"地市县级政府自有财力支出占全省财政总支出比重"散点图,进而对 30 个样本省份省内财政体制加以分类讨论。

财政体制短期内相对比较稳定,图 4-1 中 2011 年和 2013 年各省份的散点分布并未出现明显差异。根据图 4-1 中 2011 年和 2013 年各省份散点分布,

---

① 按照各省"地市县级自有财政支出占全省财政支出比重=1-包括省对下补助支出在内的省本级财政支出占全省财政支出比重"原则,此时"省本级财政支出占全省财政总支出比重"指标可以较好反映各省地市县级政府自有财力水平,指标值越大,说明地市县支出占比越少,地市县财力越弱。

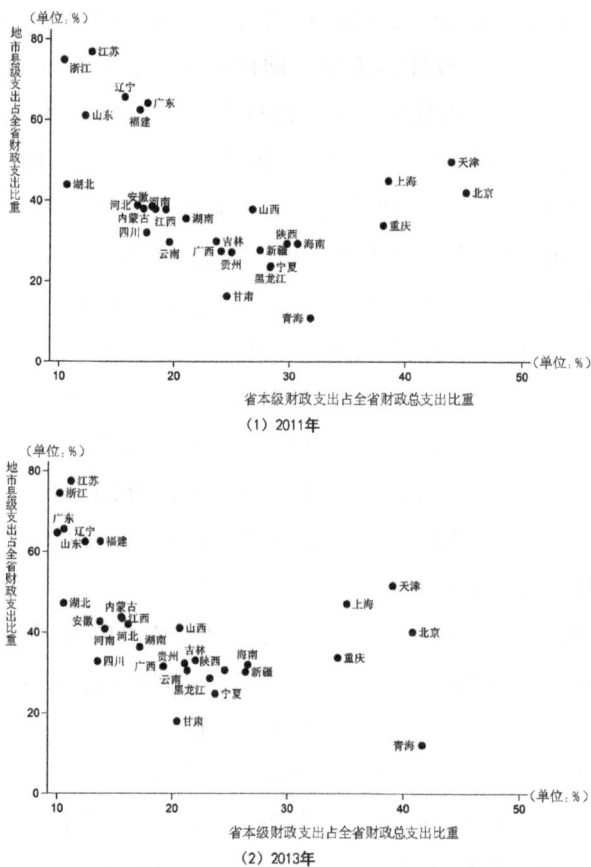

图 4-1 2011 年、2013 年样本省份省本级财政支出与地市县级
政府财政支出占全省财政总支出比重散点图

可以较为粗略地将 30 个样本省份财政支出角度的省内财政体制类型归纳为三大类:第一类是以北京、上海、天津、重庆为代表的直辖市,由于直辖市的市本级支出占比很高,区县级支出占比也相对较高,因此,四个直辖市的财政体制具有市级财政能力强、区县级财政能力也较强的特点;第二类是以广东、江苏、浙江、山东、福建为代表的东部沿海省份,这类省份由于省内地市县级政府本身经济实力强、发展水平高,加之省级政府获得的中央转移支付相比其他省份较少,因此,省内财政体制具有省本级财政能力较弱,但地市县级政府自有财力强的特点;除上述省份之外,第三大类的省份大多分布

在我国中西部地区，这类省份省内财政体制的共性特点是省本级财政能力虽然没有直辖市强，但由于省级政府获得了较多的中央转移支付，加之地市县级政府经济实力和财政能力相对较弱，因此，这类省份的省本级财政支出占比普遍高于东部沿海发达省份，地市县级政府自有财力支出占比则多低于东部发达省份及直辖市，这一特点在西部经济落后省份中表现得尤其明显。

结合表4-4和图4-1还可以发现，西部省份中省对地市县的转移支付支出在全省财政总支出中占到较大比重。因此，各省份省内财政体制表现出的另一特点即是西部地区地市县级政府财政支出更加依赖于省对地市县的转移性财政补助。

二、省内财政体制视角的"省级统筹"特点分析

在义务教育"以县为主"的体制下，区县一级政府仍承担着义务教育经费投入的主要责任，但是，对于地市县级政府财政能力偏弱的地区来说，各区县为维持本辖区内义务教育正常运转并缩小与其他区县经费差距，无疑将更加依赖上级转移支付。从理论上讲，在一个合理的经费统筹模式下，省级政府应当在地市县级政府自有财力更弱的情况下，体现出更强的经费统筹责任，即省级政府经费统筹水平与省内地市县级政府自有财力应当呈负相关关系。

图4-2绘制了2011年和2013年各省级政府的经费统筹水平与省内地市县级政府自有财力关系图。其中，纵轴为"省级政府对地市县补助支出中用于义务教育的部分占全省义务教育支出比重"指标（表4-1第2、3列）度量的各省份经费统筹水平，横轴为基于"将省对地市县补助支出作为省本级财政支出"（表4-4第4、5列）方式计算的各省份地市县级政府自有财力水平。

从图4-2可以看出，无论是2011年还是2013年，两个指标拟合线均呈现出明显的单调递减趋势。通过计算两个指标间的相关系数发现，2011年和2013年相关系数分别达到-0.8877和-0.8855，均属于强相关水平。[①] 另外，按照前文对各省份省内财政体制特点的类别划分，图中不同类别的省份间存

---

① 通常情况下，可以通过相关系数 r 的取值范围判断变量间相关强度，0.8≤｜r｜<1 为极强相关；0.6≤｜r｜<0.8 为强相关；0.4≤｜r｜<0.6 为中等程度相关；0.2≤｜r｜<0.4 为弱相关；0≤｜r｜<0.2 为极弱相关或不相关。

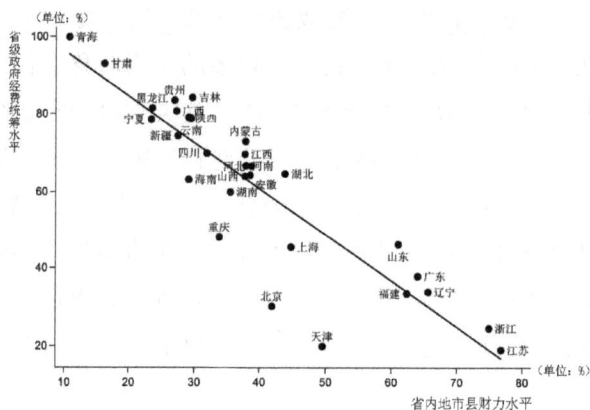

(1) 2011年

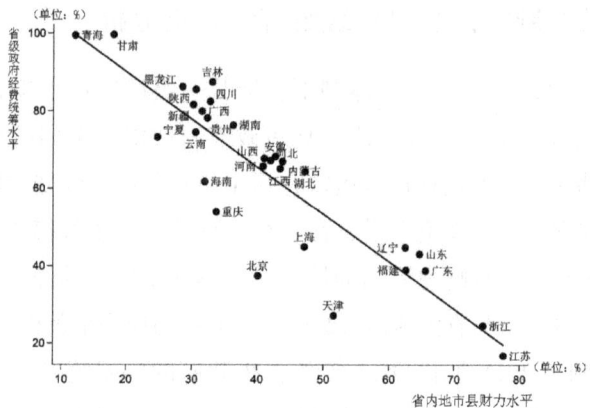

(2) 2013年

注：图中直线为两个指标的 OLS 拟合线。

图 4-2　2011 年、2013 年样本省份经费统筹水平与省内
地市县财力水平关系图

在着较为明显的分界。其中，中西部各省份主要聚集在图 4-2 中的左上方区域，东部各省份主要位于右下方区域（除河北、海南两省外），两个区域中各省份基本分布于拟合线两侧较近位置，而四个直辖市则基本位于图中中下部区域，离拟合线较远。这反映出中西部地区与东部地区在两个指标中呈现出了恰好相反的情况：中西部地区各省份地市县级政府自有财力相对偏弱，而省内义务教育转移支付占比更大，省级政府的统筹力度更强；东部地区各地

市县则更加依赖于自有财力发展辖区内义务教育，省内义务教育转移支付占比相对较小，省级政府的统筹力度较弱。

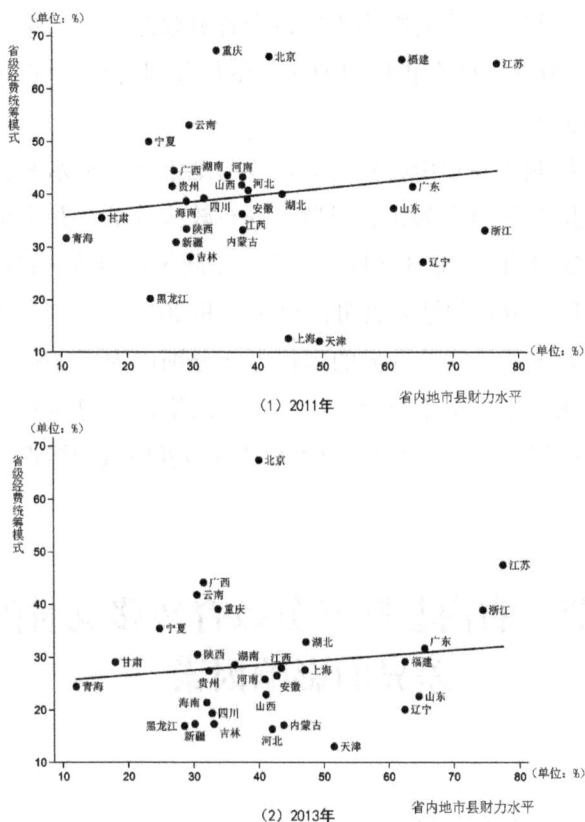

注：图中直线为两个指标的 OLS 拟合线。

图 4-3　2011 年、2013 年样本省份经费统筹模式与省内地市县财力水平关系图

综上所述，可以得到结论，从全国范围来讲，各省级政府在义务教育经费"省级统筹"政策实际执行过程中存在明显的地域分布差异，背后的原因与省内财政体制密切相关，基于单变量回归分析的结果也表明，2011 年和 2013 年地市县级政府自有财力因素对省级经费统筹水平总变异的解释力度分别能够达到 78.79% 和 78.41%。

最后，从省内财政体制角度对义务教育经费统筹模式的省际差异进行分析。通过计算各省份"义务教育专项转移支付占全省义务教育转移支付总额比重"与"地市县级政府自有财力支出占全省财政总支出比重"的相关系数发现，2011 年与 2013 年两个指标间的相关系数分别为 0.1506 和 0.1321，并未呈现出明显相关关系。

图 4-3 同时绘制了各省份经费统筹模式与地市县财力水平关系图。可以看出，虽然图中拟合线斜率为正，但散点分布较为分散，并未呈现出明显分布特征，另外，2011 年和 2013 年同一省份在不同年份间的分布也存在明显差异。基于单变量回归分析的结果表明，2011 年和 2013 年地市县级政府自有财力因素对省级经费统筹模式总变异的解释力度分别仅为 2.27% 和 1.76%，回归结果在 10% 显著性水平下不显著。以上分析结果再次说明专项转移支付在"相机抉择"政策性影响下表现出支出不规律性以及时效随机性。

第三节　省内县际义务教育转移支付配置差异的影响因素

"省级统筹"政策目标是省级政府通过对义务教育转移支付在县际的配置，最终实现省域内县际义务教育经费均衡。从上文关于省级政府义务教育经费统筹水平和模式的分析可以看出，在全国范围内，不同省级政府义务教育转移支付表现出不同的规模和内部结构，造成这种差异的原因一定程度上可以从省内财政体制角度加以解释。在当前"省级统筹"政策实际执行过程中，地市县级政府自有财力越弱的省份，省级政府相应承担了更多的义务教育转移支付职责。

那么，在省域范围内，省级政府义务教育转移支付在县际分配的依据是什么？哪些因素将影响义务教育转移支付在省内县际的分配？本节从更加微观的县级政府视角，对造成省内县际上级义务教育转移支付差异的影响因素进行分析，即具有哪些特征的县可以获得更多上级义务教育转移支付。

一、模型、变量及数据

本节使用如下计量回归模型，通过 OLS 估计对县级政府获得上级义务教育转移支付的影响因素进行分析。

$$\ln pzyzf = \alpha + \beta X + \lambda Y + \gamma Z + i.\ province + u$$

回归模型被解释变量方面，当前无法获得某一年度内县级层面义务教育转移支付准确数据，为保证回归结果的稳健性，"自然对数形式县级政府获得上级义务教育转移支付生均值（记作 $\ln pzyzf$）"采用两种方式度量，并分别进行回归。

第一，由于地方自有财政收入主要包括上解中央、省级财政后的剩余部分税收收入和非税收入，而财政支出不但包括这部分收入形成的支出，也包括通过上级转移支付收入形成的支出，后者较前者口径更大。[①] 因此，通过县级财政支出和县级自有财政收入估算县级政府获得的转移支付总额，通过县级义务教育支出和财政总支出估算转移支付总额中用于义务教育的比重，进而计算县级政府转移支付中用于义务教育部分的数额，对"县级政府获得义务教育转移支付生均值"进行估算，具体计算过程如下：

$$县级义务教育转移支付生均值 =$$

$$\frac{（县级财政支出 - 县级自有财政收入）}{义务教育在校学生数} \times \frac{县级义务教育支出}{县级财政支出}$$

第二，使用县级政府获得的上级义务教育专项转移支付生均值。

回归模型解释变量方面，基于已有相关研究和数据可得性，大致可将涵盖的影响因素分为衡量各县财力水平的变量、衡量各县义务教育投入水平的变量以及衡量各县义务教育事业发展程度的变量三大类，分别用向量 X、Y、Z 表示。另外，通过在回归模型中加入省份虚拟变量（记作 $i.\ province$）控制省际差异，探讨造成省域内县际县级政府获得上级义务教育转移支付差异的

---

① 陈共：《财政学》（第八版），中国人民大学出版社 2015 年版，第 129—132 页。

影响因素。u 为随机误差项。

具体来说，模型中共包括 8 个影响因素变量。其中，衡量各县财力水平的变量主要包括：一是自然对数形式的各县人均自有财政收入，用来衡量县级政府自有财力水平；二是自有财政收入占该县 GDP 的比重，用来反映县级政府汲取财政收入能力，通常来说，该指标与地区产业结构、所有制结构以及经济运行质量具有直接关系，指标值越大，则说明该地区的经济运行质量越高，新兴行业等高附加值行业比重越大，第一产业比重越低，政府财政汲取能力越强。各县义务教育的投入水平用以下两个变量衡量：一是县级政府教育支出占该县财政总支出的比重，用来代表各县级政府对当地义务教育发展的努力程度，该值越大，则说明政府对本地义务教育更加重视；二是自然对数形式的各县义务教育生均经费存量水平，生均经费存量水平越高，则代表教育投入和发展程度相对越好。各县义务教育事业发展程度主要包括三个衡量变量，其中，用义务教育在校学生数占当地总人口的比重反映各县义务教育规模，用各县义务教育阶段生师比和生均图书拥有量两个指标反映各县义务教育事业发展水平。最后，部分研究发现，在上级政府进行资源配置时，同等条件下的贫困县往往可能获得比非贫困县更多的资源（周飞舟，2012；贾康、梁季，2013），因此，本书加入各县"是否为贫困县①"的虚拟变量（记作 *pinkunxian*），对义务教育转移支付在省内县际分配过程中是否存在这种"光环效应"进行考察。

本节使用的是 2011 年度全国县级层面截面数据。需要强调的是：第一，由于某一年度县级政府获得的上级义务教育转移支付往往受到地方义务教育发展已有存量水平的影响，因此，为尽可能排除反向因果的可能影响，各县义务教育阶段生均经费、生师比、生均图书拥有量三个变量均使用的是 2010 年度相关数据；第二，"县级政府"指县级行政区划单位，考虑到直辖市区县所承担的教育责任类似于普通县级政府，均将其归入县级政府进行实证分析（后文同）。

本节使用的 2011 年各县总人口、自有财政收入、财政支出、GDP 总额、

---

① 国务院扶贫开发领导小组办公室官方网站，见 http://www.cpad.gov.cn/art/2012/3/19/art_ 50_ 23706.html。

上级义务教育专项转移支付、义务教育支出、在校学生数等数据来自2011年"全国教育经费统计综合报表";2010年各县义务教育生均经费、在校学生数、专任教师数、生均义务教育图书拥有量等数据来自2010年"全国基础教育县（区）级基层统计报表"。

二、实证结果

在数据处理过程中，由于部分地市县个别指标存在数据缺失，在剔除各缺失值后，本节最终的实证结果中共包含2137个县级样本数据，占2011年全国所有县级行政单位的74.82%。[①] 各变量的描述性统计结果如表4-5所示。

从各变量全国平均水平来看，对数化前的生均义务教育转移支付、生均义务教育专项转移支付、人均自有财政收入和义务教育生均经费分别为3721.06元、1207.25元、1372.38元、6439.31元。其中，基于样本计算而得的义务教育生均经费指标与官方公布的当年度义务教育生均经费6723.24元[②]相比低5.71%，与实际值相差并不大，因此，本节使用的样本数据具有较强全国代表性。从其他指标的全国平均水平来看，我国县级政府财政收入占GDP比重的平均值为6.42%，义务教育支出占财政支出比重在县级层面的全国平均值达到28.48%；在义务教育发展水平指标方面，县级层面全国平均的义务教育阶段生师比为14.38：1，生均图书拥有量为16.88册，义务教育阶段在校学生数占县级总人口比重的全国平均值为10.16%。

分地区来看，由于各省份省内财政体制、教育发展水平等因素存在差异，生均义务教育转移支付、生均义务教育专项转移支付在地区间同样存在较大差异，两个指标在西部地区平均值远高于东部和中部地区，东部地区最低。这与本章第一节构建的省级政府经费统筹水平指标的地区间分布结果一致，

---

① 至2011年年底，全国共有2856个县级行政区划单位（不含港澳台地区），其中包括853个市辖区、370个县级市、1461个县、117个自治县、49个旗、3个自治旗、2个特区、1个林区（国家统计局网站，见 http://www.stats.gov.cn/tjsj/tjbz/xzqhdm/201301/t20130118_38316.html）。

② 2011年《中国教育经费统计年鉴》中仅包含了普通小学和普通初中的生均经费，并未包括义务教育阶段生均经费，本节使用的义务教育阶段生均经费值是根据年鉴中小学和初中阶段生均经费指标、学生数指标计算而得。

中西部地区各省份经费统筹水平相比东部地区更高。衡量各县级政府财力水平、各县教育投入水平以及各县义务教育发展水平的三类变量中，包括人均自有财政收入、政府财政收入汲取能力、义务教育支出占比、生均经费水平、生师比以及生均图书拥有量在内的绝大多数指标都呈现出东部地区明显优于中西部地区的特点，这再次说明我国地区间经济发展、资源配置不均衡。另外，中西部地区义务教育规模明显高于东部地区，这可能与当前地区间人口流动的特点有关。最后，贫困县多分布在我国中西部地区。

从上述各指标地区内部县际差异程度来讲，"生均义务教育转移支付"和"生均义务教育专项转移支付"在东部地区县际差异更加明显，西部地区两个指标的标准差则相对较小，这说明与东部和中部地区相比，西部地区以不同指标度量的义务教育转移支付在县际分配均呈现出"高水平均衡"特点。在8个影响因素指标的地区内部县际差异方面，除了生均图书拥有量指标外，西部地区内部县际差异均明显高于其他两个地区。这说明，西部地区在县级政府财力、义务教育经费投入水平和义务教育事业发展水平绝对量与东部和中部地区仍存在较大差距的同时，地区内部县际差异则高于东部和中部地区，存在"低水平不均衡"特点。

综上所述应该注意到，在义务教育转移支付需求最强的西部地区，地区内部县际财力、经费投入和义务教育发展存在"低水平不均衡"特点，而以不同指标度量的生均上级转移支付县际差异反而较小，这种强调"高水平均衡"的义务教育转移支付分配方式与客观条件的"低水平不均衡"特点并不一致，可能并不利于县际经费支出差异的缩小。

表 4-5 变量描述性统计

变量名	变量含义	全国		东部地区		中部地区		西部地区	
		平均值	标准差	平均值	标准差	平均值	标准差	平均值	标准差
lnpzyzf	生均义务教育转移支付	8.2267	0.6887	7.9466	0.7885	8.1584	0.6672	8.4881	0.5252
	生均义务教育专项转移支付	7.0961	0.9441	6.8072	0.9765	6.9155	0.9284	7.4697	0.7968

续表

变量名	变量含义	全国		东部地区		中部地区		西部地区	
		平均值	标准差	平均值	标准差	平均值	标准差	平均值	标准差
X	人均自有财政收入	7.2022	1.0295	7.6871	0.9535	6.9047	0.8175	6.7754	1.0441
	汲取财政收入能力	0.0642	0.0551	0.0676	0.0411	0.0601	0.0489	0.0647	0.0586
Y	生均经费存量水平	8.5286	0.4943	8.7885	0.5243	8.4391	0.4228	8.6752	0.4692
	义务教育努力程度	0.2848	0.1239	0.2922	0.1147	0.3023	0.1576	0.2641	0.1767
Z	生师比	14.3837	4.1705	13.4188	3.4412	14.6286	4.1700	14.9861	4.5659
	生均图书拥有量	16.8864	7.1282	21.8500	7.5745	15.7748	5.4100	13.6290	5.5385
	义务教育规模	0.1016	0.0430	0.0898	0.0295	0.0967	0.0333	0.1151	0.0543
pinkun -xian	是否为贫困县	0.2239	0.4169	0.0877	0.2831	0.1972	0.3981	0.3582	0.4797

注：（1）生均义务教育转移支付、生均义务教育专项转移支付、人均自有财政收入、生均经费均为变量的自然对数形式。（2）生均经费、生师比、生均义务教育图书拥有量为 2010 年度数据，其余均为 2011 年度数据。（3）对应样本量为 2137 个。

在进行回归分析前，为尽可能准确地区分各影响因素变量对被解释变量的单独影响程度，排除变量间存在严重相关的可能，首先对模型中解释变量进行方差膨胀因子（VIF）检验。检验结果表明，两个模型中解释变量最大 VIF 值分别为 2.44、2.52，远小于 10 的判定标准[①]。因此，模型解释变量间并不存在严重的多重共线性。两个模型的回归结果如表 4-6 所示。

---

① 通常认为，VIF 越大说明多重共线性问题越严重，一个经验规则是最大的 VIF 值不超过 10（陈强：《高级计量经济学及 Stata 应用》，高等教育出版社 2010 年版，第 111 页）。

表 4-6　实证回归结果

变量	全国	东部地区	中部地区	西部地区
"生均义务教育转移支付"为被解释变量				
人均自有财政收入	-0.3592^{***} （0.022）	-0.7298^{***} （0.0743）	-0.3121^{***} （0.0273）	-0.2620^{***} （0.0256）
汲取财政收入能力	-1.7974^{***} （0.6939）	-2.3952^{**} （1.1346）	-2.1590^{**} （1.1239）	-1.4463 （0.9704）
生均经费存量水平	-0.5780^{***} （0.0598）	-0.9486^{***} （0.123）	-0.8631^{***} （0.0909）	-0.5849^{***} （0.0825）
义务教育努力程度	-0.4928^{***} （0.131）	-0.6054^{***} （0.2208）	-0.9798^{***} （0.1153）	-0.4926^{**} （0.1973）
生师比	0.0622^{***} （0.0052）	0.0887^{***} （0.0104）	0.0296^{***} （0.0062）	0.0558^{***} （0.0082）
生均图书拥有量	-0.0052 （0.0038）	-0.0068 （0.0041）	0.0015 （0.0031）	0.0042 （0.0035）
义务教育规模	2.4832^{***} （0.8946）	6.9829^{***} （1.5419）	4.2924^{***} （0.7922）	1.6261^{**} （0.7203）
是否为贫困县 （1是,0不是）	0.1161^{***} （0.0226）	0.005 （0.0671）	0.0820^{***} （0.0258）	0.1412^{***} （0.0297）
截距项	7.5208^{***} （0.6453）	7.0725^{***} （0.9678）	3.8317^{***} （0.717）	5.8701^{***} （0.7885）
调整后 R^2	0.5565	0.4552	0.6187	0.6233
样本量	2137	627	675	835
"生均义务教育专项转移支付"为被解释变量				
人均自有财政收入	-0.1521^{***} （0.0301）	-0.4865^{***} （0.0745）	-0.2111^{***} （0.0654）	-0.0514 （0.0377）
汲取财政收入能力	-0.5652 （0.5871）	-1.7608^{*} （0.9451）	-0.8347 （0.9408）	-0.7492 （0.9424）
生均经费存量水平	-0.2144^{**} （0.1072）	$-0.1905*$ （0.1029）	-0.4394^{**} （0.1804）	-0.3858^{***} （0.114）
义务教育努力程度	-0.3489^{***} （0.1309）	-0.7511^{**} （0.306）	-0.9442^{***} （0.3026）	-0.0305 （0.0614）
生师比	0.0570^{***} （0.0073）	0.0675^{***} （0.016）	0.0410^{***} （0.0152）	0.0265^{***} （0.0077）

续表

变量	全国	东部地区	中部地区	西部地区
"生均义务教育专项转移支付"为被解释变量				
生均图书拥有量	−0.0051 (0.0039)	−0.0048 (0.0058)	−0.0012 (0.0087)	0.0039 (0.0057)
义务教育规模	0.7615* (0.4595)	0.5473 (2.1599)	1.2701 (1.7451)	0.6931* (0.4175)
是否为贫困县 (1 是,0 不是)	0.1175*** (0.0454)	0.0714 (0.0976)	0.1284 (0.0866)	0.1093* (0.0611)
截距项	7.8551*** (0.7849)	9.213*** (1.4007)	5.2525*** (1.4413)	4.6803*** (0.9735)
调整后 R^2	0.2826	0.3919	0.1419	0.2024
样本量	2137	627	675	835

注:(1)括号内为异方差稳健标准误差。(2)*、**和***分别表示在 1%、5% 和 10% 的显著性水平上统计显著。(3)模型中省份虚拟变量由于篇幅所限,表中并未列出。

在以"生均义务教育转移支付"为因变量的模型中(表 4-6 第 2 列),从 2137 个县级样本的模型估计结果来看,造成省内县际义务教育转移支付差异的影响因素中仅有生均图书拥有量指标在 10% 显著性水平下负向不显著,其余变量均在 1% 显著性水平下显著,这说明从全国范围来讲,省内县际义务教育转移支付分配存在明显规律性特点。

衡量县级政府财力水平的变量中,人均自有财政收入越低、政府财政收入汲取能力越弱的县可以获得相对更多的上级义务教育转移支付。在义务教育投入和教育事业发展水平变量中,已有生均经费存量水平越低、义务教育努力程度越弱、生师比越大和义务教育规模越大的县,生均义务教育上级转移支付越多。因此,从全国平均水平来看,省级政府对下义务教育转移支付基本落实了中央要求"向贫困落后地区倾斜"的纵向公平原则,回归结果与前文有关各省份文本执行的分析结果一致,省级政府对下义务教育转移支付在省域内县际的分配基本是根据各县财力性因素、义务教育投入和已有发展水平进行配置,各变量符号与理想的转移支付配置模式较为吻合。

在各变量具体的回归结果中,县级政府人均自有财政收入每提高 1%,生均义务教育转移支付将减少约 0.3592%，生均经费每提高 1%，生均义务教育转移支付将减少 0.5780%。因此，人均自有财政收入指标对于县级政府转移支付生均获得额的影响小于生均经费。生师比指标每提高 1，生均义务教育转移支付将增加 6.22%，生均图书拥有量每增加 1 册，生均义务教育转移支付将减少 0.52%（尽管不显著）。在政府汲取财政收入能力、义务教育努力程度和义务教育学生规模等比例变量中，同等情况下，义务教育学生规模对于县级政府义务教育转移支付获得量的影响程度更强。最后，"是否为贫困县"虚拟变量对省级政府义务教育转移支付在县际配置起到了显著影响，其他条件基本相同的情况下，贫困县往往可以获得比非贫困县更多的义务教育转移支付，这种配置模式无疑将引发新的纵向不公平。

从分地区子样本的模型回归结果来看（表 4-6 第 3—5 列）。人均自有财政收入变量对东部地区县级政府转移支付生均获得额的影响远强于其他两个地区，人均自有财政收入每提高 1%，生均义务教育转移支付将减少 0.7298%，高于全国平均水平，中部和西部地区则分别为 0.3121% 和 0.2620%，均低于全国平均水平。生均经费每提高 1%，对东部地区的影响为 -0.9486%，对中部和西部地区的影响将达到 -0.8631% 和 -0.5849%，均高于三个地区人均自有财政收入对义务教育转移支付的影响程度。这说明，在各地区省内县际义务教育转移支付的配置中，义务教育经费投入存量因素对转移支付配置的影响与自有财力因素相比更加明显。生师比指标对于东部地区的影响程度明显大于中部和西部地区，该指标每增加 1，东部地区各县生均义务教育转移支付获得额可以提高 8.87%，生均图书拥有量指标对三个地区的影响仍均不显著，而义务教育规模因素在东部地区的影响明显高于中部和西部地区。最后，"是否为贫困县"指标只有东部地区在 10% 显著性水平下不显著，西部地区明显高于中部地区，这说明义务教育转移支付在省内配置中的这种纵向不公平在西部地区最为明显。

基于分地区的回归结果还需强调的一点是，西部地区各变量回归系数除生师比和生均图书拥有量两个指标外均小于东部和中部地区，这意味着在影响因素指标发生同等变化的情况下，西部地区省内县级政府获得的生均义务教育转移支付变化弹性最小，这一结果与数据分地区描述性分析的结果基本相符。从"省级统筹"政策目标实现的角度来讲，上述结论说明西部地区各省份在县际转移支付的分配不应片面强调"高水平均衡"，而应做到"因地制宜"的差异性补偿。

在以"生均义务教育专项转移支付"为因变量的模型中（表4-6第6—9列），回归结果反映出的转移支付分配特征与前一模型基本相同，但变量显著性和系数大小略有不同。在全国样本中，县级政府汲取财政收入能力和生均图书拥有量指标10%显著性水平下不显著，其他指标与前一模型符号相同，但结果偏小。在分地区样本中，只有生均经费存量、生师比两个影响因素指标在三个地区中全部保持显著；各变量回归系数方面，三个地区间同样存在较为明显的差异。这说明影响三个地区省内县际生均义务教育专项转移支付的因素并不完全相同，分配模式并不一致，西部地区人均自有财政收入、汲取财政收入能力、义务教育努力程度指标均不显著。"是否为贫困县"仅在西部地区会造成上级义务教育专项转移支付的显著差异。

小　结

与第三章省级政府对经费统筹在文本维度的"口头执行"相对应，本章从省级政府义务教育经费统筹水平、统筹模式以及义务教育转移支付在省内县际分配特点等"实际执行"维度，对义务教育经费"省级统筹"政策在各省份执行情况进行了分析。

在省级政府经费统筹水平方面，通过构建相关度量指标对各省份经费统筹水平分析比较后发现，2013年各省份经费统筹的全国平均水平相比2011年略有上升，地域分布均呈现出由西向东逐渐减弱的变化规律，中西部地区各省份用于义务教育部分的转移支付占全省义务教育支出的比重普遍高于东部沿海发达地区。对于经费统筹水平表现的这种地域分布差异，可以从省内财政体制角度加以解释。当前，我国各省省内财政体制差异明显，中西部地区各省份地市县级政府财力水平与东部沿海发达地区相差较大，西部地区地市县级政府财政支出更加依赖于省对地市县转移性财政补助。而实际情况表明，各省份经费统筹水平差异正是与此情形相对应，两者表现出了较强的相关关系。

在省级政府经费统筹模式方面，即使是省内财政体制较为相似的省份，义务教育经费统筹模式仍然存在明显差异。例如，西北地区和西南地区间表现出了明显的转移支付内部结构差异，西北地区义务教育转移支付中一般性转移支付比重较大，而西南地区则倾向于使用专项转移支付，专项转移支付占全省义务教育支出的比重在全国处于较高水平；四个直辖市中，受各市转移支付总额内部结构的影响，北京和重庆专项转移支付所占比重较大，天津和上海两市转移支付总额中一般性转移支付占比则较高。上述差异性分布特点并不能从省内财政体制角度得出强有力的解释，主要原因可能是在"相机抉择"的政策性影响下，义务教育专项转移支付同样具有明显不规律性。因此，对义务教育经费统筹模式的分析更适合根据各省份实际背景情况进行个案研究。

本章的分析还发现，当前省级政府对下义务教育转移支付在省内县际分配同样有规律可循。从全国平均角度来讲，省域范围内县级政府财力越弱、义务教育经费投入力度越不足、教育事业发展基础越差的县相比其他县越可以获得更多的生均上级义务教育转移支付，这与中央文件强调"省对区县转移支付资金分配应该考虑区县财力，转移支付资金应该向财政能力较弱的地区倾斜"的分配原则相一致。但是，实证结果也证明了这种分配特点在地区和省际存在明显差异，未来省级政府对下义务教育转移支付在县际分配的科学性和合理性还有需要改进之处，这种情况在省级统筹力度相比东中部地区更强的西部地区各省份内部表现得更为明显。例如，在其他情况基本相同的情况下，"贫困县"称号往往能够给县级政府带来更多的上级义务教育转移支付；义务教育转移支付配置片面强调"高水平均衡"；等等。

最后，需要强调的是，尽管本章在已有可得数据的基础上对义务教育经费"省级统筹"政策在各省份实际执行情况进行了归纳分析；但由于数据，特别是有关政府间转移支付数据的限制，本章的分析也存在不足。例如，指标构建过程中存在误差，无法得出经费统筹水平、统筹模式等省级政府政策执行特点的长期动态变化规律等等。随着新《预算法》颁布实施后政府预决算公开力度的加大，包括义务教育在内的转移支付数据将变得更加透明，基于本章的研究思路，可以对义务教育经费"省级统筹"政策在各省份实践执行得出更有针对性的分析结论。

第五章

"省级统筹" 政策执行对义务教育均衡发展的影响

在前文关于义务教育经费 "省级统筹" 政策含义和政策执行分析基础上，本章主要目标是考察 "政策实施效果怎么样" 的问题。内容分为四部分：第一部分，对 "省级统筹" 后县际经费差异水平和变化进行描述性分析，并结合代表性省份县际经费差异变化特点从经费省级统筹视角进行解释；第二、三部分从更加微观的县级政府视角探究 "省级统筹" 效果，围绕义务教育转移支付这一核心工具，使用回归分析和分解分析等方法，分别就 "省级统筹" 对县级义务教育支出增量效果和省内县际经费差异均衡效果展开进一步讨论；第四部分，就如何更好发挥义务教育经费 "省级统筹" 政策效果提出政策建议。

第一节　 "省级统筹" 后县际经费差异

义务教育经费 "省级统筹" 政策的核心目标应体现在省级政府 "兜底" 教育经费基础上逐步实现省域内县际教育经费的均衡配置及义务教育的均衡发展。本节围绕这一政策目标，使用2002—2013 年30 个样本省份县级层面经费数据，从教育经费横向公平维度对"省级统筹"政策背景下县际义务教育经费差异水平、变化趋势及变化特点进行分析解释。

需要强调的是，现有部分研究认为，片面强调教育资源流量配置中的横向均衡可能会变相维持地区间已有存量资源的不均衡，甚至将会使地区间差异越拉越大，为了应对教育事业发展已有存量中的不均衡状况，教育经费投入同样不应该是"平均"的，资源配置过程中应重视"纵向公平"，比如要向薄弱学校、农村学校倾斜，给予在农村工作的教师更多补贴，等等，而一种追求"完全均等"状态的教育经费投入模式并不一定能保证教育公平的实现（中国教科院"义务教育均衡发展标准研究"课题组，2013；赵力涛、李玲，2013）。本书认为，教育资源配置的横向公平与纵向公平可以被视为不同教育发展程度下的不同状态，两者并不矛盾。"横向公平"更像是教育公平所要追求的理想目标，为实现最终的"横向公平"，资源配置必然需要经历注重"纵向公平"的阶段。但是，在现阶段地区间教育经费水平仍存在较大差距的情况下，落后地区的教育经费流量水平在短期内并不可能与发达地区的经费流量水平发生"逆转"，地区间经费差异反映的仍然是由各地经济发展水平、地方政府财政能力等客观因素导致的教育发展水平差异，这便能够排除县际教育经费差异扩大是来自纵向公平中"经费弱势补偿"的可能。因此，对各省份县际教育经费差异的分析考察实际上仍是在"教育公平"视角下进行的，与强调资源配置"纵向公平"的观点并不矛盾。

本节使用的数据主要来自2002—2010年"全国基础教育县（区）级基层统计报表"和2011年、2013年"全国教育经费统计综合报表"，2012年度数据存在缺失。在县际经费差异指标计算过程中，尽管各教育经费支出项目的预算内统计口径能较好地反映政府财政性资金对义务教育发展的支持程度，但由于近些年来我国预算内教育经费的统计口径不断扩大[1]，造成即使是具有相同名称的经费项目在不同年份间的可比性仍然较差，加之省级政府"经费统筹"的目标是为满足地方教育发展的基本需求，实际上应当将通过各种渠道筹措的教育经费包括在内。因此，本节后续分析均使用的是各个经费项目

---

[1] 例如，原本属于预算外资金的政府性基金等项目被不断纳入预算内经费的统计口径当中。

生均值,并选择泰尔指数作为度量县际经费差异的指标。

泰尔指数(Theil index)因最早由泰尔利用信息理论中的熵概念来计算收入不平等而得名。泰尔指数的基本计算公式如下:

$$T(y) = \frac{1}{n} \sum_{i=1}^{n} \frac{y_i}{\mu} \log\left(\frac{y_i}{\mu}\right)$$

其中,$T(y)$ 表示生均教育经费支出 y 的泰尔指数,y_i 表示区县 i 的生均教育经费支出,n 表示区县数量,μ 表示各区县生均教育经费支出的均值。与基尼系数不同的是,泰尔指数没有绝对意义,只有相对意义。指数结果越大,说明生均教育经费支出的差异程度越大;指数结果越小,则说明生均教育经费支出的差异程度越小。使用 STATA13.0 软件中的"inequal7"命令可以计算得到各类教育经费支出的泰尔指数,计算过程中均按学生数进行加权。

本节首先计算了 2002—2013 年全国范围内县际分项目生均经费泰尔指数的变化,并在表 5-1 中进行了列示。从中不难发现"省级统筹"政策实施以来,全国县际经费差异变化呈现四个主要特点。

第一,无论是总经费生均差异,还是分项目经费生均差异;无论是小学阶段,还是初中阶段,2002—2013 年县际经费差异整体趋势均出现缩小,我国义务教育均衡发展的变化趋势从县级教育经费投入角度来讲是积极的。缩小趋势可以细分为两个阶段:首先是 2002—2006 年,这段时间经费差异的缩小趋势并不十分明显,在 2003 年以前还略有上升,这符合已有研究关于相同时间段内我国义务教育省内县际差异没有出现"趋同性"特征的结论(丁建福、萧今,2013;丁建福等,2015);2006 年后,县际经费差异的缩小趋势较为明显,这说明随着 2005 年"新机制"等支出重心上移特征较为鲜明改革的实施,县际经费差异没有再呈现出明显的扩大趋势,变化趋势逐渐趋于平稳。

第二,不同经费项目的差异程度存在不同。本节将教育经费按支出类别分为人员、公用和基建三大类,可以看出,生均基建经费县际差异水平在各年间均远高于其他两个项目,差异水平在各年间基本是生均公用经费的四倍、生均人员经费的六倍左右。出现这种现象的原因某种程度上与基建支出项目非经常性和不确定性的支出特点相关。三类支出项目中,生均公用经费的县际差异水平次之，差异水平最小的是生均人员经费。作为义务教育中占比最大的一个支出项目，一个相对均衡的人员经费水平有利于教师队伍的稳定和总经费水平的均衡配置。

第三，不同项目差异程度在样本年间的下降幅度有所不同。三个项目中降幅最大的是生均公用经费项目，年均下降约为 3.3%；下降幅度最小的是生均人员经费项目，年均下降约为 2.4%。

第四，初中阶段经费差异程度大于小学阶段。从样本年间的指标变化程度来看，除了生均公用经费和基建经费项目在个别年度小学阶段的差异水平大于初中阶段外，在绝大多数情况下，初中阶段经费差异水平均大于小学阶段，同时，两者间的相对差异并未随时间变动表现出明显的规律性变化。

表 5-1　2002—2013 年全国各项生均经费县际泰尔指数

项目\年份	生均经费		生均人员经费		生均公用经费		生均基建经费	
	小学	初中	小学	初中	小学	初中	小学	初中
2002	0.1915	0.2056	0.1626	0.1685	0.3962	0.3568	1.3980	1.4589
2003	0.2008	0.2435	0.1676	0.1920	0.3955	0.3740	1.5607	2.0384
2004	0.1975	0.2365	0.1726	0.2018	0.3488	0.3609	1.1933	1.5066
2005	0.1881	0.2257	0.1715	0.2079	0.3056	0.3021	1.1389	1.4490
2006	0.1826	0.2221	0.1750	0.2170	0.2766	0.2828	1.0221	1.2952
2007	0.1630	0.1925	0.1528	0.1843	0.2635	0.2645	1.0485	1.0616
2008	0.1544	0.1584	0.1544	0.1690	0.2250	0.2172	1.0877	0.7343
2009	0.1576	0.1587	0.1581	0.1684	0.2376	0.2291	1.1219	0.8287
2010	0.1583	0.1647	0.1623	0.1721	0.2242	0.2197	1.0461	1.0216
2011	0.1455	0.1560	0.1514	0.1629	0.2216	0.2300	1.0216	1.0603
2013	0.1180	0.1352	0.1171	0.1293	0.2263	0.2510	0.9666	0.9501

注：泰尔指数计算过程均按学生数进行加权（后文同）。

本节后续内容将细分为小学和初中两个阶段，对"省级统筹"后县际经费差异水平、变化趋势及变化特点进行分支出项目的分析，并对较有代表性的省份从其统筹政策执行方式、省内财政体制等角度加以解释。

一、小学阶段县际经费差异

(一) 地区内县际经费差异

如前所述，总体而言我国小学阶段生均经费县际的差异水平小于初中阶段。图5-1至图5-4绘制了小学阶段分地区、分项目教育经费县际差异折线图。从地区间各个经费项目差异水平及变化趋势来看，东部地区表现出了和中西部地区完全不同的特点，中部和西部地区总体来看相似性则较强。

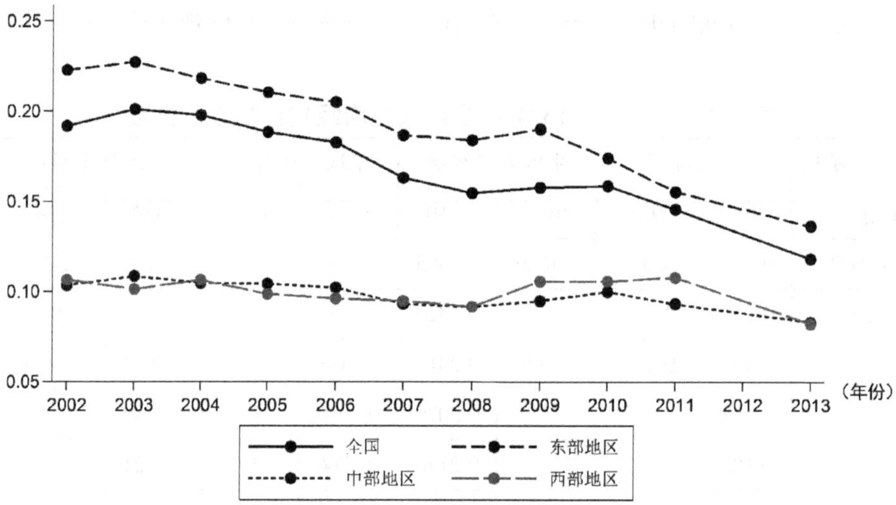

图 5-1 2002—2013 年各地区小学生均经费县际泰尔指数折线图

就经费差异的绝对水平而言，可以看出，东、中、西部地区之间存在较大差异。除了生均基建支出项目外，东部地区各项目的差异水平在各年间均远高于中西部地区，中部地区和西部地区生均经费（图5-1）和生均人员经费（图5-2）两个项目中的经费差异水平相似性较高，其中，人员经费项目中部地区的经费差异略高于西部地区，但在生均公用经费项目（图5-3）中，西部地区的差异水平则明显高于中部地区。在生均基建支出项目（图5-4）中，东、中、西部地区间差异不大，可以以2007年为分界点，2007年之前，

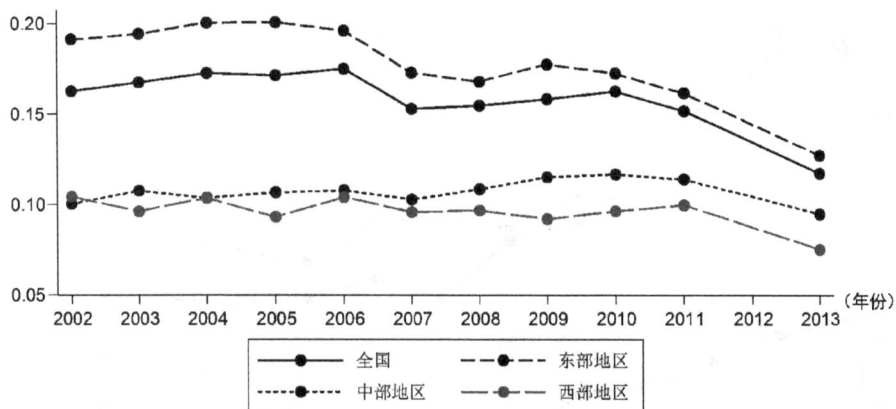

图 5-2　2002—2013 年各地区小学生均人员经费县际泰尔指数折线图

差异水平由高到低依次为东部、西部和中部地区，2007 年之后，西部地区的差异水平超过了东部地区，成为差异程度最高的地区。但是，由于基建支出部分在总经费支出中比重较小，其对总经费差异的影响与人员支出和公用支出项目相比也较小。

综合第四章中有关各省份经费统筹水平的分析结论可以看出，在地区层面，经费统筹水平的地域分布与县际经费差异水平的地域分布恰好相反。东部地区省级政府经费统筹水平与中西部省份相比普遍较低，但地区内县际经费差异水平在除基建支出以外的各支出项目较中西部地区均更大，而中西部地区各省份在经费统筹水平较为相似的同时，地区内县际的经费差异水平同样较为相似。因此，从经费统筹水平和县际经费差异水平在地区层面的相关性来讲，省对下义务教育转移支付更多的地区同时也会具有县际经费差异较小的特征。

就县际经费差异的相对变化趋势而言，一个最明显的特点是东部地区在除生均基建经费（图 5-4）以外的各项目中均下降最多，中西部地区由于县际差异的绝对水平较低，因此样本年间整体变化趋势也较为平稳。分项目来看，由于义务教育阶段的人员支出占据了教育总支出的绝大部分比例，因此，生均经费差异（图 5-1）表现出了和生均人员经费差异（图 5-2）基本相同

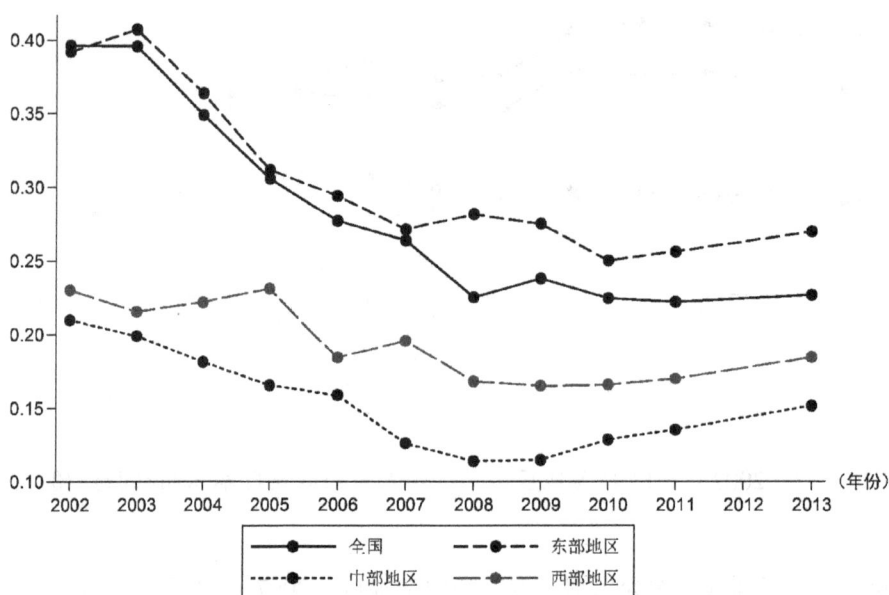

图 5-3 2002—2013 年各地区小学生均公用经费县际泰尔指数折线图

的变化趋势。在图 5-1 和图 5-2 中，中西部地区的差异水平基本维持在 0.1
左右，变化较为平稳，东部地区在 2006 年后的下降趋势明显加快，2009 年
后，三个地区的生均人员支出差异（图 5-2）均出现下降趋势。部分研究认
为，2009 年开始实施的中小学绩效工资制度起到了缩小义务教育教师工资差
距的作用（范先佐、付卫东，2011；姜金秋、杜育红，2014）。在生均公用经
费项目（图 5-3）中，东部和中部地区在 2003—2007 年间的下降幅度较大，
西部地区则在 2005—2007 年间出现明显下降，这种变化出现的原因可能与
2005 年 "新机制" 政策的实施有关，但在 2008 年后，中西部地区县际生均公
用经费差异出现了缓慢上升的趋势。在生均基建经费项目（图 5-4）中，由
于基建支出不确定性和非经常性的支出特点，该项目在东、中、西地区中也
都呈现出了明显的波浪式变化趋势；但从全国总体水平来说，该项目的经费
差异整体出现下降，其中，东部地区在 2005 年前的下降幅度较快，之后变化
较为平稳，中西部地区年份间波动趋势较为明显，整体下降幅度相对较小。

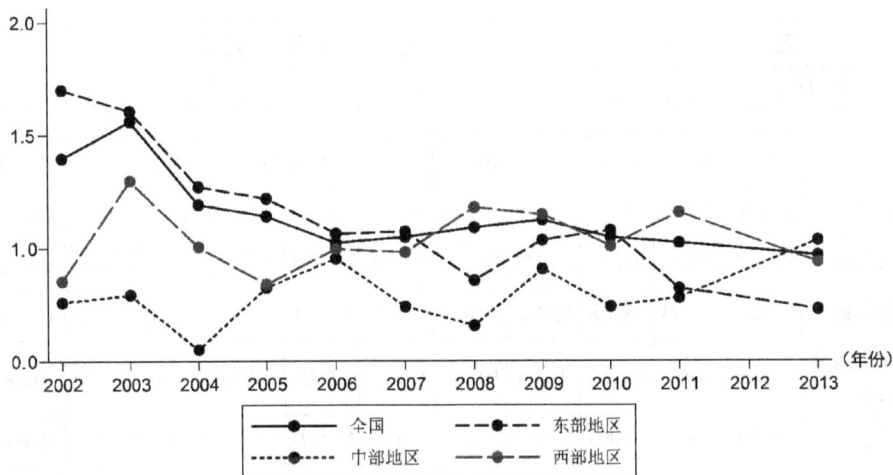

图5-4 2002—2013年各地区小学生均基建经费县际泰尔指数折线图

（二）省内县际经费差异

为进一步说明省级层面县际经费差异水平及变化情况，表5-2列示了
2002—2013年小学阶段各省份生均经费县际泰尔指数（小学阶段生均人员经
费、生均公用经费和生均基建经费项目各省份县际泰尔指数变化情况详见附
表3、附表4、附表5）。基于表5-2中相关数据，图5-5绘制了2002—2013
年各省份内部县际生均经费平均差异水平与平均差异变化率散点图，其中横
轴为各省份样本年间以泰尔指数表示的省内县际平均差异水平，纵轴为各省
份样本年间以泰尔指数表示的省内县际平均差异变化率。

从样本年间各省份差异的绝对水平来讲，综合表5-2和图5-5可以看出，
广东、山东、江苏、湖北四省小学阶段的省内县际生均经费差异水平在全国
各省份中处于相对较高位置，其中，广东省内县际生均经费差异在各年间均
远高于其他省份，以2013年为例，广东省内县际经费差异约为排名第二的山
东省1.5倍之多。

表 5-2 2002—2013 年样本省份小学生均经费县际泰尔指数

年份 省份	2002	2003	2004	2005	2006	2007	2008	2009	2010	2011	2013
北京市	0.0535	0.0430	0.0345	0.0317	0.0282	0.0315	0.0429	0.0401	0.0327	0.0291	0.0266
天津市	0.0686	0.0796	0.0663	0.0609	0.0569	0.0369	0.0395	0.0610	0.0489	0.0527	0.0502
河北省	0.0627	0.0482	0.0553	0.0523	0.0404	0.0358	0.0429	0.0405	0.0433	0.0435	0.0485
山西省	0.0460	0.0493	0.0508	0.0486	0.0435	0.0355	0.0341	0.0398	0.0394	0.0382	0.0404
内蒙古自治区	0.0396	0.0398	0.0357	0.0354	0.0449	0.0473	0.0606	0.0547	0.0591	0.0615	0.0646
辽宁省	0.0804	0.0625	0.0493	0.0594	0.0667	0.0636	0.0669	0.0657	0.0567	0.0921	0.0654
吉林省	0.0488	0.0454	0.0435	0.0495	0.0454	0.0454	0.0427	0.0354	0.0352	0.0395	0.0413
黑龙江省	0.0381	0.0478	0.0465	0.0532	0.0356	0.0312	0.0352	0.0362	0.0415	0.0431	0.0506
上海市	0.0328	0.0456	0.0335	0.0314	0.0288	0.0385	0.0339	0.0301	0.0286	0.0345	0.0293
江苏省	0.1359	0.1600	0.1446	0.1102	0.1290	0.0916	0.0816	0.0847	0.0689	0.0640	0.0506
浙江省	0.0476	0.0473	0.0442	0.0482	0.0346	0.0353	0.0305	0.0301	0.0242	0.0296	0.0281
安徽省	0.0480	0.0625	0.0671	0.0609	0.0556	0.0485	0.0459	0.0613	0.0684	0.0582	0.0539
福建省	0.0589	0.0684	0.0991	0.0956	0.0792	0.0593	0.0548	0.0410	0.0448	0.0422	0.0422
江西省	0.0223	0.0276	0.0275	0.0291	0.0304	0.0251	0.0293	0.0280	0.0266	0.0289	0.0217
山东省	0.1349	0.1370	0.1121	0.1062	0.1253	0.0968	0.0856	0.0945	0.0973	0.0858	0.0826
河南省	0.0687	0.0705	0.0943	0.0665	0.0690	0.0606	0.0480	0.0488	0.0415	0.0467	0.0431
湖北省	0.1032	0.1007	0.0846	0.0882	0.1005	0.1003	0.1143	0.1069	0.1370	0.1253	0.0967
湖南省	0.0447	0.0520	0.0635	0.0705	0.0631	0.0618	0.0624	0.0717	0.0803	0.0867	0.0927
广东省	0.2306	0.2344	0.2251	0.2506	0.2669	0.2505	0.2751	0.2788	0.2417	0.1960	0.1495
广西壮族自治区	0.0674	0.0698	0.0764	0.0750	0.0845	0.0935	0.0724	0.0675	0.0520	0.0472	0.0383
海南省	0.0507	0.0488	0.0519	0.0310	0.0430	0.0257	0.0297	0.0376	0.0505	0.0769	0.0740
重庆市	0.0386	0.0722	0.0834	0.0929	0.0856	0.0787	0.0757	0.0806	0.0772	0.0616	0.0711
四川省	0.0746	0.0668	0.0687	0.0709	0.0719	0.0698	0.0589	0.0987	0.0892	0.0646	0.0524

续表

年份 省份	2002	2003	2004	2005	2006	2007	2008	2009	2010	2011	2013
贵州省	0.0615	0.0579	0.0585	0.0653	0.0681	0.0716	0.0550	0.0459	0.0463	0.0594	0.0300
云南省	0.0731	0.0612	0.0682	0.0524	0.0528	0.0459	0.0465	0.0556	0.0442	0.0573	0.0333
陕西省	0.0464	0.0450	0.0417	0.0395	0.0545	0.0468	0.0515	0.0615	0.0499	0.0532	0.0577
甘肃省	0.0987	0.0724	0.0928	0.0808	0.0596	0.0635	0.0562	0.0496	0.0636	0.0629	0.0440
青海省	0.0598	0.0363	0.0457	0.0482	0.0416	0.0385	0.0394	0.0606	0.0700	0.0930	0.0767
宁夏回族 自治区	0.0603	0.0494	0.0475	0.0515	0.0341	0.0561	0.0577	0.0535	0.0416	0.0261	0.0220
新疆维吾 尔自治区	0.0804	0.1006	0.0811	0.0791	0.0636	0.0618	0.0721	0.0752	0.0804	0.0793	0.0694

注：2012 年数据缺失。

　　造成广东省内县际经费差异过大的原因可能与本省经济发展结构、省内财政体制等因素相关。从经济发展维度来看，尽管广东省经济总量多年来始终位列全国第一，但人均水平并不高，2018 年全省人均 GDP 为 86412 元①，位列全国第 7 位，这与广东省经济总量全国第一的地位并不十分相符；另外，省域内经济发展存在严重失衡，地区间（尤其是珠三角和粤东西北地区间）经济发展差距很大，省内优质资源大都流向珠三角地区，这种经济发展结构的失衡必然又将导致省内地区间财力的不均衡，广东省 21 个地级市中有 12 个地级市的人均自有财政收入多年来一直低于全国平均水平，其中多个地级市只有全国平均水平的一半左右，并多分布于粤东西北地区。② 除经济发展结构不均衡外，广东省省内财政体制同样表现出省以下各级政府间财政收支的极不均衡，总体呈现出地市级政府财政能力强、省和县级政府相对较弱的"橄榄形"结构。2018 年，省本级一般公共预算收入占全省一般公共预算收

---

① 国家统计局官方网站，见 http://data.stats.gov.cn/easyquery.htm?cn＝E0103。
② 《中国大陆城市财力 50 强排行榜》，南海网，见 http://www.hinews.cn/news/system/2016/03/30/030270498.shtml。

(单位：%)

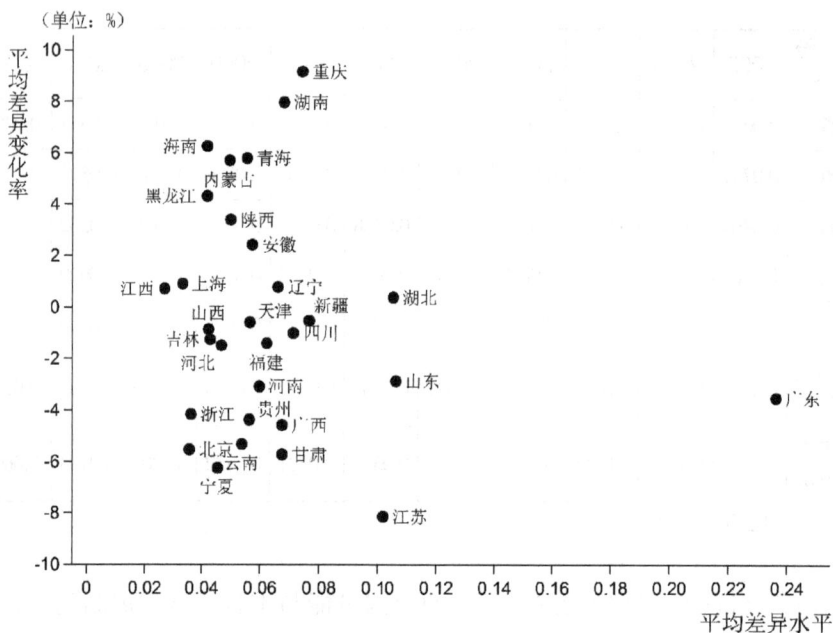

图 5-5　2002—2013 年样本省份小学县际生均经费平均差异水平与
平均差异变化率散点图

入的 25.86%。① 由于省级财力相对弱化，使得省级政府不可能将太多县级财
政包袱背到自己身上，2013 年广东省省本级财政支出占全省财政总支出的比
重为 10.56%（见表 4-4 第 3 列），仅位列 30 个样本省份第 27 位；省级财政
调控能力不强又进一步影响到省对下义务教育转移支付水平，同年广东省义
务教育经费统筹水平为 38.79%（见表 4-1 第 3 列），位列 30 个样本省份第
26 位。可以说，省内地区间经济发展失衡以及相对较弱的省级财力是导致广
东省包括义务教育经费投入在内的各方面发展在不同地区间均存在较大差异

---

① 《广东省 2018 年预算执行情况和 2019 年预算草案的报告》。

的重要原因。①

事实上，省内县际经费差异同样较大的江苏省在省内地区间经济发展结构和省内财政体制方面与广东省也具有一定程度的相似之处。近年来，江苏省一直是经济总量仅次于广东的第二大省，2018年全省人均GDP为115168元②，位列全国第4位，江苏省省内地区经济发展差异集中体现在苏南、苏中和苏北三大地区之间，尤其是苏南和苏北地区间的差距甚大。以苏州、南京和无锡等城市为代表的苏南地区整体经济与财政实力很强，远超江苏省其他区域；而以宿迁、盐城、淮安等城市为代表的苏北地区整体经济发展水平则偏弱，2018年苏州市GDP总量是宿迁市的近6.76倍③，市级财政收入是除四大直辖市和深圳外全国排名最高的地级市④。在省内财政体制方面，2013年江苏省省本级财政支出占全省财政总支出的比重为11.16%（见表4-4第3列），位列第26位；同年义务教育经费统筹水平为16.86%（见表4-1第3列），位列第30位，省级政府经费统筹水平和省内县际经费差异与广东省相似，同样表现出"统筹水平低、县际差异大"的特点。此外，省内县际差异水平较大的湖北、山东两省也均具有此特点。2013年两省经费统筹水平分别为64.43%和43.01%（见表4-1第3列），位列第19和24位，从各省份经费统筹水平的地域分布情况分析可以看出，湖北省是除重庆市外，中西部地区中省级经费统筹水平最低的省份。

另外，从图5-5还可以看出，除上述四省的省内差异程度较高外，其余省份在样本年间平均差异水平的分布较为集中。多数省份的省内差异程度集中于0.04—0.08，江西、上海、北京、浙江和黑龙江依次为样本年间县际平均差异水平最低的5个省份，平均差异水平均在0.04以下。

---

① 除省内县际教育投入水平差异较大外，从2016年广东省义务教育阶段四年级、八年级学生语文学业成绩的量尺得分来看，位于粤西地区的湛江市霞山区全区均值为507分和492分，而位于珠三角地区的佛山市顺德区全区均值为538分和538分。两个地区在教育质量方面的差异同样明显（2016年国家义务教育质量监测数据）。
② 国家统计局官方网站，见 http://data.stats.gov.cn/easyquery.htm?cn=E0103。
③ 《江苏省下属各地级市2016年国民经济与社会发展统计公报》。
④ 《中国大陆城市财力50强排行榜》，青海网，见 http://www.hinews.cn/news/system/2016/03/30/030270498.shtml。

　　从样本年间各省份差异的变化趋势来讲，图5-5可以看出，样本年间各省份内部县际生均经费平均差异变化率的散点分布较为分散，30个样本省份中有12个省份省内县际平均差异变化为正（尽管绝大多数省份平均增幅较小，12个省份中有7个省份平均增幅在5%以下，4个省份平均增幅在1%以下）。重庆、湖南、海南、青海、内蒙古依次为省内县际差异平均增幅最大的5个省份。其中，重庆市年均增幅为9.26%，县际经费差异泰尔指数由2002年的0.0386上升至2013年的0.0711。尽管上述五省在样本年间平均增幅均较大，省内经费差异变化趋势却并不完全相同。以海南省为例，从表5-2可以看出，海南省县际经费差异在2002—2008年间并没有出现增长，甚至略有下降，2009年后增长则尤为明显，泰尔指数由2009年的0.0376迅速上升至2013年的0.0740。如第三章所述，海南省县际经费差异出现较大幅度增长的原因可能与本省实行的诸多优质教育资源引进项目有关，由于全省原有教育发展基础较差，县际生均经费具有"低水平均衡"特征，这种通过引进外来优质资源并进行重点投入，进而带动本地区教育、经济发展的模式，短期内对县际经费差异可能起到了拉大作用。

　　2002—2013年省内县际平均差异变化率为负的18个省份中，13个省份平均降幅在5%以下（其中7个省份在3%以下），其余5个省份平均降幅均在5%以上，由高到低依次为江苏、宁夏、甘肃、北京和云南。平均降幅最大的江苏省县际泰尔指数由2002年的0.1359下降至2013年的0.0506，平均降幅为8.14%，降幅较快的阶段出现在2007年后，至2013年，江苏省小学阶段生均经费县际泰尔指数排名已由2002年仅次于广东省的全国第2位降至第15位，进一步计算江苏省生均经费与人均自有财政收入的相关系数及弹性系数发现，2013年全省86个样本区县两个指标分别为0.52和0.18，已较为接近教育投入的财政中立性标准。[①] 除江苏省外，省内平均差异水平较高的广东和山东两省样本年间的降幅同样较为明显。

---

① 奥登和皮库斯（Odden和Picus，2000）通过经验判断认为，一般情况下，当地方财富水平和教育支出水平的相关系数小于或等于0.5，财富水平对教育支出水平的弹性系数小于0.1时，教育财政投入基本符合财政中立性原则（Odden, A.R., Picus, L.O., *School Finance: A Policy Perspective*, McGraw-Hill Higher Education, 2000, P.60）。

　　结合本书第三章、第四章有关"省级统筹"政策执行方面的分析结论对江苏省样本年间较明显的县际经费差异变化从经费省级统筹角度加以解释。

　　首先，在"分项目，按比例"分担原则下的中央政策落实方面，江苏省在对省内各地市县进行义务教育转移支付资金分配时一般会按照苏南、苏中和苏北三个区域分别设置补助"档位"，如表3-3所示，在各个经费支出项目分担比例设计中，省级政府在苏北地区承担了更多的教育经费统筹责任；在此基础上，为了不使苏中地区的一些"贫困县"被遗漏，苏北部地区的一些"富县"被错补，江苏省很多专项转移支付政策不仅按照三大区域来简单划分，而且还会根据县级层面更加细致的经济和教育发展情况进行划分。①

　　其次，为了尽可能规避上级转移支付对县级政府自有财力中用于义务教育部分的"挤出效应"，沿用当前中央和地方义务教育事权划分中的一般做法，江苏省在本省义务教育转移支付制度的设计上也综合使用了"标准""补助"和"奖惩"等手段，在保证省域内财力薄弱地区义务教育财政支出的同时，尽量避免"挤出效应"对政策效果造成的不利影响。具体来说，以2015年"城乡义务教育经费保障机制"为例，在"公用经费"补助项目中，江苏省制定的经费基准定额标准分别为小学生均700元/年、初中生均1000元/年，是六个高于国家划定标准的省份之一（详见表3-3）；在"两免一补"项目中，省级财政全额承担了补助经济薄弱地区"免除教科书"项目所需资金，同时不需任何地方配套和附加条件，属于扶持性的直接补助；而在"校舍维修改造"项目中，为了调动县级政府教育投入的积极性，保证政策实施效果，省级政府采取的是"以奖代补"方式拨付转移支付资金，对经济薄弱地区及地处七度以上高烈度地震地区给予支持。② 在沿用了中央一般做法的基础上，江苏省还在省对地市县综合奖补资金的拨付方面进行了制度创新。部分专项资金拨付的主要依据是对各地实际绩效进行评分，评分的指标体系中有两个

---

① 例如，在实施绩效工资过程中，省政府根据县级客观财力供需缺口确定31个经济薄弱县安排专项补助资金，既包含有苏北县市，也包含有部分苏中县市（《江苏省义务教育学校绩效工资实施意见的通知》）。

② 例如，江苏省要求本省实施中小学校舍安全工程所需资金由各市、县（市、区）人民政府负责筹措，省级政府根据工程实施的实际效果对经济薄弱地区采取"以奖代补"方式给予适当补助。

标准分别是小学和初中阶段的"生均预算内教育事业费",通过将全省分为苏南、苏中、苏北三个区域,各区域分别取本区域内生均预算内教育事业费平均值作为参照值,区域内各区县根据与参照值的比较情况,按相应比例计算得分。① 这种资金分配模式既能有效照顾到经济欠发达地区,又能激励同一区域内经济发展水平较为接近的县开展竞争,较好地做到了"效率"与"公平"兼顾。

最后,尽管省级经费统筹水平并不高,但在经费统筹模式的具体设计方面,通过计算发现,江苏省 2011 年和 2013 年县级生均上级义务教育转移支付与各县人均自有财政收入相关系数为-0.46 和-0.52,省对地市县的义务教育转移支付更加向经济困难县倾斜;同时,省级政府对各方面基础最为薄弱的苏北地区的专项转移支付明显高于其他地区,以 2012 年为例,苏北地区各县获得的生均义务教育专项转移支付资金为 1223.35 元,分别为苏中地区和苏南地区的 2.14 倍和 1.82 倍。②

从县际教育公平角度来看,上述经费项目分担方式、转移支付资金分配规则以及经费统筹模式设计,对江苏省省内县际经费差异的缩小无疑起到了积极作用。

二、初中阶段县际经费差异

(一)地区内县际经费差异

图 5-6 至图 5-9 绘制的是 2002—2013 年初中阶段分地区分项目教育经费县际差异折线图。可以看出,初中阶段在样本年间表现出的县际差异水平及变化特点与小学阶段相比既有共性也有不同。

在县际经费差异水平方面,首先,东部地区在除了生均基建支出之外的各项目支出差异仍明显高于中西部地区,东、中、西部地区初中阶段县际经费差异水平表现出的这种特点既与小学阶段一致,也与各省份经费统筹水平

---

① 《江苏省财政厅、江苏省教育厅关于印发〈江苏省市县教育经费保障机制综合奖补专项资金管理暂行办法〉的通知》。
② 宗晓华、丁建福:《义务教育转移支付的激励效应与均等效应——以江苏省为例》,《教育经济评论》2016 年第 5 期。

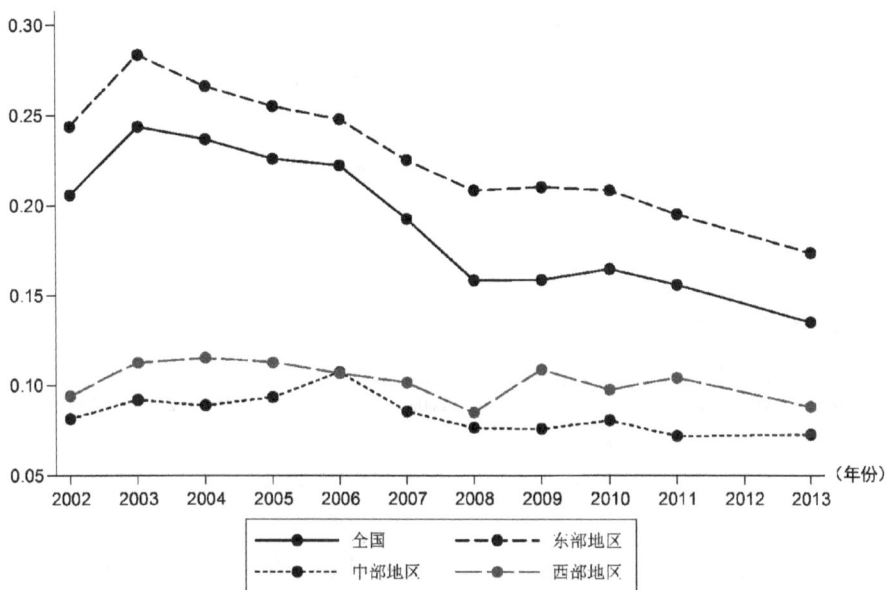

图 5-6 2002—2013 年各地区初中生均经费县际泰尔指数折线图

的地域分布基本一致。其次，由于中部和西部地区在生均经费（图 5-6）和生均人员经费（图 5-7）两项支出中的绝对差异水平与小学阶段基本一致，造成初中阶段在全国层面出现更大经费差异的主要原因来自东部地区上述两项支出的差异程度相比小学阶段更大，因此，东部地区内部县际经费差异相比中西部地区更加严重。最后，中部地区生均人员经费的差异程度在 2005 年后超过了西部地区，但两个地区间整体差异不大。

在县际经费差异变化趋势方面，初中阶段生均经费（图 5-6）和生均人员经费（图 5-7）与小学阶段的变化趋势大致相同，在初中阶段生均人员经费项目（图 5-7）的差异变化中，三个地区内部差异程度均在 2006 年出现峰值，此后出现下降。在生均公用经费项目（图 5-8）中，与该项目在小学阶段变化趋势（图 5-3）的不同之处在于 2005—2008 年各地区出现短暂下降后，2008 年后出现了一个较为明显的上升过程，由 2008 年的 0.19 上升至 2013 年的 0.22，上升趋势相较于小学阶段更为明显。本书认为，出现这种变

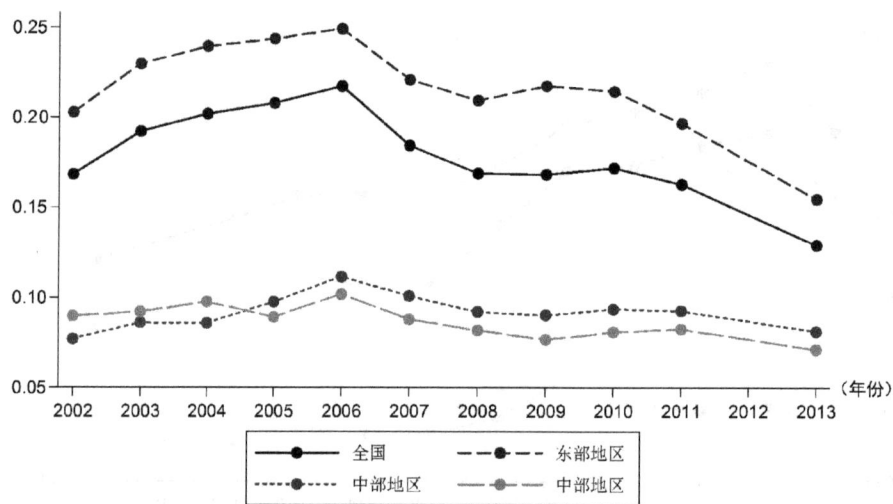

图 5-7　2002—2013 年各地区初中生均人员经费县际泰尔指数折线图

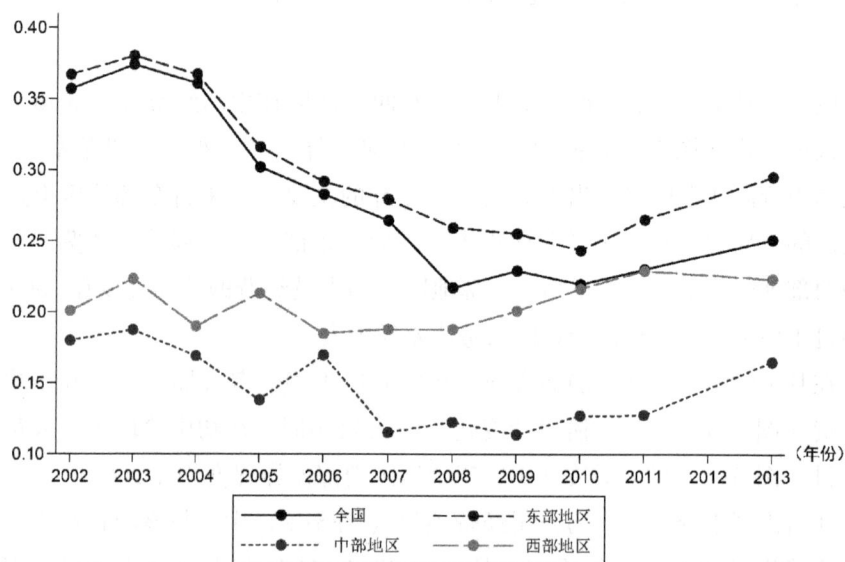

图 5-8　2002—2013 年各地区初中生均公用经费县际泰尔指数折线图

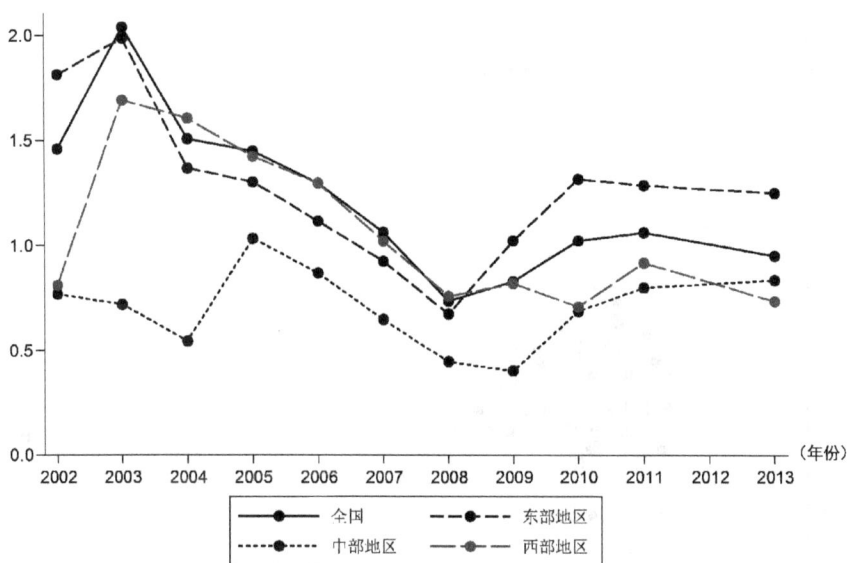

图 5-9　2002—2013 年各地区初中生均基建经费县际泰尔指数折线图

化的可能原因来自两方面：一是地区间劳动力流动对不同经费项目的支出弹性影响不同，由于存在地区间教师流动，市场因素对人员支出的弹性影响更强，人员经费差异在地区间存在自发趋于均衡的可能；二是在"实现财政性教育经费占 GDP 比重达到 4%"的背景下，大量新增教育经费可能更多投入了校舍、设备购置等学校硬件升级改造方面，对人员支出项目的影响较弱，进而造成不同经费支出项目间出现了不同的差异变化特征。在生均基建支出（图5-9）方面，三个地区的绝对差异相差较大，并且与小学阶段该项目（图5-4）变化不同的是，初中阶段各地区差异变化在 2005—2008 年间均出现了较为明显下降，2008 年下降至最低水平，此后略有上升，并非如小学阶段一样呈波浪式变化趋势。

（二）省内县际经费差异

表 5-3 列示了 2002—2013 年初中阶段各省份生均经费县际泰尔指数（初中阶段生均人员经费、生均公用经费和生均基建经费项目各省份县际泰尔指数变化情况详见附表 6、附表 7、附表 8）。在此基础上，图 5-10 绘制了

（单位：%）

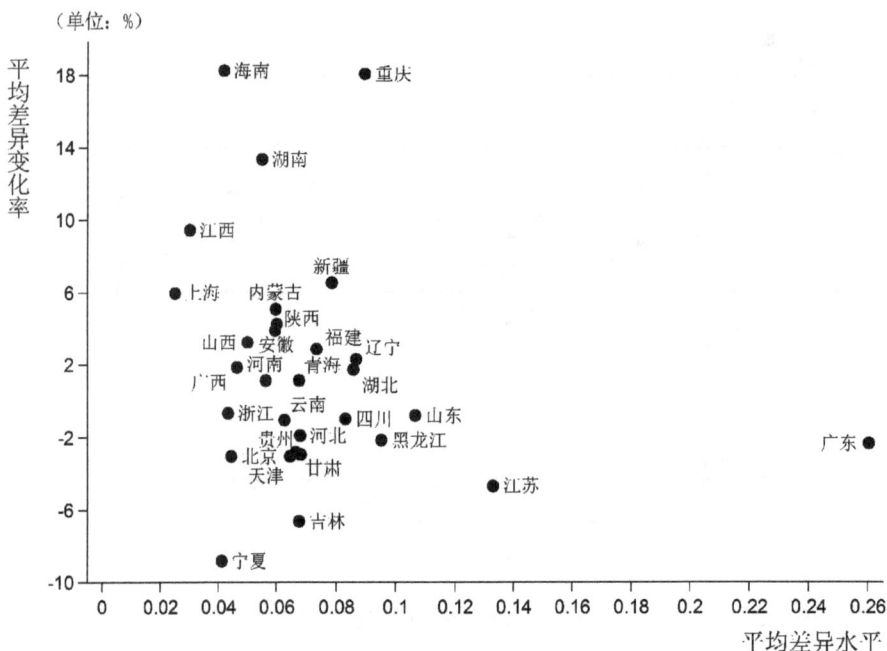

图 5-10　2002—2013 年样本省份初中县际生均经费平均差异水平与
平均差异变化率散点图

2002—2013 年各省份县际生均经费平均差异水平与平均差异变化率散点图。

从表 5-3 和图 5-10 可以看出，在各省份内部县际差异的绝对水平方面，广东省生均经费的省内差异程度在初中阶段仍然"一枝独秀"，平均差异水平为排名第二的江苏省的两倍左右，按照样本年间平均差异水平进行排序，江苏、山东、黑龙江、辽宁、湖北、四川基本可以视为"第二集团"，其余省份的散点分布仍较为集中，多位于 0.04 至 0.08 之间，这与小学阶段各省份分布并无明显区别。

就 2002—2013 年间经费差异的平均变化来讲，相比小学阶段的 12 个省份，初中阶段全国有 17 个省份县际生均经费差异平均变化幅度为正，增幅较大的 5 个省份依次为海南、重庆、湖南、江西和新疆。其中，海南省县际泰尔指数由 2002 年的 0.02 上升至 2013 年的 0.06，年均增幅约为 18%，具体变化趋势与本省小学阶段大致相同，在 2009 年后增长较为明显，因此，在海南省较为特殊的义务教育发展模式下，县际经费差异在初中阶段出现了更大波动。其余省份中，宁夏、吉林、江苏、天津、北京、贵州、广东、甘肃、黑龙江、贵州依次是样本年间县际差异下降幅度较大的 10 个省份，从上述省份的地域分布来讲，东部和西部地区的省份数量较多，中部地区仅有吉林和黑龙江两省下降幅度较为明显。

表 5-3　2002—2013 年样本省份初中生均经费县际泰尔指数

年份 省份	2002	2003	2004	2005	2006	2007	2008	2009	2010	2011	2013
北京市	0.0780	0.0902	0.0518	0.0369	0.0259	0.0242	0.0304	0.0279	0.0583	0.0391	0.0267
天津市	0.0937	0.0884	0.0779	0.0619	0.0657	0.0600	0.0752	0.0522	0.0467	0.0358	0.0534
河北省	0.0692	0.0799	0.0940	0.0897	0.0897	0.0706	0.0632	0.0463	0.0471	0.0463	0.0514
山西省	0.0516	0.0513	0.0454	0.0531	0.0615	0.0488	0.0492	0.0370	0.0414	0.0484	0.0617
内蒙古自治区	0.0483	0.0529	0.0399	0.0545	0.0469	0.0670	0.0702	0.0665	0.0674	0.0762	0.0659
辽宁省	0.0729	0.0740	0.0653	0.0852	0.0858	0.0836	0.0896	0.1077	0.0944	0.1227	0.0730
吉林省	0.0761	0.0833	0.0779	0.0829	0.0946	0.0798	0.0665	0.0529	0.0457	0.0484	0.0341
黑龙江省	0.1126	0.1409	0.1268	0.0999	0.1304	0.0846	0.0681	0.0705	0.0835	0.0617	0.0696
上海市	0.0205	0.0237	0.0404	0.0254	0.0180	0.0216	0.0244	0.0247	0.0255	0.0229	0.0258
江苏省	0.1251	0.1686	0.1728	0.1540	0.1772	0.1428	0.1266	0.1308	0.1087	0.0904	0.0660
浙江省	0.0443	0.0689	0.0535	0.0558	0.0377	0.0414	0.0388	0.0360	0.0326	0.0345	0.0330
安徽省	0.0534	0.0713	0.0794	0.0702	0.0705	0.0524	0.0440	0.0409	0.0589	0.0531	0.0655
福建省	0.0478	0.0621	0.0943	0.0988	0.0971	0.0942	0.0790	0.0619	0.0671	0.0544	0.0518
江西省	0.0255	0.0242	0.0233	0.0216	0.0256	0.0207	0.0273	0.0344	0.0317	0.0409	0.0540
山东省	0.1202	0.1290	0.1151	0.1295	0.1380	0.1100	0.0850	0.0786	0.0786	0.0882	0.1012
河南省	0.0507	0.0503	0.0467	0.0666	0.0604	0.0650	0.0582	0.0551	0.0579	0.0565	0.0516
湖北省	0.0700	0.0819	0.0830	0.0842	0.1055	0.0928	0.0799	0.0742	0.0997	0.1030	0.0696
湖南省	0.0317	0.0388	0.0499	0.0547	0.0773	0.0528	0.0504	0.0546	0.0560	0.0514	0.0848
广东省	0.2739	0.3071	0.2339	0.2524	0.2513	0.2476	0.2704	0.2805	0.2884	0.2594	0.1987

续表

年份 省份	2002	2003	2004	2005	2006	2007	2008	2009	2010	2011	2013
广西壮族 自治区	0.0244	0.0443	0.0464	0.0462	0.0500	0.0601	0.0341	0.0408	0.0412	0.0613	0.0602
海南省	0.0202	0.0313	0.0311	0.0352	0.0464	0.0456	0.0280	0.0598	0.0449	0.0550	0.0617
重庆市	0.0407	0.1389	0.1197	0.0796	0.0959	0.0874	0.0943	0.0873	0.1012	0.0771	0.0634
四川省	0.0988	0.1003	0.0950	0.0913	0.0977	0.0770	0.0552	0.1162	0.0798	0.0535	0.0503
贵州省	0.0785	0.0541	0.0757	0.0773	0.0945	0.0777	0.0702	0.0629	0.0514	0.0606	0.0457
云南省	0.0734	0.0807	0.0637	0.0814	0.0751	0.0597	0.0407	0.0859	0.0513	0.0437	0.0336
陕西省	0.0560	0.0578	0.0628	0.0669	0.0671	0.0637	0.0548	0.0456	0.0414	0.0743	0.0638
甘肃省	0.0678	0.0762	0.0841	0.0820	0.0840	0.0706	0.0667	0.0562	0.0463	0.0497	0.0480
青海省	0.1062	0.0898	0.0646	0.0877	0.0997	0.0300	0.0393	0.0567	0.0586	0.0537	0.0564
宁夏回族 自治区	0.0742	0.0484	0.0508	0.0324	0.0354	0.0558	0.0521	0.0274	0.0281	0.0326	0.0151
新疆维吾 尔自治区	0.0590	0.0813	0.1023	0.0932	0.0798	0.0733	0.0909	0.0618	0.0541	0.0886	0.0795

注：2012 年数据缺失。

综合小学和初中阶段各省份县际差异水平和变化特点，省级政府经费统筹背景下各省份经济发展结构、省内财政体制、政策执行方式、经费统筹水平及统筹模式等因素对各省份县际经费差异及变化的影响在小学阶段和初中阶段存在一定程度的同质性。

第二节　"省级统筹"对县级经费支出的增量效果

省对下义务教育转移支付作为省级政府执行"省级统筹"政策的核心工具，从第四章第三节的分析结论可以看出，政策执行过程中，平均意义上来讲，省内财力水平越弱、义务教育经费投入存量水平越低以及义务教育发展水平越差的县越能够获得更多义务教育转移支付。尽管上述配置模式在一些地区还存在可改进之处，但就转移支付配置本身来讲，省级政府"经费统筹"通过将义务教育转移支付"向更困难区县倾斜"的方式提高了对各方面实力较弱县的补助水平，进而为实现省域内县际义务教育经费角度的均衡发展奠定了良好基础。

但是，"省级统筹"政策目标的最终实现不仅仅需要省级政府发挥相应的统筹责任，作为经费管理与使用过程中负有主要落实责任的一级政府，同样离不开县级政府的实际执行，取决于"省级统筹"对县级经费支出增量效果和县际经费支出均衡效果，即更多的省对下义务教育转移支付是否能显著提高县级义务教育支出水平并带来省内县际教育经费的均衡配置。本节首先对"省级统筹"的增量效果进行讨论。

当前，已有不少研究发现，县级政府在获得更多的义务教育转移支付后，不仅没能解决县级政府义务教育投入激励不足问题，反而可能会进一步降低县级政府在自有财政收入中投入义务教育领域的积极性（刘亮、胡德仁，2009；孙志军等，2010；Wang 等，2011；赵海利，2015）。因此，本节使用回归分析探究如下问题："省级统筹"背景下，上级义务教育转移支付对省内县级经费支出有何影响？更多的转移支付是显著提高了当地的生均经费水平，还是由于地方政府在财政支出中的"挤出效应"，最终对当地生均经费水平的提高并无明显改善？转移支付对县级义务教育经费投入的影响在不同支出项目间是否会有差异？

一、模型、变量及数据

本节使用的基准回归模型如下，估计方法为 OLS 估计。

$$\ln psjjf = \beta_0 + \beta_1 \ln pzyzf + \beta_2 \ln pczsr + \lambda \cdot X + i.\ province + u$$

模型中被解释变量为 2011 年度自然对数形式的各县生均义务教育支出（记作 $\ln psjjf$），核心解释变量为 2011 年度自然对数形式的各县生均义务教育转移支付（记作 $\ln pzyzf$），选取"生均义务教育转移支付"与"生均义务教育专项转移支付"两个指标度量，并分别进行回归，指标计算方式与第四章第三节相同。若估计系数 β_1 显著大于 0，则说明县级政府获得的上级义务教育转移支付越多，当地义务教育生均支出水平越高，即义务教育转移支付对教育支出水平的提高具有积极效果；反之则说明转移支付对县级生均义务教育支出水平的提高具有不利效果。[①] 此外，还重点关注对数形式的县级政府人均自有财力水平（记作 lnpczsr），进而比较不同收入来源对县级政府义务教育投入的差异性影响，若 β_1 大于 β_2，则说明上级转移支付对县级政府义务教育投入的影响将超过同等幅度地方自有收入增加对义务教育投入的影响。

进一步地，模型还加入了一系列控制变量（记作 X）。为尽可能消除模型内生性的影响，控制变量中涵盖了第四章第三节对"省内县际义务教育转移支付配置差异影响因素"分析中的全部影响因素变量。具体包括：衡量 2011 年度县级政府财政收入汲取能力指标、县级政府义务教育努力程度指标、各县义务教育学生规模指标、2010 年各县自然对数形式生均经费、2010 年各县义务教育阶段生师比和生均图书拥有量，以及各县"是否为贫困县"虚拟变量。各指标的计算方式与第四章第三节中基本相同。部分研究认为，由于遗漏变量导致模型中出现内生性问题的主要原因还可能来自外部政治力量、地方政府贫困水平等因素，这些因素将会同时影响县级政府获得的转移支付数额以及教育支出水平（Knight，2002；Dahlberg，2008；成刚、萧今，2011），因此，模型在加入已有衡量县级财力性因素变量以及"是否为贫困县"虚拟变量基础上，还加入了省份虚拟变量（记作 i. province），控制可能影响县级经费支出和转移支付水平的如地理特征、政治特征等因素的省际差异，探讨省域内义务教育转移支付对县级经费支出的影响。u 表示随机误差项。

本节使用的数据主要来自 2011 年"全国教育经费统计综合报表"以及 2010 年"全国基础教育县（区）级基层统计报表"。在基准回归模型基础上，

---

① 对转移支付效果更加细致的考察还可以细分为：当转移支付项系数大于等于 1 时，存在纯激励效应，此时，一个单位的转移支付增量导致财政支出增量幅度超过一个单位；当转移支付项系数大于 0 小于 1 时，存在挤出—激励效应，转移支付部分挤出地方自筹资金；当转移支付项系数等于 0 时，存在完全的挤出效应，此时转移支付资金被自有收入完全挤出；当转移支付项系数小于 0 时，则为稀释效应（成刚、萧今：《政府间转移支付对县域基础教育供给的影响——基于江西省的证据》，《北京大学教育评论》2011 年第 2 期）。

还进一步考察了义务教育转移支付对经费支出影响在不同项目间的异质性，主要包括生均人员经费、生均公用经费和生均基建经费三类支出项目。

二、实证结果

表5-4分别报告了以"生均义务教育转移支付"和"生均义务教育专项转移支付"衡量的义务教育转移支付对不同经费支出项目影响的回归结果。除生均基建支出项目外，样本量均为2137个县级样本，模型 R^2 均在0.5以上，说明模型较好地解释了各支出项目的省内县际差异。

表5-4 义务教育转移支付对不同经费支出项目的影响

变量	生均经费	生均人员经费	生均公用经费	生均基建经费
"生均义务教育转移支付"为被解释变量				
生均义务教育转移支付	0.0941*** (0.0088)	0.0420*** (0.0095)	0.2113*** (0.0295)	0.9237*** (0.1517)
人均自有财政收入	0.1251*** (0.014)	0.0439*** (0.0088)	0.1632*** (0.0219)	0.2949*** (0.0856)
汲取财政收入能力	0.0439 (0.0768)	0.0305 (0.0601)	0.0995 (0.2072)	0.1536 (1.1318)
生均经费存量水平	0.6562*** (0.0248)	0.6426*** (0.0284)	0.6576*** (0.0479)	0.4641* (0.2462)
义务教育努力程度	0.1423*** (0.0372)	0.0816*** (0.0298)	0.2306*** (0.0613)	0.4092*** (0.1288)
生师比	−0.0034* (0.0018)	−0.0190*** (0.0023)	0.0258*** (0.0043)	0.0087 (0.0176)
生均图书拥有量	0.0035*** (0.0008)	0.0030*** (0.0009)	0.0038* (0.0022)	0.0058 (0.0118)
义务教育规模	−0.7288** (0.2941)	−0.6591** (0.3195)	−0.5633** (0.2723)	−6.1122** (3.0774)
是否为贫困县(1为是，0为不是)	0.0271*** (0.0098)	0.0117 (0.0103)	0.0287 (0.0242)	0.1631** (0.0607)
截距项	1.6248*** (0.2322)	2.7308*** (0.2685)	−1.4419*** (0.4778)	−9.9666*** (2.7736)
调整后 R^2	0.9132	0.8818	0.5568	0.3929
样本量	2137	2137	2137	861

续表

变量	生均经费	生均人员经费	生均公用经费	生均基建经费
"生均义务教育专项转移支付"为被解释变量				
生均义务教育转移支付	0.0197*** (0.0053)	0.0075 (0.0048)	0.0548*** (0.0133)	0.2200*** (0.0607)
人均自有财政收入	0.0528*** (0.0068)	0.0209*** (0.0074)	0.1059*** (0.0179)	0.1803** (0.0832)
汲取财政收入能力	0.0196 (0.0871)	0.0194 (0.0565)	0.0598 (0.2213)	0.3876 (0.7835)
生均经费存量水平	0.6946*** (0.0225)	0.6428*** (0.0259)	0.7330*** (0.0436)	1.0193*** (0.2249)
义务教育努力程度	0.0628*** (0.0169)	0.0405** (0.0158)	0.0832** (0.0424)	0.1236 (0.1345)
生师比	−0.0114*** (0.0018)	−0.0230*** (0.0021)	0.0143*** (0.004)	−0.0084 (0.0175)
生均图书拥有量	0.0038*** (0.0008)	0.0035*** (0.0009)	0.0043* (0.0022)	0.0063 (0.0122)
义务教育规模	−0.3733** (0.1767)	−0.5380* (0.2814)	0.0584 (0.2195)	−5.3287* (3.0715)
是否为贫困县(1为是,0为不是)	0.0256*** (0.0093)	0.0119 (0.0103)	0.0292 (0.0242)	0.2458** (0.1104)
截距项	2.7446*** (0.2564)	3.4266*** (0.2581)	0.0975 (0.5009)	−7.8549*** (2.6254)
调整后 R^2	0.8937	0.8804	0.5407	0.3621
样本量	2137	2137	2137	861

注：(1) 括号内为异方差稳健标准误。(2)*、**和***分别表示在1%、5%和10%的显著性水平上统计显著。(3) 模型中省份虚拟变量由于篇幅所限,表中并未列出。

在以"生均义务教育转移支付"为被解释变量的模型中（表5-4第2列），县级政府获得更多义务教育转移支付对当地支出水平具有明显的提升效果，回归系数在1%显著性水平下显著为正。在保持其他变量不变的情况下，县级政府获得的生均义务教育转移支付每提高1%，生均义务教育支出将提高0.0941%。而人均自有财政收入每提高1%，生均义务教育支出将提高约0.1251%，对县级政府教育投入的增量效果明显大于上级义务教育转移支付。

在其他各变量回归结果中，县级政府汲取财政收入能力在 10% 显著性水平下正向不显著。各县义务教育生均支出同时还受到义务教育支出存量水平以及义务教育事业发展水平的显著影响，2010 年生均支出存量水平每提高 1%，2011 年生均支出水平将提高约 0.6562%，生均支出水平在年份间存在较为明显的相关性；义务教育努力程度越高的县级政府，义务教育生均支出水平也将显著越高。在各义务教育事业发展指标方面，发展水平越高的县，即生师比越小、生均图书拥有量越多、义务教育发展规模越小的县，生均义务教育支出显著越高。另外，在其他条件相同的情况下，具有贫困县称号的县生均义务教育支出比非贫困县高约 2.71%，回归系数在 1% 显著性水平下显著，由第四章第三节分析结论可知，这一现象出现的原因一部分来自省级政府在义务教育转移支付配置过程中的不合理，在其他条件相同的情况下，贫困县可以比非贫困县多获得 11.61% 的上级义务教育转移支付（详见表 4-6 第 2 列）。

分支出项目来看，县级政府获得的义务教育转移支付及地方自有财力对不同经费支出项目的影响存在明显异质性。从表 5-4 第 3—5 列可以看出，生均义务教育转移支付每提高 1%，生均人员支出将提高约 0.0420%，生均公用支出将提高约 0.2113%，生均基建支出将提高约 0.9237%；与此情形相类似，人均自有财政收入每提高 1%，对三项支出的影响分别为 0.0439%、0.1632% 和 0.2949%。通过比较可以看出，义务教育转移支付和县级自有财政收入对义务教育经费支出的弹性在三类支出项目中差异明显，增加相同程度生均义务教育转移支付以及人均自有财政收入对县级政府义务教育基建支出的增量效果远强于其他两个支出项目，公用经费支出则高于人员支出。从其他各变量的回归结果来看，县级政府汲取财政收入能力对各项目均无显著影响，生均经费存量水平和义务教育努力程度对各项目均有显著正向作用，生师比和生均图书拥有量指标对生均基建支出项目并无显著影响，义务教育规模对生均基建支出项目的影响则远大于其他两个项目。最后，贫困县与非贫困县在生均人员经费和生均公用经费项目中并不存在显著性差异，造成"是否为贫困县"指标对生均经费产生显著性差异的原因主要是贫困县在学校基建支出方面显著高于非贫困县，而这种现象在现实中存在明显不合理性。

在以"生均义务教育专项转移支付"为解释变量的模型中（表 5-4 第 6—9

列），尽管各变量系数与前一模型存在差异，但两个模型反映出的问题和结论基本一致。其中，生均义务教育专项转移支付对生均人员支出项目的影响在 10% 显著性水平下不再显著，而对生均基建支出的增量效果仍然最为明显，生均义务教育专项转移支付每提高 1%，生均基建支出将增加 0.22%。并且与自有财力因素相比，生均义务教育专项转移支付的支出弹性仅在生均基建支出项目中大于人均自有财政收入。

三、进一步的分析

出现义务教育转移支付及县级自有财力因素在三个支出项目间支出弹性具有明显差异的原因，可以从以下三个方面进行解释。

第一，可能与当前义务教育转移支付的内部结构有关。人员支出项目中的绝大部分是用来支付中小学教师工资，但从本书第三章对各省份"省级统筹"政策文本执行角度的分析可以看出，当前"分项目、按比例"分担原则下，省级政府对不同支出项目的统筹力度并不相同，在基建支出、公用支出和人员支出项目中具有"累退性"，存在较为明显的"重物轻人"特点，大部分义务教育转移支付，尤其是专项转移支付主要用于城乡"两免一补"、支持校舍改扩建、配置图书和教学仪器设备以及附属设施建设等能够改善办学条件的方面，而较少用于提高教师生活水平和改善教师生活条件，这导致省级政府通过对下转移支付承担了更大比例的基本建设支出和相应比例的公用支出，而人员支出尤其是教师工资的发放更多依靠地市县自有财力进行保障，对上级转移支付的依赖程度没有其他两类支出项目强。以义务教育教师绩效工资政策在各省份实施的初期情况为例，2009 年，湖北省实施绩效工资所需经费为 58 亿元，其中中央和省级财政分别投入了 4.8 亿元和 12 亿元，其余缺口由县级财政自行承担；[1]同年，湖南省义务教育学校实施绩效工资所需经费为 91.8 亿元，其中中央和省级专项转移支付补助资金分别为 6.07 亿元和 15 亿元，其余 76.8 亿元全部由县

---

[1] 《绩效工资：好政策呼唤有力的财政保障》，网易网，见 http://edu.163.com/10/0314/10/61NSN6DG00293L7F.html。

级财政自行承担;[1] 同样是 2009 年,江西省实施绩效工资所需经费约为 51 亿元,其中中央和省级政府分别下拨 4 亿元和 9 亿元,其余 38 亿元由县级财政自行承担。[2] 可以看出,湖北、湖南和江西三省义务教育教师绩效工资总量中由中央和省级财政负担的部分基本约占所需项目经费总量的1/4,约3/4的资金需要由地市县级财政自行承担。也正是基于此原因,县级政府人均自有财政收入指标对人员经费的支出弹性在两个模型中都大于生均义务教育转移支付指标,回归结果进一步说明人员支出项目对地方政府财力因素的依赖性更强。

第二,可以从第三章关于地方政府所处的多维组织环境视角对此现象进行解释。在追求地方经济发展、决策者自身利益等因素的驱动下,模型回归结果说明,地方政府的财政支出偏好不仅在基础设施建设、教育、环保等生产性支出和福利性支出领域之间存在差异,即便是在义务教育支出内部,县级政府仍表现出明显的生产性支出偏好,对于基础设施、校舍改造等领域的义务教育财政投入具有支出热情,表现出"重物轻人"的支出特点,这一支出特点同时也与省级政府对下义务教育转移支付的内部结构相一致。

第三,还可能与三类项目本身的支出特点有关。由本章第一节的分析结论可知,由于基建项目在年度间具有非经常性和不确定性的支出特点,县际差异程度远高于其他两类支出,项目本身便存在不稳定性;而人员支出项目相比其他两类项目的支出刚性更强,受其他客观因素影响的程度也较弱,造成项目支出本身年际变化不会很大,县际经费差异程度在三类支出中最小。

因此,综合上述多方面因素,最终造成义务教育转移支付及县级自有财力因素对不同经费支出项目影响的异质性。

---

① 《绩效工资难倒财政拮据县》,网易网,见 http://news.163.com/10/0309/03/61A9Q2I3000
146BB.html。

② 《江西发放 51 亿元绩效工资》,江西新闻网,见 http://jiangxi.jxnews.com.cn/system/
2010/02/23/011313312.shtml。

第三节 "省级统筹" 对县际经费差异的均衡效果

本节的分析建立在第二节关于"省级统筹"对县级经费支出增量效果的基础上，以"生均义务教育转移支付"和"生均义务教育专项转移支付"指标度量的义务教育转移支付对县级义务教育生均经费支出影响的模型作为基准回归模型（表5-4第2列和第6列），通过两种方式探讨"省级统筹"对省内县际生均经费支出的均衡效果。第一，通过在基准回归模型中分别加入各县特征变量与义务教育转移支付的交互项，探讨转移支付对义务教育生均经费支出的影响在不同类型县级政府间的异质性；第二，通过使用回归分解方法（Shapley 值分解），基于基准回归模型，估算包括义务教育转移支付在内的各个解释变量对省内县际生均义务教育经费支出差异的净贡献，即通过控制回归模型中其他影响县级政府生均义务教育支出的因素，探讨义务教育转移支付等因素对省内县际经费支出分布的单独影响。

一、基于线性回归的实证结果

由第二节分析结果（表5-4第2列和第6列）可以看出，不同财力水平、教育投入存量水平以及教育事业发展水平的县之间仍存在着明显的经费支出差距，义务教育转移支付则可以显著提高县级义务教育支出水平，因此，通过在基准回归模型中分别引入生均义务教育转移支付与人均自有财政收入交互项、生均义务教育转移支付与2010年各县生均经费交互项、生均义务教育转移支付与生均图书拥有量交互项，考察义务教育转移支付对提升县级经费支出水平的效果在具有不同特征的县之间的异质性。如果义务教育转移支付在不同特征的县之间对义务教育生均支出具有不同的增量效果，例如，在财力水平较差的县、教育投入存量水平较低的县或教育事业发展较差的县，增量效果更加明显，则这种异质性将有利于省域内县际义务教育经费的均衡配置，以及义务教育经费"省级统筹"政策目标的实现；反之，则表示均衡状况不会有明显改善。基于上述分析思路，表5-5分别报告了以"生均义务教育转移支付"和"生均义务教育专项转移支付"为义务教育转移支付度量指标的模型回归结果。

表 5-5　义务教育转移支付对不同特征县经费支出影响的异质性

模型 变量	"生均义务教育转移支付" 为解释变量			"生均义务教育专项转移 支付"为解释变量		
生均义务教育 转移支付	0.9340*** (0.1111)	0.6195*** (0.1406)	0.2261*** (0.0324)	0.1312*** (0.0348)	0.0144 (0.0871)	0.0373*** (0.0122)
生均义务教育 转移支付与人 均自有财政收 入交互项	-0.0997*** (0.0136)			-0.0152*** (0.0049)		
生均义务教育 转移支付与生 均经费存量水 平交互项		-0.0550*** (0.0152)			-0.0011 (0.0101)	
生均义务教育 转移支付与生 均图书拥有量 交互项			-0.0047*** (0.0011)			-0.0010* (0.0006)
人均自有财政 收入	0.9661*** (0.1189)	0.0986*** (0.0091)	0.0986*** (0.0091)	0.1629*** (0.0364)	0.0528*** (0.0069)	0.0523*** (0.0068)
汲取财政收入 能力	0.0624 (0.0745)	0.0504 (0.0743)	0.0669 (0.0745)	0.0209 (0.0939)	0.019 (0.0876)	0.0257 (0.0879)
生均经费存量 水平	0.5516*** (0.0308)	1.1014*** (0.1199)	0.6414*** (0.0257)	0.6866*** (0.0227)	0.6871*** (0.0751)	0.6939*** (0.0225)
义务教育努力 程度	0.2277*** (0.0574)	0.1494*** (0.0388)	0.1494*** (0.0395)	0.0691*** (0.0177)	0.0628*** (0.0168)	0.0629*** (0.0169)
生师比	-0.0008 (0.0018)	-0.0030* (0.0018)	-0.0024 (0.0019)	-0.0117*** (0.0018)	-0.0114*** (0.0018)	-0.0114*** (0.0018)
生均图书拥有 量	0.0034*** (0.0008)	0.0035*** (0.0008)	0.0427*** (0.0092)	0.0037*** (0.0008)	0.0038*** (0.0008)	0.0105*** (0.0042)
义务教育规模	-0.9603*** (0.3555)	-0.7468** (0.2957)	-0.7878** (0.3174)	-0.3825** (0.1742)	-0.3730** (0.1769)	-0.3831** (0.1814)

续表

模型 变量	"生均义务教育转移支付" 为解释变量			"生均义务教育专项转移 支付"为解释变量		
是否为贫困县 (1 为是, 0 为不 是)	0.0248*** (0.0094)	0.0252*** (0.0094)	0.0249*** (0.0094)	0.0249*** (0.0093)	0.0257*** (0.0093)	0.0251*** (0.0093)
截距项	−4.4232*** (0.798)	−2.3326** (1.1014)	1.0107*** (0.2881)	2.0537*** (0.3128)	2.8073*** (0.6209)	2.6691*** (0.2618)
调整后 R^2	0.9263	0.9144	0.9151	0.8947	0.8937	0. 8938
样本量	2137	2137	2137	2137	2137	2137

注:(1)括号内为异方差稳健标准误。(2)*、**和***分别表示在1%、5%和10%的显著性水平上统计显著。(3)模型中省份虚拟变量由于篇幅所限,表中并未列出。

从以"生均义务教育转移支付"为解释变量的回归结果来看(表5-5第2列—第4列),加入"生均教育转移支付与人均自有财政收入的交互项"后,生均义务教育转移支付项系数仍然在1%显著性水平下显著为正,交互项系数在1%显著性水平下显著为负,这说明,对于人均自有财政收入水平越低的县,生均义务教育转移支付对义务教育生均支出增量效果越明显。加入"生均义务教育转移支付与2010年生均经费的交互项"后,生均义务教育转移支付在1%显著性水平下显著为正,交互项系数在1%显著性水平下显著为负,这说明,对于生均义务教育投入存量水平越低的县,生均义务教育转移支付对义务教育生均支出的增量效果越明显。加入"生均义务教育转移支付与生均图书拥有量交互项"后,生均义务教育转移支付系数仍然显著为正,交互项系数在1%显著性水平下显著为负,这说明,生均义务教育转移支付对义务教育生均支出的增量效果在义务教育事业发展不同的县之间存在显著差异,在事业发展越落后的县,生均义务教育转移支付的增量效果越明显。

从以"生均义务教育专项转移支付"为解释变量的回归结果来看(表5-5第5列—第7列),除"生均义务教育转移支付与人均自有财政收入交互项"回归系数在10%显著性水平下负向不显著外,其余模型交互项系数均显著为负。这说明,以不同指标度量的生均义务教育转移支付对不同特征县教育支出影响的异质性结论基本一致。

　　加入交互项后各模型的回归结果说明，义务教育转移支付对县级政府教育支出的影响在不同特征的县之间的确存在异质性。这种异质性将会有利于实现省域内县际义务教育经费纵向公平以及经费配置均衡的"省级统筹"政策目标。

二、基于 Shapley 值分解的实证结果

　　考察"省级统筹"对县际经费差异均衡效果的另一种思路是比较义务教育转移支付前后省内县际经费差异的变化。若各县在接受上级义务教育转移支付后，省内县际生均经费差异较之前扩大，则代表"省级统筹"对县际义务教育支出的均衡效果并不理想；若县际生均经费差异较之前缩小，则代表省级政府义务教育转移支付对均衡县际教育经费差异起到了积极作用。但是，由于义务教育转移支付会同时影响县级政府本身的教育财政投入行为，这导致转移支付前县级政府的真实教育投入水平数据无法获得，在此情况下，简单比较转移支付前后的县际生均经费差异并不合理，因为此时两者间的差异变化并不完全由义务教育转移支付带来。

　　因此，本小节采用 Shapley 值分解方法（Shorrocks，1999），基于本章第二节的基准回归模型（表 5-4 第 2 列和第 6 列），通过构造县级政府"转移支付前"的反事实分布，推算义务教育投入水平，测量模型中各个解释变量，尤其是义务教育转移支付对省内县际生均经费差异的单独影响和贡献。

　　使用 Shapley 值分解方法的思路是：在基准回归模型估计结果的基础上，首先，将某一解释变量 X_l 在所有样本上取均值，并依次与各样本的其他解释变量真实值一同代入基准回归模型，进而得到一个假设的生均经费支出预测值，根据各样本生均经费预测值计算出的县际经费差异水平记作 λ_1，此时 λ_1 便不再包含解释变量 X_l 的影响；其次，将各样本包含 X_l 在内的所有解释变量真实值代入基准回归模型，得到各样本生均经费支出的预测值，据此计算出的县际生均经费差异水平记作 λ_2；最后，用 $\Delta=\lambda_2-\lambda_1$ 来衡量解释变量 X_l 对县际生均经费差异水平的绝对贡献，若 Δ 大于 0，则说明解释变量 X_l 对经费差异的贡献为正，是导致经费差异扩大的因素，反之则代表其是导致经费差异缩小的因素。将解释变量 X_l 的绝对贡献与模型所解释部分的县际生均经费差异水平相除，即可得到该解释变量的相对贡献。

为与前文分析结果保持一致,本节仍选择泰尔指数指标对省内县际生均经费差异水平进行度量。分解过程使用联合国世界发展经济学研究院(UNU-WIDER)开发的 Java 程序(Wan,2004),并选择程序中提供的"广义熵指数(Generalized Entropy Index)"指标进行分解,设定参数值为 1[①]。表 5-6 分别列示了以"生均义务教育转移支付"和"生均义务教育专项转移支付"为义务教育转移支付度量指标,基于基准回归模型(表 5-4 第 2 列和第 6 列)计算的县际生均经费泰尔指数 Shapley 值分解结果。

表 5-6　基于县际生均经费泰尔指数的 Shapley 值分解结果

模型 变量	"生均义务教育转移支付"为解释变量		"生均义务教育专项转移支付"为解释变量	
	绝对贡献	相对贡献(%)	绝对贡献	相对贡献(%)
生均义务教育转移支付	−0.0152	−11.24	−0.0062	−4.62
人均自有财政收入	0.0366	27.07	0.0288	21.48
汲取财政收入能力	0.0019	1.41	0.0017	1.27
生均经费存量水平	0.0694	51.33	0.0784	58.46
义务教育努力程度	−0.0058	−4.29	−0.0028	−2.09
生师比	0.0096	7.10	0.0033	2.46
生均图书拥有量	0.0032	2.37	0.0009	0.67
义务教育规模	0.0014	1.04	0.0006	0.45
是否为贫困县	0.0068	5.02	0.0018	1.34
省份虚拟变量	0.0272	20.12	0.0281	20.95
合计	0.1352	100.00	0.1341	100.00

从以"生均义务教育转移支付"为解释变量的分解结果(表 5-6 第 2、3

---

① 泰尔指数(Theil Index)是广义熵指数(Generalized Entropy Index)的一种特殊类型,当广义熵指数的参数为 1 时,广义熵指数即为泰尔指数(万广华:《不平等的度量与分解》,《经济学(季刊)》2008 年第 19 期)。

列）可以看出，基于 Shapley 值分解计算的全国范围内县际义务教育阶段生均经费泰尔指数为 0.1352，这与前文使用全国县级层面样本计算的小学和初中阶段泰尔指数 0.1455、0.1560 [①]相比略有偏小，但整体相差不大。出现差异的原因一方面是由模型设定造成，基准回归模型（表 5-4 第 2 列）中各变量对县级生均义务教育支出差异的解释力为 91.32%，部分不可观测因素被置于模型随机扰动项中；另一方面来自基准回归模型中个别解释变量数据缺失造成的样本差异。

从县际生均经费泰尔指数的分解结果来看，全国平均范围内，生均义务教育转移支付对省内县际经费差异的绝对贡献为 -0.0152，对经费差异的相对贡献为 -11.24%。县级自有财力因素对省内县际经费差异的绝对贡献为 0.0366，相对贡献为 27.07%，均远高于生均义务教育转移支付，对县际经费差异的贡献度是仅次于生均经费存量水平的第二大因素。这说明，在义务教育投入"以县为主"的体制下，县级政府自有财力因素仍是引起县际经费差异的主要原因之一，县际财力差距必然会拉大省内县际教育支出水平的差异。

其他解释变量的分解结果中，县级政府汲取财政收入能力对县际生均经费差异的绝对贡献为 0.0019，相对贡献为 1.41%。由于生均经费支出在年际具有高度相关性，2010 年生均经费存量水平对 2011 年县际生均经费差异的绝对贡献为 0.0694，相对贡献达到 51.33%，远高于其他解释变量。义务教育努力程度是除转移支付外唯一绝对贡献和相对贡献为负的变量，分别为 -0.0058 和 -4.29%，这说明，县级政府提高义务教育努力程度，即提高县级教育支出占财政支出比重会降低县际生均经费差异水平。生师比、生均图书拥有量、义务教育规模以及是否为贫困县的贡献均为正，说明从全国平均角度讲，这些因素在不同程度上扩大了省内县际教育经费支出的差异水平。另外，省际因素对县际总差异的绝对贡献和相对贡献分别达到 0.0272 和 20.12%，这一结果与多数研究发现现阶段省内县际经费差异比省际差异更为突出的结论相一致（孙志军、杜育红，2010；丁建福、萧今，2013；范先佐等，2015）。

从"生均义务教育专项转移支付"为解释变量的分解结果（表 5-6 第 4、

---

① 具体数值详见表 5-1 第 2、3 列。

5 列）可以看出，各变量对县际生均经费差异绝对贡献及相对贡献符号与前一模型结果基本一致，但贡献程度有差异。其中，义务教育转移支付变量对总差异的绝对贡献和相对贡献分别为−0.0062 和−4.62%，均小于前一模型分解结果，均衡效果更弱。出现差异的原因可能是模型中"生均义务教育专项转移支付"指标并未包含一般性转移支付中用于义务教育的部分，而这部分转移支付由于属于财力性补助，对经费差异的均衡效果往往更加明显。

三、进一步的分析

本节分析结论表明，省对下义务教育转移支付起到了缩小省内县际的经费差异水平的作用，"省级统筹"对省内县际经费差异具有均衡效果。

从"省级统筹"政策执行角度来讲，义务教育转移支付的分配模式较为合理，省域范围内县级政府财力越弱、义务教育经费投入力度越不足、教育事业发展基础越差的县相比于省域内其他县可以获得更多的生均义务教育转移支付；进一步地，义务教育转移支付可以显著提升县级经费支出水平，县级政府获得的生均义务教育转移支付每提高 1%，生均义务教育支出提高约 0.0941%，并且在不同特征的县间增量效果存在异质性，这种异质性也将有利于缩小省内县际经费差异。

但是，对比义务教育转移支付和县级自有财力因素的贡献度应注意到，义务教育转移支付对省内县际经费差异的贡献相比其他因素仍然较小，对县际生均经费支出的均衡效果并不十分明显。主要原因可能是：首先，第三章文本分析结论表明，部分省份对于自身统筹责任定位不清或弱化自身统筹责任，这可能会导致省级政府对下义务教育转移支付并不是以均衡县域间经费水平为导向，影响"省级统筹"政策的均衡效果；其次，义务教育转移支付在省内县际配置还存在不足，例如相同条件的贫困县往往可以比非贫困县获得更多的转移支付，西部地区转移支付分配存在"高水平均衡"影响"弱势补偿"效果，等等；最后，由于县级财政支出中存在挤出效应，义务教育转移支付对县级教育支出的影响弱于县级自有财力因素，并且由于义务教育转移支付内部结构和县级财政支出中存在"重物轻人"的特点，导致义务教育转移支付对不同经费项目影响的异质性十分明显，对基建支出的提升效果远高于人员支出和公用支出。上述因素均可能会弱化"省级统筹"对县际经费差异的均衡效果。

<h1 style="text-align:center">第四节 强化"省级统筹"政策执行效果
的相关建议</h1>

基于研究结论，本节就如何更好发挥省级政府义务教育财政投入责任，进一步完善义务教育经费"省级统筹"政策，推进义务教育均衡发展，提出以下三点政策建议。

一、强化省级政府财政"兜底"职责

针对省级政府统筹责任落实与政策执行方式部分的研究结论，本书认为应进一步明晰省级政府在义务教育财政投入中的"兜底"职责。具体包括：

一方面，设立生均义务教育经费基本保障标准，确保地区间大致公平的义务教育经费投入。当前，尽管政策法规中对地方政府教育经费投入有诸如"两个确保""一般不低于 4%"[①] 等要求，在省级政府经费统筹过程中也出台了"生均公用经费基准定额"等多项经费补助标准，保障基层教育投入。但事实上，以"生均公用经费基准定额"为例，这一标准仅是省级政府在公用支出项目中对县级政府的一个经费补助标准，与生均公用经费支出水平并不是同一概念，各地实际的生均公用经费支出往往远高于省级政府划定的补助水平，对于实现省内县际均衡的"省级统筹"政策目标而言，上述标准并不能起到太大效果；同时，为实现法律法规中经费投入总量的相关要求，部分地方政府的经费投入表现出了"重物轻人"的特征，存在"修了又修、建了

---

① 2017 年 5 月，中央印发的《关于深化教育体制机制改革的意见》提出，要保证国家财政性教育经费支出占国内生产总值比例一般不低于 4%，确保一般公共预算教育支出逐年只增不减，确保按在校学生人数平均的一般公共预算教育支出逐年只增不减。

又建"等盲目、浪费现象,并不能保证经费使用效率。

因此,可以设立生均义务教育经费基本保障标准。这一标准与当前义务教育经费各项补助标准的含义并不相同,不是最低保障标准,而应理解为完成义务教育所规定的各项标准所需的经费水平,将人员、公用以及基建等支出项目全部包含在内,确保标准可以使经济发展水平不同地区的受教育者获得大致相同的教育资源,省级政府在这一标准下发挥"兜底"责任,统筹调剂资金,进而提高资金使用的合理性和公平性。

另一方面,改变现有政府间经费投入模式,提高省级政府在人员经费中的支出比例。从前文政策执行情况来看,省级政府的政策执行方式在不同经费项目中存在显著不同,对于支出占比最大的人员经费项目,省级政府经费投入责任和统筹力度反而较弱,这导致在"经费省级统筹,管理以县为主"的体制下,县级政府事实上也承担着"以县为主"的经费投入职责,在县级财力水平相对弱化的情况下,这种投入模式是造成事权与支出责任不匹配的直接原因。

从国际经验来看,基础教育投入的分担模式一般都是由中央和省级政府承担主要经费投入责任,尤其是人员经费普遍由高层级政府负责承担。以日本、德国和法国三个国家为例①,日本义务教育阶段的人员经费完全由中央和省级财政负担,其中,中央财政负担义务教育阶段学校 1/3 的人事费用(工资及福利)、省级财政负担本省义务教育学校 2/3 的人事经费,省以下财政主要负责学校公用经费以及基建经费;在德国,公立中小学教育的支出责任主要由联邦、州和地方三级政府来承担,其中 90% 以上的教育支出主要集中在州和地方政府,具体分担方式方面,州政府主要负担教学人员成本,地方政府主要负担非教学人员成本、材料成本以及基建、运行成本;与德国支出模式不同,法国对义务教育财政投入实行中央与地方政府共同分担、以中央为主的投入体制,其中,教师及其他人员工资费用全部由中央财政承担,学校基建费用和日常费用由地方财政负责承担。

因此,应让省级政府成为义务教育均衡发展中最主要的财政责任承担者,

---

① 北京大学中国教育财政科学研究所科研简报,见 http://ciefr.pku.edu.cn/cbw/kyjb/。

改变当前政府间义务教育经费投入模式，加强省级政府在教师工资等人员经费支出中的投入力度，而将基建、设备日常维护等支出责任转移给基层政府，这是未来义务教育经费投入调整和改革的一个可选方向。

二、优化义务教育转移支付内部结构

前文分析可以看出，作为"省级统筹"的核心政策工具，义务教育转移支付对地区义务教育发展具有十分重要的作用，同时也是改变基层政府义务教育事权与支出责任不匹配的重要调节机制。针对义务教育转移支付在内部结构、分配及使用等方面存在的不合理现象，应优化义务教育转移支付内部结构，规范和完善教育转移支付制度，进一步发挥省对下转移支付的诱导能力，确保义务教育转移支付对县级政府教育投入起到"保底"职责和"均衡"效果。具体包括：

首先，从当前各省份经费统筹模式（表4-2）可以看出，义务教育一般性转移支付占全部义务教育转移支付的比重较低；但相关研究表明，一般性转移支付由于在使用过程中更类似地方自有支出，能够发挥上级政府"援助之手"作用，相比专项转移支付更能显著提高地方政府供给教育等公共服务的努力程度，没有导致地方陷入软预算约束的"激励陷阱"（龚锋、李智，2016）。因此，未来省级政府在统筹模式的选择上应增加义务教育一般性转移支付，逐步提高其在转移支付体系中所占比重，减少义务教育专项转移支付资金，充分发挥转移支付在均衡地区教育资源配置中的作用。其次，需优化义务教育转移支付的方向和结构，当前省对下义务教育转移支付的功能结构并不合理，大部分的省对下义务教育转移支付涉及改善办学条件，较少用于提高教师待遇，这进一步导致转移支付对不同经费支出项目起到不同的增量效果。因此，应提高转移支付中用于师资队伍等软件投入部分的比重，改善教师工作待遇和生活状况，发挥义务教育转移支付对县级教育经费投入的诱导能力，改变"重物轻人"的现状。

在规范和完善教育转移支付制度方面，省级财政可以先对基层教育财政投入的保障标准进行核定，测算出相应的财力缺口，以一般性转移支付的形式补助和激励地方政府，从而确保财政性教育经费的稳定增长，省级政府则可以对辖区内各级政府的义务教育适龄人口规模、财力状况和办学成本等因素进行统计和测算,并将上述因素进行加权处理,建立起以"因素法"为特征的一般性财政转移支付公式,尽可能避免转移支付制度中的主观随意性。

三、建立经费公示和问责制度

如第二章开头所述,本书对"省级统筹"政策的分析更多强调的是工作统筹、资金统筹两方面,具体分析过程中并没有针对考核统筹进行详细论述。但是,一套完备的监管评价机制同样是"省级统筹"政策的重要组成部分,其有效性将会直接影响整个政策的实施效果。从考核统筹角度来讲,为避免教育财政投入过程中地方政府的随意性、功利性和盲目性,省级政府可以建立教育财政支出公示和地方政府问责制度,对省以下各级政府部门教育财政投入状况进行监督和检查,规范县级政府支出行为,确保经费使用效率。具体包括:

一方面,建立教育财政支出公示制度,对财政性教育经费预算和管理加强监督。现阶段,我国尚未建立全国乃至省级范围的教育经费预算和支出考核标准。因此,各级政府在加大教育财政投入的同时,应定期公布教育经费预算和支出报告,细化教育经费预算项目,硬化教育财政预算约束,通过建立教育财政公示制度,合理使用教育经费资源。

另一方面,建立地方政府义务教育财政支出问责制度,调动地方政府教育财政投入的积极性。我国目前尚未制定统一的地方教育财政投入监督评价办法和量化指标。在未来的义务教育财政投入过程中可以尝试根据地方义务教育发展状况制定连贯性较好的投入考核指标和办法,以此作为考核地方官员政绩的重要指标之一。省级人民代表大会定期对下级政府教育预算和执行情况进行监督和检查,切实保障县级政府义务教育经费投入和使用效率,确保义务教育经费"省级统筹"政策发挥理想效果。

小 结

本章是为探究义务教育经费"省级统筹"政策执行效果，分析内容具体分为四部分，各部分的研究发现可以使用本书第三章、第四章有关政策执行方面的已有结论在一定程度上进行解释。

"省级统筹"后县际经费差异水平及变化特征方面，总体来看，各省份县际经费差异水平存在明显不同；在全国和地区范围内，2002—2013 年县际经费差异变化是积极的，但具体到省，部分省份县际经费差异仍然存在扩大倾向。分析发现：各省份县际经费差异的绝对水平与本省经济发展结构、省内财政体制密切相关，经济发展结构会直接导致省内县级政府财政能力差异，省内财政体制反映了省以下各级政府间的相对财力，这会直接影响省级政府的经费统筹水平，代表性省份主要包括广东、江苏、山东、湖北等，这些省份都表现出了"统筹水平低、县际差异大"的特点；各省份县际经费差异变化则与本省经济和教育发展模式、"省级统筹"政策执行方式、经费统筹模式等因素密切相关，代表性省份主要包括海南、江苏等。另外，上述经济、财政、政策执行方式等外部因素对各省份县际经费差异水平及变化特点的影响在小学阶段和初中阶段具有较为明显的同质性。

"省级统筹"对县级经费支出具有显著影响，义务教育转移支付能显著提高县级教育经费支出水平，这种影响在不同项目间具有异质性，对基建支出提升作用明显高于公用支出和人员支出，人员支出效果最不明显。对于义务教育转移支付在不同项目间出现的异质性可能是义务教育转移支付内部结构、地方政府生产性支出偏好以及各项目支出自身特点等原因所致。

"省级统筹"对县际经费差异的均衡效果方面。利用 2011 年县级截面数据，基于回归分析与分解分析的研究结果表明：从全国平均水平来讲，义务教育转移支付在财力、教育投入及发展条件越差的县增量效果越明显；义务教育转移支付能够起到均衡省内县际经费差异的作用，但与其他因素相比，义务教育转移支付在均衡省内县际差异方面的效果仍然有限。一部分原因是省级政府在"省级统筹"政策执行过程中对自身统筹责任的定位不明，另外，还可能是转移支付内部结构、县级财政支出中仍存在较为明显的"挤出效应"，这些原因也是第三章多维组织环境因素对政府行为选择影响的延续。

基于上述研究结论，本书认为应进一步明晰省级政府在义务教育财政投入中的"兜底"职责；优化义务教育转移支付内部结构；建立经费公示和问责制度。

本章的分析仍存在一些不足，主要体现在：第一，分析结论是一个基于事实发现及代表性省份个案分析的省际普遍或平均规律，但由于各省份特征差异较大，结论对解释每个省份实际情况仍较为笼统；第二，由于受数据所限，无法构造面板数据或使用准实验设计等方法，考察增量效果和均衡效果的长期变动规律或完全消除不可观测因素对模型被解释变量的影响；第三，义务教育均衡发展是一个多维概念，经费配置的最终目的是实现教育结果公平，本章对统筹效果的探讨限于教育经费投入领域，未来还可进一步考察"省级统筹"政策对教育质量等结果层面因素的影响。

第六章

现阶段义务教育均衡发展存在的问题

　　从本书第五章关于"省级统筹"视角下义务教育均衡发展的政策效果可以看出，"省级统筹"政策实施对省内县际经费差异的缩小起到了积极效果，教育财政资源配置非均衡状况得到明显改善，义务教育均衡发展取得了显著的阶段性成果。但是，随着义务教育面临的主要矛盾的变化、阶段性目标的推移，以及外部环境的变化，现行义务教育均衡发展方式表现出明显的不适应性，在实践过程中暴露出诸多问题。本章主要探讨两个问题：第一，结合已有研究结论，对当前教育财政投入中存在的"重物轻人"现象进行分析；第二，对义务教育均衡发展的内生动力不足问题进行分析。

第一节　教育财政投入中的"重物轻人"现象

　　教育财政投入中的"重物轻人"特征在前文的分析中已经得到验证：从第三章对各省份"省级统筹"政策文本执行角度的分析可以看出，当前"分项目、按比例"分担原则下，省级政府对不同支出项目的统筹力度并不相同，在基建支出、公用支出和人员支出项目中具有"累退性"；从第五章"省级统筹"对义务教育均衡发展的效果可以看出，在追求地方经济发展、决策者自身利益等因素的驱动下，模型回归结果表明，地方政府的财政支出偏好不仅在基础设施建设、教育、环保等生产性支出和福利性支出领域之间存在差异，即便是在义务教育支出内部，县级政府仍表现出明显的生产性支出偏好，对于基础设施、校舍改造等领域的义务教育财政投入具有支出热情。尽管物质投入有其必要性，但在这些必要措施的背后也不难发现，各级政府在重视外在条件改善的同时，对内在质量提升带有一定程度的轻视倾向。

一、片面强调办学条件改善在缩小校际差距中的作用，忽视学校教育质量整体提升

完善的办学条件是顺利开展教育教学活动的前提，也是提高地区和学校办学水平的重要保障。过去，正是因为区域和学校间办学条件存在较大差距，在很大程度上导致了义务教育发展的不均衡。因此，在中央政府出台的义务教育均衡发展的各政策法规中，均将改善办学条件、均衡配置教育资源作为推进义务教育均衡发展的重要内容，要求地方政府要依据国家普通中小学校建设标准和本省（区、市）标准，制定或完善本地区义务教育阶段学校办学条件基本要求，积极推进义务教育学校标准化建设。这期间国家还针对办学条件改善的重难点，出台了诸多专项文件，强化对学校办学条件的改善效果。例如，2004 年，教育部、财政部等部门出台了《西部地区农村寄宿制学校建设工程实施方案》，决定"从 2004 年起，用四年左右时间，新建、改扩建一批以农村初中为主的寄宿制学校，解决好西部未'普九'地区新增万初中学生和万小学生最基本的学习、生活条件，并在合理布局、科学规划的前提下，加快对现有条件较差的寄宿制学校和不具备寄宿条件而有必要实行寄宿制的学校改扩建的步伐"。同时，地方各级政府也一再强调改善学校办学条件，制定义务教育学校办学标准、薄弱学校改造计划以及中小学危房改造方案。

反观对于义务教育学校教育质量的保障与提升，在《教育部关于进一步推进义务教育均衡发展的若干意见》中只进行了一般性提及。虽然在之后出台的《教育部关于贯彻落实科学发展观进一步推进义务教育均衡发展的意见》《国务院关于深入推进义务教育均衡发展的意见》中将提高义务教育质量作为推进义务教育均衡发展的重要举措之一进行了专门性论述；但因缺乏相应配套措施，致使部分学校提高学校办学水平和教育质量常常流于形式。而从地方各级政府制定的关于义务教育均衡发展的政策文本来看，其政策重心往往

是放在学校办学条件的改善和学校间资源配置的均衡方面，而将提升学校办学水平、提高地区教育质量置于次要地位。

二、过于偏重资源配置均衡对择校问题的治理，忽视导致择校问题产生的其他因素

解决择校问题既是推进义务教育均衡发展的出发点之一，也是义务教育均衡发展的主要任务和重要内容。近年来，由于各地经济社会的非均衡发展，地区间经济实力和财政收入水平不断拉大，区域和学校间的办学条件差距也愈发明显。同时，随着人们经济收入的增加，广大人民群众对接受更加公平和更高质量教育的期待日益增强，家庭多元化、个性化的教育需求日益突出，引发了国内择校风的盛行。

为解决因择校而导致的教育不公平问题，国家频频出台政策措施。例如，为了减轻学生学业负担，国家取消了小学升初中的入学考试制度，并在 1986 年颁布的《中华人民共和国义务教育法》中明确规定"地方各级人民政府应当合理设置小学、初级中等学校，使儿童、少年就近入学"。2002 年，教育部下发《教育部关于加强基础教育办学管理若干问题的通知》，要求"各地以扶持、联合、兼并、公有民办等多种形式加快薄弱学校改造，推行校长教师交流轮岗制度，扩大优质教育资源规模，满足人民群众对高质量教育的需求"。2010 年，教育部出台的《教育部关于治理义务教育阶段择校乱收费问题的指导意见》再次强调"治理择校乱收费必须标本兼治，综合治理，既要抓紧完善招生入学政策，规范招生入学秩序，健全完善督导制度，及时制止违规高收费乱收费现象，又要加快薄弱学校建设，合理配置师资力量，缩小学校办学条件及教育质量差距"。但是，这些政策措施的出台，并未从根本上遏制学校的乱收费行为，由于政策文件偏重于中小学乱收费行为的治理，因此不能有效引导人们关注提高学校办学水平、缩小学校发展差距对解决择校问题的重要作用。

择校问题的深层次原因在于优质教育资源的供需矛盾，要从根本上解决择校问题，就必须缩小学校之间的发展差距，整体提高义务教育发展水平，为受教育者提供更多的优质教育资源。虽然在国家出台的教育发展改革政策以及义务教育均衡发展的专项性文件中都谈到择校问题的解决，要求加快薄

弱学校改造，切实缩小学校差距；但由于各级政府及教育行政部门存在将解决择校问题的重心放在学校教育资源的均衡配置方面的现象，而对教育质量和办学水平提高的实践措施力度不够，导致当前校际间教育质量和办学水平仍然存在较大差距，择校现象仍较普遍且严重。

三、过分突出薄弱学校硬件设施完善的重要性，忽视学校管理水平和教师素质提高

义务教育均衡发展是一项复杂而又艰巨的系统工程，受到诸多因素的影响与制约，其中，农村薄弱学校便是影响义务教育均衡发展的重要障碍。为深入推进义务教育均衡发展，全面提高农村义务教育质量，在国家出台的有关义务教育均衡发展政策文件中，对薄弱学校建设问题给予了一定的关注与重视。2006 年修订的《中华人民共和国义务教育法》首次从法律的层面强调"加强薄弱学校改造的重要性，要求国务院和县级以上地方人民政府应当合理配置教育资源，改善薄弱学校的办学条件，促进义务教育均衡发展"。此后，为进一步加快薄弱学校建设和改造步伐，提高学校办学水平，2011 年，财政部、教育部联合下发《财政部 教育部关于实施农村义务教育薄弱学校改造计划的通知》，希望"按照推进义务教育学校标准化建设的战略要求，为农村义务教育阶段学校按照国家标准配齐图书、教学实验仪器设备、音体美器材；按照农村义务教育学生营养改善计划要求，逐步改善农村学校就餐条件；根据教育规划和现有财力可能，改扩建劳务输出大省和特殊困难地区农村学校寄宿设施，改善寄宿条件，逐步使县镇学校达到国家规定的班额标准"。据统计，仅 2011—2012 年，中央财政累计安排农村义务教育薄弱学校改造食堂建设专项资金就达 194.2 亿元，以用于食堂改造和配备必要的餐饮设施，保证学生食堂达到餐饮服务许可的标准和要求。[①]

为保障中央政策有效实施，各级地方政府也出台了关于薄弱学校的改造计划。例如，2011 年，河南省财政厅、教育厅下发《关于做好农村义务教育薄弱学校改造计划实施工作的通知》，要求"各地财政、教育部门要在当地政

---

① 姚永强：《我国义务教育均衡发展方式转变研究》，华中师范大学博士学位论文，2014年，第 88 页。

府领导下，本着高度负责的精神，将薄弱学校改造与义务教育均衡发展推进、中小学布局调整、学校标准化建设、大班额问题有机结合，确保项目的顺利实施"。2012 年，陕西省教育厅、财政厅下发《关于实施农村义务教育薄弱学校改造计划的通知》，要求"以科学发展观为指导，以促进义务教育均衡发展为目标，配齐农村学校教学所需的仪器设备、图书和音体美器材，改善学校就餐条件，完善学校寄宿设施，缩小区域之间、城乡之间和学校之间教育发展差距"。另外，四川、重庆、山西、广西等省份的财政、教育部门也相继印发关于农村义务教育薄弱学校改造计划的政策文本，以此规范、引导和支持农村义务教育薄弱学校的改造。据介绍，2012 年，山西在 48 个县（市、区）实施薄弱学校改造计划，总投入约 11.8 亿元，其中 7 亿元用于教学实验仪器、音体美卫器材、图书和多媒体教学设备购置，4.8 亿元用于县镇学校扩容改造和寄宿制学校及附属生活设施建设。2010 年和 2011 年，广西农村薄弱学校改造计划共投入资金 18.76 亿元，2012 年投入资金达到 9.86 亿元，重点给农村学校添置理科实验设备，采买音体美等"副科"器材，帮助县镇村基础薄弱的学校提升硬件设备。①

但是，从国家及地方各级政府出台的薄弱学校改造计划涉及的主要内容看，其重点支持的项目主要包括教学装备类项目和校舍改造类项目两大类。教学装备类项目主要包括实验仪器设备、音体美器材、图书以及多媒体远程教学设备；校舍改造类项目主要包含学校就餐条件或必要的餐饮设施、寄宿制学校学生的附属生活设施以及县镇学校扩容。而事实上，薄弱学校不仅在于校舍场馆的简陋和设施设备的不足与落后，更在于管理水平偏低和教育质量不佳，在于实践主体的缺位、自我认可意识的缺乏以及自我发展能力的不足。尽管近年来各地都大力实施了"薄弱学校"改造工程，使许多薄弱学校的物质性教育资源配置得到明显改观，但却未能根本消除"薄弱学校"现象，"薄弱学校"依然"薄弱"。究其缘由，薄弱学校改造的政策取向及改造措施的偏差是其根本原因。仅仅改善办学条件，如学校的就餐条件和生活设施，支持县镇学校扩容，配置图书、教学实验仪器设备、音体美器材以及多媒体

---

① 姚永强：《我国义务教育均衡发展方式转变研究》，华中师范大学博士学位论文，2014 年，第 89 页。

远程教学设备，来对薄弱学校进行改造，显然很难消除薄弱学校现象、实现预期政策目标。只有将薄弱学校的办学条件改善与教育质量提高有机结合，尤其是提升薄弱学校的管理水平、教师素质以及自我发展能力，薄弱学校问题才会最终得到解决。

第二节　义务教育均衡发展内生动力不足

一、教育发展内生动力分析

在对个体的教育问题上历来有外铄与内生两种不同的观点。荀子认为"君子生非异也，善假于物也"。"外铄"是事物外部的力量，是事物发展的外因。孟子认为"仁义礼智，非由外铄我也，我固有之也"。在经济学领域，20世纪60年代以来流行的新古典经济增长理论依据以劳动投入量和物质资本投入量为自变量的柯布—道格拉斯生产函数建立的增长模型，把技术进步等作为外生因素来解释经济增长，因此得到了当要素收益出现递减时长期经济增长停止的结论。而产生于20世纪80年代中期的内生增长理论则认为，长期增长率是由内生因素解释的，内生增长理论的核心思想是：经济能够不依赖外力推动实现持续增长，内生的技术进步是保证经济持续增长的决定因素。也就是说，在劳动投入过程中包含着因正规教育、培训、在职学习、做中学等而形成的人力资本，在物质资本积累过程中包含着因研究与开发、发明、创新等活动而形成的技术进步，从而把技术进步要素内生化，得到因技术进步的存在要素收益会递增而长期增长率是正的结论。

劳动生产率提高的一个途径是人力资本的积累。柯布—道格拉斯生产函数对劳动生产要素的引入，使得有关人力资本因素在经济增长中的作用的研究在技术上成为可能。但柯布—道格拉斯生产函数中的劳动投入是指一般的劳动投入，看不出不同质量或不同技术熟练程度的劳动投入对产量所起的作用大小的差异，因此，需要对生产要素的投入进行进一步的区分，以说明人力投资在经济增长中的作用。这要求建立一个专业化人力资本积累的经济增长模型。有学者用"内生"的思想来审视教育问题，以期将这一问题的思考延伸到更为广阔的领域。舒惠、张新平（2017）认为，因为学校健康持续的发展具备以下几个特征，所以可以用内生发展的思想来审视学校的发展：（1）学校健康持续的发展应该是一种主动的、积极的发展；（2）学校健康持续的发展应该是一种主要由学校内部成员来推动和参与的发展；（3）学校发展的意愿和动力应该来自学校组织内部；（4）发展的目标是组织自身的生长。学校内生发展依靠挖掘内部潜能，凝聚全校师生的智慧和力量，培育自我发展的潜力和竞争力，并不需要借助掠夺区域其他教育资源而壮大自己，因而它是生态的、可持续的发展。学校内生发展，应该是学校发展的前提和基础，也必将成为学校发展的最终追求。[①]

褚宏启（2018）借鉴内生经济增长理论提出了"教育内生发展模型"[②]。经济发展是由多种要素推动的，这些要素包括资本、劳动、自然资源、技术、技能、结构、制度等。根据发展要素的依靠方式，可以将经济增长方式分为两种：一种是仅仅依靠增加自然资源、资本和劳动等生产要素的投入数量来扩大再生产及实现经济增长的方式，即粗放增长或外延增长（Extensive Growth）；另一种是依靠技术进步、劳动力素质提高、管理创新等提高生产要素的利用效率来扩大再生产及实现经济增长的方式，即集约增长或内生增长（Intensive Growth）。褚宏启教授通过借鉴经济发展的要素分析，分析了教育发展要素的构成。他认为，教育发展的要素可以分为资本、劳动、学生身心条件、课程、教育技术、教育技能、教育结构和教育制度。

"资本"这里是指物质资本，具体指教育经费投入与办学物质条件。这是教育发展的物质基础。如前所述，与过去相比，近年来我国政府加大了教育财政投入，从全国范围总体来说，办学物质条件差距即硬件设施差距已经不是我国教育发展的主要矛盾，许多农村地区学校的办学条件甚至比城市学校

---

① 舒惠、张新平：《优质均衡愿景下的学校内生发展之路》，《中国教育学刊》2017年第6期。

② 褚宏启：《中国教育发展方式的转变：路径选择与内生发展》，《华东师范大学学报（教育科学版）》2018年第1期。

还要好。

"劳动"是指投入教育中的劳动力数量或者劳动时间量,主要指教师数量是否够用、结构是否合理、教师的时间投入多少等等。目前存在全国性的教师缺编问题,特别是农村地区义务教育学校的教师缺编问题,"劳动"这个发展要素需要政策干预。

"学生身心条件"类似于经济发展影响因素中的"自然资源"。由于教育是人的再生产,因此学生已有身心条件就成为教育生产的原材料、初级产品或者半成品。把学生作为发展要素,就容易解释教育现实中(微观层面上)学校对于优质生源的争夺问题。学生虽然不属于先天的自然资源,而是经历过后天的影响,是社会的初级产品、次级产品或者是半成品;但学生身上依然含有类似自然资源的一些生理、心理特征,如体力、精力、心理健康程度、好奇心、求知欲、想象力、思维能力、创造力等。

"课程"是指学校中传授给学生的知识。教育是知识传递的活动,知识必然是教育活动的一个重要构成要素。课程是知识筛选的结果,而教材则是课程的物化和外化形式。课程知识是关于"教什么、学什么"的知识,即课程和教材所包含的知识,是关于自然、社会和人类自身的理性认识。教育目的和教学目标是通过课程实施得以达成的。如果课程知识繁难偏旧或者空疏无用,不但会影响教育方法的选择空间和教学模式的改进程度,还会影响教育目的和教学目标的达成。课程改革的一个重要目的是要优化学生的知识结构,使学生更好地了解和改造自然、社会和人类自身。在教学管理工作中,学校要求教师在备课时,既要备学生又要备教材,这就非常典型地表达出"学生身心条件"和"课程"这两个发展要素的重要性。

"教育技术"包括两个方面:一是教育知识,包括教育教学知识、教育管理知识、教育技术知识等,是人类积淀下来的外在于教育从业人员而存在的关于教育教学活动、模式及相关技术的研究成果,课程与教学论、学生生理心理发展理论、教学心理学、各科教学法、学习理论、教学评价理论、教育技术学等都可以纳入教学知识的范畴,它是改善教学实践的理论武器和知识基础;二是教学技术工具,是教育知识与技术知识相结合的物化形态,是知识转化后所制造出的教学辅助性工具,如教学仪器设备等。教学技术工具的合理使用可以优化教学模式，提高教学效率。教育技术重视所有学习资源或称为人类的学习媒体的开发、应用、管理、设计和学习者的学习经验，强调用科学的系统方法来分析和整合"教、学"过程。

"教育技能"是指教育从业人员现实拥有的专业知识与技能，如教师的教学技能、教育管理人员的管理技能等。在本质上，我们可以把教育技能看作是教育人力资本。教育从业人员在教育活动中所采用的教学方式、管理方式等是属于行为层面的东西，而教育技能则属于内在的心理层面的素质，是教育从业人员个体对于教育诸要素、诸环节的认知水平与实操技巧，是个体知识、能力、品德的综合呈现，是专业化水平的集中体现。要实质性地改变教学方式与管理方式，关键在于提高教育从业人员素质。教育技能是一种现实的"教育生产力"，教育质量直接取决于这种生产力。

"教育结构"即教育体系结构，是指一个国家或者一个区域各级各类及各种形式教育相互联系、相互衔接而构成的整体。

"教育制度"是指调整教育活动主体之间社会关系的规范体系。通过教育制度创新，为教育目标落实、教育结构调整、教学模式改革提供制度保障，为"培养什么人""怎样培养人""为谁培养人"保驾护航。

按照褚宏启教授的"教育内生发展模型"理论，教育技术（包括教育知识和教育技术工具）、教育技能（教育人力资本）是两个重要的内生要素，是解释教育行为持续创新、持续改进的关键，对教育均衡优质发展至关重要。教育内生发展模型有以下两点重要的政策含义。

其一，重视教育队伍建设。重视职前培养和职后培训以及"做中学"，建立和健全义务教育从业人员的职前教育体系与职后培训体系，解决"工作母机"问题，提高义务教育从业人员的"教育技能"，为义务教育发展提供优质的人力资源支持。例如，课程知识、教学知识、教学技术工具都是外在于教师而存在的，三者若要对具体的课堂教学模式产生影响，首先必须让教师掌握这些知识和工具，把这些知识和工具使用的方法内化为个体的"教学技能"，这样才能让潜在的生产力转变为现实的生产力。如果一个教师由于内部自身原因或者外部其他原因（如学校和教育行政部门没有提供必要的培训），对教材知识没吃透，不懂得教学方法方面的知识，也不会使用现代教育技术手段，那么，他就不具备必要的教学技能，因而就不能有效地开展教学。所以加强义务教育队伍建设是实现义务教育优质均衡发展的持久动力。

其二，重视教育研究。教育研究的对象是课程、教育技术、教育技能、学生身心条件等要素，因为这些要素直接决定具体的教育生产过程。我们可以把教育研究的对象扩展为包括资本、劳动、结构与制度等对所有教育发展要素的研究，这样才能实现要素优化、流动、组合，为义务教育优质均衡发展提供全面、系统的智力支持。鼓励和支持教师开展教育研究，有助于确立现代的办学理念和教育思想，掌握正确的教育方法、措施、途径；有助于解决教育实践中的问题，提高科学育人、科学管理的水平；有助于形成学校的学术文化，提高办学品位，形成学校特色；有助于校本培训，提高广大教师的专业素养和创新能力。

二、教育发展内生动力不足的表现

分析发现，与教育内生发展模型的两点政策含义相对应，在我国的教育实践过程中，恰恰在教育队伍建设和教育研究方面存在不足，导致教育优质均衡发展的内生动力不足。

（一）在教育队伍建设方面，教育"三支队伍"的总体素质均有待进一步改善

教育的"三支队伍"即教师队伍、学校管理人员队伍、教育行政人员队伍。

教师队伍建设存在的不足主要表现在：第一，职前培养不够。在国家层面，师范教育的管理体制不能满足义务教育教师队伍建设的要求；在学校层面，师范院校对师范生的培养模式脱离教育实践，教育技能训练严重不足；在学生个体层面，师范生的知识结构和能力结构不能满足基础教育的实际需要。第二，职后培训针对性、实效性不强，优质培训师资缺乏。目前国家在教师职后培训方面投入了大量的财力，但在教师培训的组织上，适应性不强，不接地气，培训效果大打折扣。第三，专业标准不健全。目前，我国虽然已经出台了中小学和幼儿园的教师专业标准，出台了中小学校长和园长的专业标准，但专业标准在实施和落实上还存在不足，并且对教育行政人员专业标

准的研究与建设还没有提上议事日程。第四，教育人事制度滞后，尚未形成针对三支队伍的健全的制度框架。

学校管理人员队伍建设存在的不足主要表现在：第一，职业化的校长队伍还没有形成，校长的学校治理水平和治校能力有待提高；第二，学校管理人员的管理理念落后，服务意识淡薄，为师生服务的能力和水平还不够；第三，还缺乏一套行之有效的、适合学校管理人员的考核评价体系和激励约束机制。学校管理人员的工作对象、方式、手段等具有特殊性，岗位工作难以量化，考核指标难以做到科学和易于操作。因此，考核机制和激励机制不健全、不科学，还没有形成公平竞争、优胜劣汰的竞争机制。"论资排辈"的现象依然存在，没有彻底实现从身份管理到岗位管理的转变。

教育行政人员队伍建设存在的不足主要表现在：第一，调查显示，我国地方政府教育行政部门的主要领导很大一部分是来自教育行业之外，缺乏教育管理的业务知识和实践经验；第二，教育行政人员对基层情况了解不够，教育管理决策的科学化水平有待提高。

（二）在教育研究方面，研究的广度和深度均存在不足

随着社会的发展和技术的进步，教育决策面临的不确定性、复杂性和技术性越来越强，越来越需要借助教育研究的理论成果来降低决策的主观性和风险性，教育决策者对教育决策研究与咨询产生了越来越强烈的需求，迫切需要教育研究者对特定的教育问题从多角度作出证据充分、论证科学的政策分析。[1] 但现实情况是，许多教育决策和教育实践建立在经验主义、实用主义、机会主义、本位主义的基础上，缺乏实证调研和科学依据，某些区域的有些举措甚至违反基本的常识，教育发展理性化程度不足的问题也日益凸显。实现义务教育优质均衡发展，从微观课堂到宏观决策等都要进行一系列领域的深度变革，亟须教育研究为其提供智力支持。如何改变教育研究方式，改进教育研究方法，提高教育研究的信度和效度，是必须直面的现实问题。

---

[1]　李福华、黄庆丽：《教育研究、教育决策、教育实践的界面管理与协同效应》，《清华大学教育研究》2017 年第 6 期。

小 结

　　基于本书已有研究结论，本章主要探讨了现阶段义务教育均衡发展中存在的两个主要问题：第一，从有关义务教育经费"省级统筹"政策文本执行和实际执行的研究结论可以发现，义务教育财政投入中存在"重物轻人"现象，这一现象进一步影响了政策效果，本章对该现象进行了更加深入的分析，并将该问题概括为片面强调办学条件改善在缩小校际差距中的作用，忽视学校教育质量提升；过于偏重资源配置均衡对择校问题的治理，忽视导致择校问题产生的其他因素；过分突出薄弱学校硬件设施完善的重要性，忽视学校管理水平和教师素质提高三方面。第二，对义务教育均衡发展的内生动力不足问题进行分析，从教育队伍建设、教育研究两方面对导致义务教育优质均衡发展内生动力不足的具体表现进行概括。

　　本书第七章将结合本章发现的问题，就义务教育均衡发展的推进机制进行分析。

第七章

义务教育均衡发展的推进机制

　　从已有研究可以看出，当前义务教育发展过程中还存在诸多"不平衡不充分"之处，有效的教育治理是未来进一步实现义务教育均衡发展的重要基础和保障，对此，本章从理论层面对义务教育均衡发展的推进机制进行分析。主要包括三方面内容：第一，对国家有关义务教育均衡发展的政策演进进行概括总结，对义务教育均衡发展的治理机制进行归纳分析；第二，从城乡"二元"结构视角，就如何破解义务教育均衡发展中的城乡矛盾进行论述；第三，就如何通过实施教育化标准化建设、推进义务教育均衡发展进行分析论述。

第一节　义务教育均衡发展的政策演进与治理机制

一、义务教育均衡发展的政策演进分析

　　教育政策是以促进教育事业发展、实现人的全面发展为目的的公共政策，是公共权力机构依据特定的目标，为分配和增进教育利益而制定的行为准则

和显示的价值导向。① "教育政策肇始于教育实践中的问题,是基于教育问题和教育发展的现实需求而开启的,也归宿于教育实践问题的解决,教育政策具有鲜明的实践性特征。教育实践既是教育政策的土壤,也是在教育政策的规范、指导与约束下进行的。"② 实现义务教育均衡发展也需要科学的教育政策。

改革开放初期,我国经济社会发展资源匮乏、百业待兴,可用教育资源十分有限,我国教育发展总的思路是"办教育要两条腿走路,既注意普及,又注意提高,要办重点小学、重点中学、重点大学"。1979 年,中共中央批转湖南省桃江县委《关于发展农村教育事业的情况报告》,对该县坚持教育"两条腿走路",充分发挥国家和集体两个积极性的做法给予了充分肯定。1980年,中共中央、国务院印发《中共中央 国务院关于普及小学教育若干问题的决定》;1983 年,印发《中共中央 国务院关于加强和改革农村学校教育若干问题的通知》,均突出强调要坚持"两条腿走路"的方针办农村教育,强调以国家办学为主体,鼓励群众自筹经费办学。③

此后,随着我国经济体制改革的推进和深化,教育改革也出台新的举措。1985 年,《中共中央关于教育体制改革的决定》提出"必须鼓励一部分地区先发展起来,同时鼓励先发展起来的地区帮助后进地区,达到共同的提高"。这标志着"非均衡发展"作为包括义务教育在内的教育治理的基本理念开始实施。1986 年,《关于实施〈义务教育法〉若干问题意见》指出,城镇"凡国家举办的中小学和各级各类师范院校新建、扩建、改建校舍所需投资,按学校隶属关系,列入主管部门基本建设投资计划","农村中小学校舍建设投资,以乡、村自筹为主"。由此,我国在当时推行了城乡有别的义务教育治理方式,即"城市教育靠国家,农村教育靠集资","先城市、后农村,先发达地区、后欠发达地区",使得城乡义务教育发展具有明显的"城市教育优先"的色彩。1993 年中共中央、国务院颁布的《中国教育改革和发展纲要》以及1999 年中共中央、国务院发布的《中共中央 国务院关于深化教育改革,全面

---

① 李福华:《高等教育政策分析》,人民出版社 2018 年版,第 7—8 页。
② 李福华:《高等教育政策分析》,人民出版社 2018 年版,第 35 页。
③ 杨挺、李伟:《城乡义务教育治理 40 年》,《教育研究》2018 年第 12 期。

推进素质教育的决定》则基本延续了上述"非均衡治理"基调，强调将举办农村义务教育的责任落实到乡镇，鼓励经济文化发达地区教育率先发展。由于在非均衡发展策略下，中央将发展义务教育的责任交给了地方政府，农村义务教育经费主要以"乡、村为主"，而乡财政能力的有限与不均，加剧了城乡之间义务教育不均衡发展的局面。2002 年，党的十六大报告中第一次提出了"统筹城乡发展"的思想，教育领域的改革又开始关注"公平"与"均衡"，义务教育改革转入重视"均衡发展"阶段。2002 年，《教育部关于加强基础教育办学管理若干问题的通知》提出"积极推进义务教育阶段学校均衡发展"，首次从政策层面提出义务教育均衡发展，标志着我国城乡义务教育的治理理念自此逐步转向"均衡治理"。2003 年，我国召开新中国成立以来第一次全国农村教育工作会议，要求把农村教育摆在教育工作重中之重的战略地位，作出新增教育经费主要用于农村的重大决策。2005 年，出台了《教育部关于进一步推进义务教育均衡发展的若干意见》。2006 年，新修订的《中华人民共和国义务教育法》规定"国务院和县级以上地方人民政府应当合理配置教育资源，促进义务教育均衡发展"，这是我国首次以法律形式确定"义务教育均衡发展"。2007 年，党的十七大报告提出要"促进义务教育均衡发展"。

　　随着义务教育均衡发展战略的推进，我国义务教育均衡治理取得了显著成效，义务教育学校差距明显缩小；但教师的教育观念、学校的管理水平与制度建设、学校文化生态的形成与优化等亟须加强，义务教育"优质均衡发展"被提上日程。2010 年 7 月，国家中长期教育改革和发展规划纲要工作小组办公室发布了《国家中长期教育改革和发展规划纲要（2010—2020 年）》，提出了"把促进公平作为国家基本教育政策""把提高质量作为教育改革发展的核心任务"的工作方针，把"形成惠及全民的公平教育""提供更加丰富的优质教育"作为教育发展的战略目标。2012 年，《国务院关于深入推进义务教育均衡发展的意见》明确了义务教育均衡发展的目标、举措和体制保障，指出"加强省级政府统筹，强化以县为主管理，建立健全义务教育均衡发展责任制。总体规划，统筹城乡，因地制宜，分类指导，分步实施，切实缩小校际差距，加快缩小城乡差距，努力缩小区域差距，办好每一所学校，促进每一个学生健康成长"。2012年，党的十八大报告进一步指出，"基本公共服务均等化总体实现"，要将"均衡发展义务教育"作为全面建成小康社会进程中义务教育的战略性任务。2016年，《国务院关于统筹推进县域内城乡义务教育一体化改革发展的若干意见》首次提出了城乡义务教育一体化发展，明确了进一步促进区域义务教育均衡发展向更高水平、更有质量迈进的目标。2017年，党的十九大报告提出，推进教育公平，推动城乡义务教育一体化发展，努力让每个孩子都享有公平而有质量的教育。这些政策指向标志着义务教育均衡发展进入了深入推进阶段，标志着义务教育均衡治理的理念逐渐从"保底式均衡"向"保优式均衡"转移，由"基本均衡"向"优质均衡"升级，从而不断满足民众对义务教育优质资源均衡获益的发展性需求。[①]

2019年2月，中共中央、国务院印发《中国教育现代化2035》，提出2035年主要发展目标是：建成服务全民终身学习的现代教育体系、普及有质量的学前教育、实现优质均衡的义务教育、全面普及高中阶段教育、职业教育服务能力显著提升、高等教育竞争力明显提升、残疾儿童少年享有适合的教育、形成全社会共同参与的教育治理新格局。"优质均衡"被作为义务教育的发展目标明确提出。

二、义务教育均衡发展的治理机制分析

"作为一个学术术语，'治理'是在2000年以后才出现于我国的教育管理相关研究中，但作为一种教育管理的状态，'治理'早就存在于教育管理的实践中。从单一的管理模式转向管理和治理的融合是教育管理发展的必然趋势。"[②] 实现义务教育均衡发展需要有效的教育治理，需要科学高效的教育治理机制。我们认为，行政机制、市场机制、道德机制是实现义务教育均衡发展的三种机制。实现义务教育均衡发展需要行政机制、市场机制、道德机制协同发挥作用。

① 杨挺、李伟：《城乡义务教育治理40年》，《教育研究》2018年第12期。
② 李福华：《新时代我国大学治理的基本特征、优势特色及推进路径》，《高等教育研究》2018年第4期。

（一）行政机制分析

行政机制是指运用行政权力协调各个要素在一定结构中相互关系的一种运作方式。国家力量、行政权力是行政机制运行的基础。行政权力的突出特点是强制性和服从性。权力主体掌握权力旨在影响权力客体或使权力客体服从于自己。权力主体行使权力不必为此付出代价，权力主体和权力客体不具有平等的地位。

狭义上的行政权力主体是各级政府机关。政府机关通过行政权力或国家力量进行教师队伍建设更有效。行政机制主要依托科层组织的行政机构，利用命令、执行、检查、监督等手段，通过规定考核指标、奖惩措施等，保证其有效性。

按照权力的广义理解，行政权力即指来自职位的权力，包括政府的行政权力和组织内部的行政权力。所以行政机制既可以在国家和学校之间发挥作用，也可以在学校内部发挥作用。

义务教育均衡发展需要行政机制，主要是由义务教育的公共物品属性决定的。这种属性既决定了义务教育资源应当主要由政府提供，也决定了在义务教育发展中行政权力的作用主要是保障"教育公平"的实现。从制度安排来看，义务教育作为国家以法律保障对学龄儿童实施的一种具有强制、无偿、平等、普及、最低限度、外部性等多方面特征的教育制度，是向整个社会提供的，全社会成员都有平等权利享用其效用，义务教育具有极强的公共物品特征。政府对义务教育资源"公平与均衡"的配置负有主要责任，这种责任包括保障受教育者接受教育机会的均等和权利的平等；保障义务教育的基本公共服务与基础设施并均衡配置各种教育资源；保障有质量的教育并维护教育过程的公平；建立以公平为导向的政策与法律环境等。

（二）市场机制分析

市场机制是市场机体内的竞争、供求、价格、利率、工资等要素之间互为因果、互相制约的联系和作用。市场机制主要包括竞争机制、供求机制、价格机制等。经济学认为，市场机制是达到帕累托有效的基本手段，是实现帕累托有效的基本条件。事实也说明，市场机制是解决"效率"问题的主要选择。

我国社会主义市场经济体制建立后，在利益的驱使下市场力量逐步渗透到教育领域中，并逐步成为教育资源配置中不可忽视的一支力量。虽然由于义务教育的公共产品属性，行政机制在义务教育发展中发挥主要作用；但义务教育发展并非绝对排斥市场机制，在义务教育的部分领域也需要市场机制作为有效补充。实现义务教育"优质均衡"发展，不仅要追求"公平"，也要追求"效率"和"效益"，在义务教育学校的物资采购招标、后勤服务、教师绩效工资、教师激励等方面都要注意发挥市场机制尤其是竞争机制的作用。

在当前形势下，在教师管理、干部选拔方面需要重视竞争机制，发挥竞争机制的积极作用。例如，深化中小学教师编制和岗位管理改革，有效利用"竞争上岗""优胜劣汰"的市场法则，扩大学校用人自主权，面向社会招聘具有教师资格的优秀人才到中小学任教，促进人才流动，合理配置教师资源，优化教师队伍结构，提高教师队伍的整体素质。

深化义务教育领域改革、创新义务教育管理方式，是实现义务教育"优质均衡"发展的重要手段。人才竞争越来越成为国家竞争的关键，而基础教育质量是形成人才优势的起点，世界各国都不断推出新的举措以提高基础教育质量。

为了提高基础教育质量，2009年美国启动面向基础教育的"竞争卓越"（Race to the Top）计划。根据该项计划，联邦教育部将提供43.5亿美元供各州政府申请。各州通过提高学习成就、改进教师素质、促成更多创新等竞争性指标，申请获得该计划的资助。[1] 2012年，为促进美国基础教育均衡发展和使美国所有基础教育学生都能享受世界一流教育，美国教育部发布实施"力争上游"学区竞争计划，这标志着美国中小学教育改革战略"力争上游"开始从州层面转向学区层面。这项计划通过创设个性化的学习环境、聚焦教室层面的"教"和"学"的改革来提高学生成绩和教育工作者的效率。[2]

（三）道德机制分析

在行政机制、市场机制之外，有没有第三种力量会对义务教育发展产生

① 杨光富：《"竞争卓越"计划：推动美国新一轮中小学教育改革》，《外国教育研究》2010年第6期。
② 王少勇、单中惠：《美国中小学教育改革新动向——"力争上游"学区竞争计划述评》，《外国中小学教育》2013年第5期。

重要影响？本书认为道德机制也在义务教育均衡发展中发挥重要作用，是其他两种力量无法替代的。

　　道德力量来自道德主体自身，主要是通过人们的内心信念、社会舆论、传统和教育的力量来影响人们的理想、信念、意志和行为动机，进而对教育发展产生影响。道德机制发挥作用的特点是它的内部性和自觉性。所谓内部性，是指道德力量源泉来自行为主体内部，即来自每一个行为者自身，它表现为各个行为者按照自己的认同所形成的文化传统、道德信念、道德原则来影响社会经济生活，而不像行政机制那样由来自行为主体外部的行政力量介入社会经济生活，对资源配置和教育发展进行干预。这是道德机制与市场机制的相同点、与行政机制的不同点。所谓自觉性，是指道德机制发挥作用是同人们的主体意识和自觉行动分不开的，它表现为对于社会经济生活、对于资源配置和教育发展的一种人为的引导、调整或约束。这是道德机制与市场机制的不同点、与行政机制的相同点。

　　道德机制的作用范围最广，在教育发展的任何方面、任何教育资源的配置中，道德力量都是不可或缺的。第一，行政机制的作用效果在很大程度上取决于管理者的道德觉悟、道德水平。第二，在行政机制、市场机制作用不到或作用不好的领域内，道德机制的调节更是起着重要作用。

第二节　破解义务教育均衡发展城乡"二元"机制

一、城乡"二元"结构是阻碍义务教育均衡发展的重要原因

　　长期以来，我国经济社会发展形成了"二元"结构。城市中的教育和基础设施，几乎完全由国家财政投入，而农村中的教育和设施投入则相当有限，有相当一部分要由农村自己来负担。党的十一届三中全会启动了农村改革进程，拉开了改革开放大幕，我国城乡格局发生翻天覆地的变化，为我国经济实现持续快速增长和城乡居民生活持续改善作出了极为重要的贡献。同时也

要看到，城乡 "二元" 结构问题还较为突出，城乡教育发展差距仍然较大。我国公共管理资金安排一直实行的是与城乡 "二元" 结构相配套的 "双轨制"。就基层财政体制而言，包括义务教育经费在内的城乡公共管理经费来源于不同渠道：街道办事处、社区居民委员会用于公共管理的所有开支都有公共财政做后盾，公共物品支付实行专款专用；乡镇政府、村民委员会的公共管理费用除了乡村企业上缴税收的部分返还之外，主要取自农民本身，大部分属于他们剩余劳动的积累。

1980 年 12 月，中共中央、国务院下发了《中共中央 国务院关于普及小学教育若干问题的决定》，要求在 20 世纪 80 年代末全国普及小学，必须坚持 "两条腿走路" 办学方针，鼓励社队、厂矿、企事业单位以及群众自筹经费办学。1983 年 5 月，中共中央、国务院颁发《中共中央 国务院关于加强和改革农村学校教育若干问题的通知》，重申 "两条腿走路" 的方针，通过多种渠道解决教育经费，办好农村教育。农村义务教育实行 "两条腿走路" 办学方针，号召用艰苦奋斗精神办教育，折射出农村地区教育资源供给贫乏。"两条腿走路" 办学方针强调的是 "公办与民办并举、普及与提高结合、国家办学与集体办学结合"，其直接后果是 "城市教育靠国家、农村教育靠集体" 资源配置方式，这在一定程度上导致了城乡义务教育发展失衡问题凸显。1985 年，中共中央颁发了《中共中央关于教育体制改革的决定》，要求简政放权，把发展基础教育责任划归地方，农村地区实行 "乡村自给"。规定乡财政收入主要用于当地教育，地方可以征收教育费附加，用于改善办学条件。1992 年，教育部发布了《中华人民共和国义务教育法实施细则》，要求乡（镇）、村两级负责本地中小学教育经费的投入与筹措，义务教育可以收取学杂费，地方征收教育费附加，用于地方办学，并鼓励多渠道、多形式筹集经费。1994 年我国实施分税制改革，分税制改革后压缩了乡镇财政收入空间，县、乡级财政困难，有研究显示，全国农村教育经费中，乡镇财政负担达 78%、县财政负担 9%，省财政负担 11%，中央政府仅负担 2%。[①] 为了避免分税制实施后乡村难以自给，1994 年 7 月，国务院下发了《国务院关于〈中国教育改革和发展纲

① 史云峰、许艳丽：《农村义务教育财政制度变迁路径依赖及创新》，《教育科学》2004 年第 4 期。

要〉的实施意见》，要求县级负责辖区内教育投入，乡级负责部分经费筹措和具体落实义务教育工作，实际仍是"乡村自给"投入体制。1995 年，第八届全国人民代表大会正式颁布了《中华人民共和国教育法》，规定了县级政府负责当地义务教育，由乡政府负责征收农村乡统筹中的教育费附加，由县级代管或乡镇自己管理，用于乡、村两级教育事业。

进入 21 世纪，保障农村义务教育投入稳定性与充足性，成为农村教育投入体制需要直面的问题。对此，我国先后颁布了《国务院关于基础教育改革与发展的决定》（2001 年）、《国务院办公厅关于完善农村义务教育管理体制的通知》（2002 年）、《国务院关于进一步加强农村教育工作的决定》（2003年），逐步明确了"以县为主"的投入责任，中央加大转移支付，对税费改革后贫困地区公用经费缺口予以补充，逐步将农村义务教育纳入公共财政保障范围。这在一定程度上缓解了农村义务教育经费投入不足等问题，但并没有真正平衡教育投入的事权与财权。2005 年，我国开始实行省级统筹，中央地方共担，建立"分项目、按比例"分担的农村义务教育经费保障机制，即"省级统筹，多级共担"投入体制。①

综上所述，城乡"二元"结构是导致农村教育资源不足、城乡教育发展不均衡的重要原因。

二、城乡"二元"结构对农村义务教育的影响

城乡"二元"结构使城市与乡村之间在发展上形成了巨大的差距，严重阻碍了我国经济社会的发展，威胁到国家的社会稳定，也对农村义务教育造成了严重影响，这种影响主要体现在以下五个方面。

第一，城乡师资队伍建设存在明显差异。受到经济条件的制约，城乡发展存在明显的客观差距，势必影响我国城乡义务教育的均衡发展。我国城乡义务教育在师资队伍建设上的差距主要体现在：其一，城乡师资配备存在明显差异。伴随着社会的高速发展，大量的农民工进城务工，农民工子女也相继从农村涌入城镇求学。由于乡村经济、生活环境条件差，义务教育阶段就

---

① 陈坤、秦玉友：《农村义务教育投入体制 70 年：价值路向与前瞻》，《教育学报》2019年第 1 期。

读学生少，农村艰苦的条件难以吸引、留住具有高学历、高职称且经验丰富的专业老师，这就导致了城乡教师配备失衡，区域之间、学校之间师资力量差异大，形成义务教育不均衡发展的恶性循环。其二，教师培训比例差异明显。教育经费是影响教师接受培训、提高专业素质的重要因素，比之城市而言，由于缺乏经费，造成师资队伍建设缓慢，全科型老师缺乏，专业性不足。其三，教师的流动性差异显著，教师互动的好方式除了成立学科小组之外，还有一种最为重要的方式就是教师轮岗交流，教师轮岗交流更有助于学校资源的相互利用，有利于实现资源均衡配置，也有利于教师实践经验的相互交流。但在实践过程中，教师从城市向村镇的流动还存在制度上的不健全和行动上的不得力。在教师交流机制方面，城镇学校或优势学校教师单方面赴乡村学校、薄弱学校进行一定时间的支教或帮扶。这种交流机制虽然能够缓解乡村学校、薄弱学校的师资队伍问题，但也存在交流轮岗的动力不足、运行不畅、保障不力的现象。[①]

第二，城乡义务教育办学条件差别明显。义务教育的办学设施是为受教育者营造一个良好的学习氛围而提供的基础物质保障。我国义务教育阶段办学条件主要由各个学校的体育场、图书馆、仪器设备等多方面基础设施的综合配备所决定。近年来，国家出台了一系列的政策并且提供了较多的教育经费来支持我国农村地区改善教学环境，极大地改善了我国城乡地区的办学条件；但城乡义务教育不均衡现象依然存在，国家政策的扶持使得农村学校的基础设施在数量上赶超了城镇地区，而质量上农村地区与城市仍有一定差距。处于偏僻山地区域的农村，由于地形封闭，即使能够将互联网迁入校园中，但信号差等客观因素的存在迫使多媒体教育无法在农村得到普及。

第三，国家政策落实情况存在差距。我国义务教育发展需要义务教育保障政策的激励才能实现均衡化的要求，但实际操作过程中，对于义务教育保障政策虽然国家制定了明确的要求指标，却出现了落实兑现不到位的现象，具体来说就是"空壳化"问题的产生。以多媒体教学、智慧教室建设为例，在多媒体设备、智慧教室被引进部分农村的中小学后并没有产生实际的价值，

---

① 李福华：《论国家力量介入教师队伍建设的内生性需求》，《清华大学教育研究》2018年第6期。

更多地只是表现为一件件的陈列品。同时随着农村劳动力涌入城市中，带走了农村地区的义务教育适龄儿童，偏远地区就会出现学校众多但学生极少甚至有的学校没有学生的情况，这就导致学校的"空壳化"问题。"空壳化"的出现不是义务教育保障机制出现了问题，而是在政策落实与实际社会需求的不对等条件下形成的，这就需要政府能够结合实际情况，调整优化政策，加强政策的落实，进一步促进我国城乡义务教育均衡化发展。[①]

第四，学校分布的城乡差距。一般来说，城市中的中小学学校密布，交通便利，学生可以使用各种交通工具到学校上学，所以城市中各级学校入学率都较农村高。而农村中学校分布往往比较稀疏，即便是小学生有时也要走远路到外村或镇子上去上学。农村中交通普遍不便利，村与村之间常常没有交通工具，道路又不好，有时儿童上学还要翻山越岭、过河等，农村儿童失学率大大高于城市。

第五，学生条件的城乡差异。许多因素都妨碍儿童充分利用学校提供的教育，城乡之间居住条件的差异是其中之一。部分农村由于居住条件的限制，使得适宜的教育对农村儿童来说格外困难。此外，那些家庭条件不好的儿童除学校课本之外，很少有机会接触丰富的课外学习资料，特别是这些家庭中的家长常常文化水平很低，限制了家长对子女教育的支持与帮助。

三、发展农村教育是实现义务教育均衡发展的重要途径

实施乡村振兴战略、发展农村教育，是破解城乡"二元"机制、实现义务教育均衡发展的重要途径。对此，本书认为应当做好四个方面的工作。

（一）实施乡村振兴战略，改善农村义务教育的整体环境

要实现"两个一百年"奋斗目标，必须实现农业、农村和农民的现代化。2017年，党的十九大提出实施乡村振兴战略，指出"要坚持农业农村优先发展，按照产业兴旺、生态宜居、乡风文明、治理有效、生活富裕的总要求，建立健全城乡融合发展体制机制和政策体系，加快推进农业农村现代化"。2018年1月，中共中央国务院发布了《中共中央 国务院关于实施乡村振兴战

[①] 吴佳静：《论城乡义务教育均衡化的困境与出路》，《教育现代化》2018年第45期。

略的意见》。因此，应实施乡村振兴战略，努力改善农村义务教育的整体环境。

第一，乡村振兴战略的实施将推动乡村经济社会的整体发展。按照党的十九大提出的决胜全面建成小康社会、分两个阶段实现第二个百年奋斗目标的战略安排，《中共中央 国务院关于实施乡村振兴战略的意见》提出的目标任务是：到 2020 年，乡村振兴取得重要进展，制度框架和政策体系基本形成。农业综合生产能力稳步提升，农业供给体系质量明显提高，农村一二三产业融合发展水平进一步提升；农民增收渠道进一步拓宽，城乡居民生活水平差距持续缩小；现行标准下农村贫困人口实现脱贫，贫困县全部摘帽，解决区域性整体贫困；农村基础设施建设深入推进，农村人居环境明显改善，美丽宜居乡村建设扎实推进；城乡基本公共服务均等化水平进一步提高，城乡融合发展体制机制初步建立；农村对人才吸引力逐步增强；农村生态环境明显好转，农业生态服务能力进一步提高；以党组织为核心的农村基层组织建设进一步加强，乡村治理体系进一步完善；党的农村工作领导体制机制进一步健全；各地区各部门推进乡村振兴的思路举措得以确立。到 2035 年，乡村振兴取得决定性进展，农业农村现代化基本实现。农业结构得到根本性改善，农民就业质量显著提高，相对贫困进一步缓解，共同富裕迈出坚实步伐；城乡基本公共服务均等化基本实现，城乡融合发展体制机制更加完善；乡风文明达到新高度，乡村治理体系更加完善；农村生态环境根本好转，美丽宜居乡村基本实现。到 2050 年，乡村全面振兴，农业强、农村美、农民富全面实现。①

第二，乡村振兴战略对农村教育事业发展指明了方向。《中共中央 国务院关于实施乡村振兴战略的意见》明确提出了"优先发展农村教育事业"并进行了总体安排，具体包括："高度重视发展农村义务教育，推动建立以城带乡、整体推进、城乡一体、均衡发展的义务教育发展机制。全面改善薄弱学校基本办学条件，加强寄宿制学校建设。实施农村义务教育学生营养改善计划。发展农村学前教育。推进农村普及高中阶段教育，支持教育基础薄弱县

① 《中共中央 国务院关于实施乡村振兴战略的意见》，见 http://www.djrd.gov.cn/html/sjdzl/18/02/4741.html。

普通高中建设，加强职业教育，逐步分类推进中等职业教育免除学杂费。健全学生资助制度，使绝大多数农村新增劳动力接受高中阶段教育、更多接受高等教育。把农村需要的人群纳入特殊教育体系。以市县为单位，推动优质学校辐射农村薄弱学校常态化。统筹配置城乡师资，并向乡村倾斜，建好建强乡村教师队伍。"①

乡村振兴作为新时代"三农"工作总抓手，具有系统复杂性，其有效实施在于众多因素的合力推进，但最为根本的因素在于人及人的现代化，即以现代农民为主体，能够适应、融入、推动现代乡村建设与发展的融合型社会群体所蕴藏的强大乡村人力资本，这是根本性的战略力量。在经济学的理论体系中，人力资本是指依附人体体力和智力所具有的劳动价值的总和，提高人口质量是人力资本理论的核心思想。而教育既是人力资本的核心构成要素，也是直接和间接促进人力资本不断积累的重要途径。也就是说，在乡村振兴战略和乡村教育之间的关系上，乡村教育的建设发展是乡村振兴的应有内容与要求，是乡村振兴的重要战略支撑，其内在逻辑就在于教育作用于人而厚植乡村人力资本，通过良好的教育公共资源与服务，通过促成文化的繁荣与价值观念进步，通过实现劳动者知识更新与技能的形成，来调动人的积极性、主动性和创造性，从而推动乡村经济社会的全面振兴。② 同样，乡村振兴也必将使农村人力资本的数量与质量大大改善，使乡村的人员素质、文化环境、社会风气大大改善，为乡村教育发展提供强大支撑。

（二）破除二元教育体制，构建城乡一体化义务教育体制

破除二元教育体制，构建城乡一体化义务教育体制，首先，要细化和明晰中央和地方政府对义务教育分级分类承担经费的责任。要以县为基本单位，管理以县为主，经费投入以省为主，转移支付以中央为主，建立起相对集中的经费投入体制，并根据具体省份和地区情况适当调整比例分成。越是落后的地区和省份，经费越要以上级投入为主。应明确并强化中央和省级政府的

---

① 《中共中央 国务院关于实施乡村振兴战略的意见》，见 http://www.djrd.gov.cn/html/sjdzl/18/02/4741.html。

② 杜育红、杨小敏：《乡村振兴：作为战略支撑的乡村教育及其发展路径》，《华南师范大学学报（社会科学版）》2018 年第 2 期。

投入责任。为更好地发挥"省级统筹"政策执行效果，减轻基层政府财政压力，义务教育阶段学校教职工的人员经费可由省级政府承担，义务教育阶段的基建经费等由县级政府承担。公用经费由中央制定统一标准，如果各地实行确有困难，再由中央和省转移支付。中央政府要加大转移支付力度，保证国家贫困县义务教育阶段学校教职工的人员经费和公用经费的落实，支持、帮助地方政府改造办学条件薄弱的学校，使之尽快达到国家规定的义务教育阶段学校办学条件基本要求；省级政府要通过转移支付保证省级贫困县义务教育阶段学校公用经费、办学条件薄弱学校改造经费的落实。

其次，要建立义务教育的标准化制度。横向上，城乡同一层次的学校标准要一致，不能根据学校设立标准，而是设立标准让学校看齐。纵向上，考虑到生源的波动，标准应该留出机动空间，分出适当层次，在应用时就低不就高，防止铺张浪费和在利益的驱使下学校自我膨胀假发展。

再次，要将所有的省级、市级义务教育阶段学校管理权下放，划归县一级政府管理，从根本上消除义务教育学校"出身"不平等的问题，统一接受所属县级政府的经费安排和政策安排。同时，保证越是贫弱的学校越能得到更多的政策倾斜。要加大对乡村学校的经费投入、师资投入，提高师生比率，改善甚至超过城镇学校的办学条件，降低乡村学校中考分数线，留住乡村生源。给予农村教师与城镇教师同等的进修、晋级、个人发展、工资、福利、保险、住房等各方面的地位和待遇。甚至在某些方面超过城镇教师，引导优秀师资和其他教育资源流向乡村中小学。

最后，要在有条件的地区，试点以学生数为标准，实施城乡义务教育均等化拨款制度，再逐渐将其推广至全国。要落实国家对义务教育阶段学校完成国家规定教育目标所需的办学条件的最低经费投入的保障，确保贫困地区义务教育财政投入。①

（三）深化管理体制改革，明晰城乡教育的权责主体

第一，实现"以省为主"的财政投入体制构建，促进城乡教育均衡化。

---

① 李森：《城乡"二元"结构下的基础教育公平：体制性障碍及改革路径探索》，《教育与经济》2011年第4期。

省级政府平均每年财政收入的增长高于预算内教育经费的增长，完全可以承担投入主体的责任，从而起到弥补县级政府无法承担协调城乡教育差距的重任的作用。"以省为主"的财政投入体制主要包含以下几个内容：首先，要合理划分各级政府投入责任分担比例。根据我国各地区经济实力和财政能力的差别，"以省为主"财政体制投入比例可以分两种实施：在财政能力较强的发达地区，建立以省级政府为主的投入责任制，比例在60%以上，中央和基层政府承担其余的40%；而在财政能力相对较弱的欠发达地区，建立省级政府和中央政府共同承担较大部分投入比例的责任机制，二者共同承担责任的比例达到90%，其余10%由基层政府承担。其次，要在全国及根据各省不同情况分别设定义务教育投入均衡化标准。中央政府应根据全国情况设定义务教育投入的最低保障标准，即义务教育投入能满足义务教育阶段学校办学条件的最低水平值；省政府根据本省情况设定省内义务教育投入的均衡化标准。这样一方面使得生均拨款的形式与我国现有的财政投入制度相衔接；另一方面也能够均衡城乡之间教育及省内富裕与贫困地区教育投入的差距，按照标准多给贫困地区补贴。最后，要规范化、法制化政府间利益关系，合理划分各级政府义务教育投入的职责，提高中央与地方关系变更的严肃性，防止盲目性和随意性。

第二，完善基础教育公共财政体制，构建教育财政转移支付制度。公共财政作为一种适应市场经济发展需要的财政模式，其职能主要是作用于市场不能有效提供的领域，弥补市场失灵，满足公众的公共服务需求，实现资源的优化配置。从根本上讲，要解决农村义务教育经费投入不足、缩小城乡教育差距这些问题，就必须加速建立公共财政体系，实现国家财政由经济建设型向公共财政型转变。国际上，关于教育财政转移支付一般有三种模式：一是德国采用的，通过一般性转移支付平衡地方政府财力，间接地保证地方政府投入义务教育的财力的方式。二是法国采用的，中央政府直接承担占义务教育经费中最大比重的教师工资，并直接拨付给教师个人，从而达到减轻地方政府的财政压力并保障义务教育投入的目的的方式。三是美国、英国、日本等普遍采用的，建立义务教育专项转移支付，直接规定下级政府必须将该项资金用于义务教育的方式。可以看到，第三种模式是我国义务教育财政转移支付制度的可行模式。由于我国的城乡二元社会结构带来的一系列问题，政府除了要增加转移支付资金投入力度和一般性转移支付项目之外，在专项转移支付方面，还要着重向农村倾斜。要注重加强对农村教师补助和福利的专项转移支付，由此提高农村教师的工资待遇。比如，给予农村地区特别是条件艰苦地区教师特别津贴，支付高于当地一般财政供养人员的各种福利费用，优先安排在农村工作一定年限的教师进修、培训与交流，等等。同时，还可以借鉴法国制定和实施的"优先教育区"政策，针对贫困地区设立特别教育扶助制度，对处境不利地区的学生给予特别扶助，设立助学金制度、开学补贴制度和上学交通补贴制度，通过高层级政府对贫困地区的特别扶助来实现城乡教育的均衡化。[①]

（四）根据乡村特点和乡土优势，发展乡村教育

抓住乡村振兴这个有利契机，根据乡村特点和乡土优势，推动乡村教育的快速健康发展，缩小城乡教育差距。

第一，培养乡村儿童文化自信和生存自信。教育是继承和促进文化发展的重要途径，在城市文化的冲击下，乡村教育追求应试教育的发展目标，切断了学校与地方文化的联系。例如，在教育内容上倾向于城市化，评价标准上主要以升学率为教育质量评估指标等，乡村学校教育的功利化让从农村走出来的人才不愿再回到自己的生长地，导致乡村社会逐渐走向衰败。乡村振兴战略的最终目的是要实现农业强、农村美、农民富，乡村教育作为重要的战略支撑承担着为乡村振兴培养建设人才的任务。乡村学校的教育目标应该涵盖两个层面：一是注重乡村儿童德、智、体等方面全面发展；二是关注乡村儿童的个性发展需要。培养乡村儿童内在的乡村情感和价值观，引导其树立乡村生活的生存自信以及接纳现代文明的开放心态。

第二，利用各方力量重振家庭教育。乡村教育现代化进程中一个典型特征是农村家长把教育责任看作社会和学校的责任。这种责任的转移也意味着家庭教育在乡村儿童成长过程中的缺失或者弱化，造成这种现象的主要原因

---

① 李森：《城乡"二元"结构下的基础教育公平：体制性障碍及改革路径探索》，《教育与经济》2011年第4期。

有三点：一是现代化进程中的工业化和市场化给乡村社会带来了人口流动，大量农民进城务工成为"农民工"，造成乡村地区留守儿童普遍存在的现象，父母与子女的长期分离是家庭教育缺失的主要原因；二是乡村地区家长自身文化程度不高，对子女的教育也不够重视；三是乡村社会教育、学校教育和家庭教育之间缺乏相应的引导机制，导致家庭教育的作用无法凸显出来。布尔迪厄指出，一个人的文化资本可被视为"身体化""客体化""制度化"三种存在形式。个人修养、教育观念等属于"身体化"文化资本，学习环境和学习资料等属于"客体化"文化资本，学历和文凭等社会认可的文化水平属于"制度化"文化资本。这三种形式的文化资本可以通过家庭生活和家庭教育的方式潜移默化地让子女在无形的家庭环境熏陶中得以体现和继承，继而成为子女的文化资本。由此可见，父母的文化修养可以为子女创造一个良好的家庭教育氛围，对子女身心的健康发展起着不可替代的作用。因此，要利用政府、社会和学校各方力量重振家庭教育，整合学校、家庭和社会的教育资源，建立三者和谐发展的引导机制。首先，加大力度宣传家庭教育的重要性，提高乡村家长对家庭教育的重视；其次，通过现代信息技术建立家庭教育培训平台，邀请家庭教育专家深入乡村学校进行家庭教育培训座谈会；最后，采取"就近就学"原则，开设教育培训点，建立家庭教育的案例教学资源库。

第三，利用教育信息技术建构本土开放化乡村教育。如果农村教育单纯地遵循本土化思路发展，只会加剧教育不公平现象。但如果乡村教育直接移植城市化办学模式的话，乡村教育由于先天条件的不足以及自身需求的不同，不可能追求与城市教育完全的均衡一致，平均分配各类资源对乡村教育的发展而言不一定是科学有效的方式，应该根据教育发展的具体需求科学配置教育资源，实现城乡经济发展一体化、文化教育发展多样化。因此，发展乡村教育不仅是要为乡村振兴培养人才，也要遵循乡村儿童自身的发展意愿。在培养乡村建设人才的同时，也不反对农村人才走向城市发展。但乡村教育绝不会因城镇化而消失，因为乡村教育有其独特性和先进性，主要表现在五个方面：自然性、本土性、开放性、融合性和自治性。其中，本土性是乡村教育的文化价值所在，开放性是乡村教育面向未来发展的必然要求。本土化发展是相对城市教育而言，立足于乡村生活，打造更加凸显乡村特色化、小规模、高效益的乡村教育发展路径。开放化发展是指乡村教育要实现现代化发展，科学技术的利用是其不可或缺的一部分，所以要以积极心态去接纳现代文明，让农村孩子尽可能与城市孩子享受同等的教育机会和教育资源。一是通过"互联网+"、人工智能、大数据等技术为乡村教育与城市教育共享优质教育资源提供重要渠道，探索多样化的乡村学校教学模式；二是实施乡村全科教师培养计划、城乡优秀教师相互流动等项目来保障乡村教师的充足，打造相邻地区的乡村教师学习共同体，加强乡村教师队伍建设，以此来支撑乡村教育可持续发展，创造城乡教育协同发展、各具特色的新格局。

第四，坚持开放与融合原则开发乡土课程和乡土教材。乡村振兴战略的总要求之一是乡风文明，这体现了国家对乡土文化的重视，也意味着将乡土文化融入乡村教育是题中之义，乡村地域文化也蕴藏着丰富的教育资源，值得发掘。针对当下乡村学校教学形式多以课堂教学为主、综合实践课程匮乏的现状，可从课程、教材、开发者以及教学内容几方面着手改善。首先，坚持普遍性知识与乡土知识的开放与融合原则，将乡村文化纳入课程，大力开发乡土课程和乡土教材。开发能反映农村孩子熟悉的生活与文化的乡土教材，让他们从中学到所需要的知识与技能。通过政府、社会、学校等多方主体营造乡土文化氛围，用读书会、故事会、赛诗会、校园广播及戏剧将乡土文化引入学校显性课程和隐性课程中。其次，创新课程开发主体机制，由教师、专家、村民、学生共同参与开发乡土文化特色校本课程。先征集学生感兴趣的本土性知识，然后由教师和专家合作，共同制定贴近乡村生活实践的校本课程，再请有丰富乡村生活经验的村民参与到课堂和实践教学中，用他们的直接经验让学生真真切切感受乡村魅力。同时，在教材编制上要注意课文语言的表达方式，关注农村学生与城市学生的文化资本差异。再次，从教学内容来看，课文内容和插图要贴近农村生活，培养学生热爱农村就是热爱家园、建设农村就是建设家园的观念。[1]

需要指出的是，发展乡村教育必须把贯彻落实党的教育方针放在突出位

---

① 杜尚荣、刘芳：《乡村振兴战略下的乡村教育：内涵、逻辑与路径》，《现代教育管理》2019 年第 9 期。

置，教育方针影响着教育发展的基本目的和根本方向，切不可强调了乡村教育特色，而忽视了教育方针。如果一所学校连党的教育方针都不能准确地理解和把握，不能很好地进行宣传和贯彻，那么这所学校的教育教学工作就可能与党和国家对教育工作的根本要求不一致，就可能在教育教学工作中犯根本性和方向性的错误，就可能出现违背党的教育方针的办学行为。①

第三节　推进义务教育均衡发展的标准化建设

当今世界，实施国家标准化战略已经成为发达国家改革发展的基本趋势，美、英、德等国先后提出国家标准化战略。例如，德国于 2005 年出台了《德国标准化战略》，把标准化作为国家政治、经济的重要组成部分，积极推进国家标准化战略，重视对社会经济运行、法治体制建设的作用，重视标准化推进的战略性、系统性和可操作性。我国近邻日本、韩国也已成立了国家层面的标准化战略协调机构。在国家标准化战略的引领下，各国教育标准化改革也逐渐深入。如《俄罗斯联邦教育法》以立法形式规定了教育标准的要求，欧盟近年来出台了多项教育标准体系的立法建议等。可以说，教育标准化改革持续深入，并积极融入国家标准化战略，已经成为世界各国教育改革共同的趋势。

我国已是国际标准化组织的成员，是常任理事国。我国在国家市场监督管理总局下设有国家标准化管理委员会。武汉大学、中国计量大学、青岛大学等也设有标准化战略研究机构。近年来，我国标准化改革不断深化，标准化作用得到强化，标准化水平逐步提升，高度顺应了标准化战略的发展趋向。教育标准化作为标准化战略的重要内容，也是推进义务教育均衡发展的重要举措。

---

① 李福华：《论党的教育方针及其在高等学校贯彻落实的主要路径》，《中国高教研究》2019 年第 3 期。

一、教育标准与教育标准体系

党的十八大以来，国家标准化改革相关政策密集出台，标准化战略不断加强。2017年《中华人民共和国标准化法》修订颁布，2018年发布《教育部关于完善教育标准化工作的指导意见》，为教育标准化改革提出了新的更高的要求。

什么是"标准"？国家标准"GB/T 20000.1-2014"指出了标准的本质属性或区别性特征，并从标准的目的、制定与使用等方面表述了标准相对于其他文件的区别性特征。标准属于"文件"，本质属性是"规范"，在教育领域，学术界对教育标准本质属性的表述有"尺度""准则""规定""规范"等。《教育部关于完善教育标准化工作的指导意见》规定，教育标准是教育领域需要统一的技术要求。一般认为，教育标准是为了在一定的范围内获得最佳秩序，有关部门或社会团体等通过教育标准化活动，按照规定的程序经协商一致制定，由公认机构批准，为各种教育活动或其结果提供规则、指南或特性，供共同使用和重复使用的文件。在这个定义中，教育标准的本质属性依然是"规范"，表现形式同样是"文件"。此外，从目的、制定主体等方面指出了教育标准的区别性特征。[1]

形成科学完整的标准化体系是教育标准化建设的重要基础。《国家标准化体系建设发展规划（2016—2020年）》《国家教育事业发展"十三五"规划》以及《教育部关于完善教育标准化工作的指导意见》等文件均对教育标准体系建设所包含的主要内容进行了规定。

2015年发布的《国家标准化体系建设发展规划（2016—2020年）》中涉及的教育标准化体系包括学校建设标准、学科专业和课程体系标准、教师队伍建设标准、学校运行和管理标准、教育质量标准、教育装备标准、教育信息化标准、语言文字标准八类。2017年发布的《国家教育事业发展"十三五"规划》中涉及的教育标准化体系包括各级各类学校教育质量标准、各级各类学校建设标准、教育装备标准、教师队伍建设标准、教育投入标准、教

---

[1] 赵小红、杨润勇：《关于教育标准化改革中若干基础性问题的思考》，《教育理论与实践》2020年第1期。

育信息化标准、教育督导标准、学校运行标准、语言文字标准九类。2018 年发布的《教育部关于完善教育标准化工作的指导意见》中涉及的教育标准化体系包括各级各类学校设立标准、学校建设标准、教育装备标准、教育信息化标准、教师队伍建设标准、学校运行和管理标准、学科专业和课程标准、教育督导标准、语言文字标准九类。

随着标准化战略的推进，各地区可以结合自身实际情况，制定高于国家标准和教育部标准的地方标准。特别是探索制定"省级统筹"究竟应该让各区（县）、各级各类教育达到什么样的一种水平或标准，以及用哪些具体标准来衡量义务教育均衡发展的程度。

二、教育标准化与义务教育均衡发展

实现义务教育均衡发展的美好愿望，需要具体的教育政策和技术手段的支持，而教育标准化建设是解决现有义务教育发展问题、实现义务教育均衡发展的重要政策支持。这种支持主要体现在两个方面。

一方面，教育标准化能够为教育均衡发展提供参照标准。在教育实践过程中，人们很容易理解教育均衡化所体现的公平、平等的价值理念追求，但却缺乏具体可供操作的参照指标，以致我们一边在高喊着教育公平、教育均衡发展，一边又忍受着各种各样的不利于教育均衡发展的教育现象：同一地区的重点校和薄弱校差距日益扩大，教育资源不能公平分配；优质教育资源相对集中，本来该被学生共同享受的优质教育资源却成为重点名校收取高额"择校费"的资本，社会各界无不强烈呼吁上述问题的解决，而标准化建设通过一系列完整的技术指标体系能够为均衡发展理念的落实提供有效的依据。

另一方面，教育标准化能够解决教育均衡发展的"瓶颈"问题。义务教育均衡发展的实现会面临很多阻碍均衡化的现实因素，具体可以概括为"三大差距"，即东西差距、城乡差距和校际差距。从经济发展层面看，东西差距和城乡差别在短期内不能消除，教育政策的选择就成为实现义务教育均衡发展的重要手段，而教育标准化建设的基本理念和政策措施正好适应了在我国现有条件下实现义务教育均衡发展的需要，成为我国当前义务教育发展的一个重要政策选择。首先，教育标准化有利于缩小东西部教育发展的差距。中国经济发展的东西部差距十分明显，这是一个基本的国情。在普及九年义务教育制度的过程中，实际是按照经济发展的梯度理论，把中国的"普九"分为了三个层级，根据经济发展水平分先后来实施的。同理，在教育标准化建设过程中，可以根据东西部的差距，制定各个地区的学校建设标准，不仅可以切实改进发达地区的农村学校和薄弱学校办学水平，更可以极大地促进西部学校的整体发展。当然，东西部学校的建设标准不能完全以经济发展水平为依据，必须要保证西部学校更好更快地发展，也就是说要保证西部学校超越经济发展的水平，这样可以切实落实教育作为先导性基础性产业的定位，对促进西部地区社会发展将起到极大的推动作用。当经济社会发展达到一定水平时，国家要根据国力水平，切实推进全国范围内的学校统一的标准化建设，从而最终实现全国范围内的义务教育办学标准的统一。其次，教育标准化有利于解决教育发展的城乡差异。城乡二元格局的管理体制直接导致了教育发展的差异性。教育标准化首要的目标是保证每一个省域内的学校无条件地达标，这就必然要加大农村学校的建设，提高农村学校办学的整体水平和实力，在此基础上推动城乡教育同步发展。改变学生因为城乡户籍差异而形成的受教育水平的差异。最后，有利于解决义务教育学校间的校级差距问题。除了上述的城乡差距，区域内的学校差异更重要的体现就是重点学校制度的存在以及与之相对应的由于政策体制造成的薄弱校的存在。在过去的一定历史时期内，重点学校制度在教育资源紧缺的情况下一定程度上照顾了教育的效率需要，但当前，重点学校制度已经成为制约教育均衡发展、阻碍教育公平的最大制度障碍。进行教育标准化建设不是要降低过去被划为重点小学和初中的办学水平，而是要通过政策调整，以当地重点学校的办学水平为主要参照，制定当地的教育标准化指标，政府把办教育的中心转移到改造薄弱学校上，使之形成优质学校继续发展，中间级别的学校积极追赶优质学校，使每一个学生都可以享有优质教育资源，这也就从根本上消除了公立学校的"择校"问题。在保证同级学校标准化基础上，再根据当地经济和社会发展水平，统一地推动当地学校的共同发展。①

---

① 龙承建、周鸿：《教育标准化与义务教育均衡发展》，《河北师范大学学报（教育科学版）》2009年第1期。

三、推进标准化学校建设

标准化学校建设是教育标准化的重要内容，也是推进义务教育均衡发展的重要途径。推进标准化学校建设要明确农村义务教育阶段标准化学校的标准体系，包括办学规模标准、基础设施标准、师资队伍标准、课程标准等。

标准化学校的办学规模标准主要包括学校占地面积、校舍建筑面积、学校的班级数以及班额等方面。实现义务教育阶段农村各中小学办学规模的标准化，并非要求在全国范围内的中小学的办学规模都达到同一水平。我国农村人口大多以自然村落方式分布，在一个自然村中，学龄人口往往只有十余人，学校占地面积、校舍建筑面积达标比较容易，而班级数与班额方面，一些学校学生少得甚至组不成班级，教学方式也不得不使用复式教学的形式。因此，确立办学规模的标准，应以一定区域内学龄人口的数量为基准，办学规模标准应以生均标准为主，以总量标准为辅。

标准化学校的基础设施标准主要包括正常完成教学所必需的教学及辅助用房、行政办公用房、教学仪器、图书和音体器械等。基础设施标准包括数量与质量两个方面。基础设施的数量标准是一个相对简单、易于操作的标准，如师生的人均图书数量、现代化教学仪器设备数量、实验仪器数量等。基础设施的质量标准，即基础设施发挥功能的程度，实际上是基础设施的功能标准，简单来说，就是指学校基础设施的使用率。如果学校所购置的仪器设备并未正常投入使用，那么这些基础设施便无实际意义可言，因此，质量标准更为重要。基础设施标准的确立，既要明确基础设施的人均拥有，更要对基础设施的使用情况作出明确规定。目前，大多数农村中小学基础设施简陋、落后、不配套，难以真正投入教学，应在当地财政可以承受的范围内，制定标准化学校的基础设施标准。

标准化学校的师资队伍标准包括以下几个层面：首先，学校层面的各科教师应配置齐全。目前，很多农村中小学师资匮乏，一位老师常常要教授多门课程，如果是复式教学，教学难度更大。一些学校往往优先考虑"主科"教师的配置，"小科"教师不受重视。建设标准化学校要大力改变这一现状。其次，教师个体的学历与学力水平要达标。目前，农村中小学教师的素质普遍偏低，应通过充分的调研，明确一个比较现实可行的师资标准。

标准化学校的课程标准的设立依据包括科学的发展与分类、社会发展的需要和我国的现实国情。义务教育的核心是实现受教育者个体的基本社会化。作为最基本的国民教育，义务教育要使每一个学生在德、智、体、美、劳各方面达到社会的要求，任何一个社会中的成员都需要具有被社会所认同的价值观念，掌握最基本的社会生产与生活技能，义务教育的课程设置需要体现这一理念。因此，普适性原则是义务教育课程设置的核心价值取向。标准化学校的课程设置，要明确受教育者个体在德、智、体、美、劳诸方面要达到的水平、要形成的规格。在这一方面，要形成一个相对统一的标准。同时，课程设置不仅应注重普适性，也应考虑农村的经济发展水平与特点。因此，国家课程、地方课程、校本课程都应受到重视。

随着标准化学校建设的推进，管理与服务的标准也需要制定和颁布。除此以外，由于我国幅员广阔，各地情况不同，需要因地制宜，探索标准化建设的地方经验。由于学校办学条件的差异不仅体现在省域范围内，甚至在很大程度上体现在地级市乃至县域范围内，因而地方的办学标准应在省级行政的统筹下，由省以下各级政府共同商定，在兼顾区域差异的同时，更加注重学校标准与地方社会经济的契合，避免因两者相悖而引发的矛盾。在发达县市和新型城镇化进程较快的地区，要根据城镇发展规划构建、人口预测等数据合理设计学校标准，建立区域内城乡义务教育学校标准化建设风险预警机制，保证薄弱学校的标准化建设到位，将建设行为融入地方教育局和学校日常工作中。在社会经济发展较为落后的地区，要根据地方实际情况设定标准，重点保障资金投入，确保硬件设施和师资队伍的到位，立足现有学校体系进行改造和升级，避免另起炉灶引发的资源重置和浪费。整体而言，在经验总结和数据跟踪的基础上，探索构建地方义务教育学校标准体系，渐进式地推进标准化建设工作，将建设工作长期化、制度化、日常化。

小　结

在研究义务教育经费"省级统筹"对义务教育均衡发展影响的基础上，结合现阶段义务教育均衡发展过程中存在的问题，本章从理论层面进一步探讨了义务教育均衡发展的推进机制。主要研究结论包括：

第一，对国家有关义务教育均衡发展的政策演进进行概括总结，在法理机制构建过程中应注重义务教育均衡发展治理过程中行政机制、市场机制、道德机制的有机结合，发挥三者的协同作用。

第二，从城乡"二元"结构视角，就如何破解义务教育均衡发展中的城乡矛盾进行论述，本书认为，城乡"二元"结构将加剧城乡义务教育发展差距，发展农村教育是实现义务教育均衡发展的重要途径。为此，应实施乡村振兴战略，改善农村义务教育的整体环境；破除二元教育体制，构建城乡一体化义务教育体制；深化管理体制改革，明晰城乡教育的权责主体；根据乡村特点和乡土优势，发展乡村教育。

第三，应强化教育标准化建设，从办学规模标准、基础设施标准、师资队伍标准、课程标准四方面推进标准化学校建设。

参考文献

1. 鲍传友:《义务教育均衡发展:内涵和原则》,《国家教育行政学院学报》2007 年第 1 期。

2. 曹正汉:《中国上下分治的治理体制及其稳定机制》,《社会学研究》2011 年第 1 期。

3. 曾明、李武龙:《财政转移支付与义务教育投入:以中部城市为例》,《南昌大学学报(人文社会科学版)》2010 年第 2 期。

4. 陈彬、袁祖望:《试论"加强省政府高等教育统筹权"的基本内涵》,《高教探索》2000 年第 3 期。

5. 陈共:《财政学》(第八版),中国人民大学出版社 2015 年版。

6. 陈家建、边慧敏、邓湘树:《科层结构与政策执行》,《社会学研究》2013 年第 6 期。

7. 陈家建:《多维目标制度体系——地方政府运作逻辑的一个观察视角》,《社会发展研究》2016 年第 1 期

8. 陈坤、秦玉友:《农村义务教育投入体制 70 年:价值路向与前瞻》,《教育学报》2019 年第 1 期。

9. 陈朗平、付卫东、刘俊贵:《免费义务教育政策下教育财政公平性研究》,《教育研究》2010 年第 12 期。

10. 陈上仁、田延光:《义务教育均衡性转移支付制度研究》,《教育科学研究》2003 年第 5 期。

11. 陈思霞、卢盛峰:《分权增加了民生性财政支出吗?——来自中国"省直管县"的自然实验》,《经济学(季刊)》2014 年第 4 期。

12. 陈晓宇：《我国教育经费结构：回顾与展望》，《教育与经济》2012 年第 1 期。

13. 陈昕、史建民、闻德美：《我国财政分权与义务教育均衡关系的实证分析》，《统计与决策》2013 年第 3 期。

14. 成刚、孙宏业：《省级统筹、纵向公平与省域城乡义务教育差距——基于北京市 2003—2013 年小学数据的分析》，《教育与经济》2015 年第 2 期。

15. 成刚、萧今：《政府间转移支付对县域基础教育供给的影响——基于江西省的证据》，《北京大学教育评论》2011 年第 2 期。

16. 褚宏启：《中国教育发展方式的转变：路径选择与内生发展》，《华东师范大学学报》（教育科学版）2018 年第 1 期。

17. 崔晓萍、杨燕英、田冬梅：《完善我国农村义务教育财政投入机制的思考》，《中共银川市委党校学报》2007 年第 4 期。

18. 丁煌、定明捷：《"上有政策、下有对策"——案例分析与博弈启示》，《武汉大学学报（哲学社会科学版）》2004 年第 6 期。

19. 丁建福、萧今、王绍光：《中国县级义务教育投入差异的空间格局及收敛性》，《教育科学》2015 年第 4 期。

20. 丁建福、萧今：《中国义务教育投入地区差距实证研究回顾——演变趋势、解释及政策》，《教育与经济》2013 年第 3 期。

21. 丁延庆：《中国民族自治地区和非民族自治地区义务教育生均支出分析》，《北京大学教育评论》2008 年第 1 期。

22. 杜尚荣、刘芳：《乡村振兴战略下的乡村教育：内涵、逻辑与路径》，《现代教育管理》2019 年第 9 期。

23. 杜育红、杨小敏：《乡村振兴：作为战略支撑的乡村教育及其发展路径》，《华南师范大学学报（社会科学版）》2018 年第 2 期。

24. 杜育红：《教育发展不平衡研究》，北京师范大学出版社 2000 年版。

25. 范先佐、付卫东：《义务教育教师绩效工资改革：背景、成效、问题与对策——基于对中部 4 省 32 县（市）的调查》，《华中师范大学学报（人文社会科学版）》，2011 年第 11 期。

26. 范先佐、郭清扬、付卫东：《义务教育均衡发展与省级统筹》，《教育研究》2015 年第 2 期。

27. 方建峰：《让每一个孩子享受公平的教育——义务教育均衡化发展概述》，《教育发展研究》2005 年第 4 期。

28. 付文林、沈坤荣：《均等化转移支付与地方财政支出结构》，《经济研究》2012 年第 5 期。

29. 付勇、张晏：《中国式分权与财政支出结构偏向：为增长而竞争的代价》，《管理世界》2007 年第 3 期。

30. 高如峰：《重构中国农村义务教育财政体制的政策建议》，《教育研究》2004 年第 7 期。

31. 龚锋、李智：《"援助之手"还是"激励陷阱"——中国均衡性转移支付的有效性评估》，《经济评论》2016 年第 5 期。

32. 郭庆旺、贾俊雪：《中央财政转移支付与地方公共服务提供》，《世界经济》2008 年第 9 期。

33. 郭庆旺、赵志耘：《公共经济学（第二版）》，高等教育出版社 2010 年版。

34. 韩立芳：《教育公平是收入分配改革的利器》，《新教育》2010 年第 11 期。

35. 侯华伟、林小英：《教育政策工具类型与政府的选择》，《教育学术月刊》2010 年第 4 期。

36. 侯一麟：《政府职能、事权事责与财权财力：1978 年以来我国财政体制改革中财权事权划分的理论分析》，《公共行政评论》2009 年第 2 期。

37. 胡鞍钢、熊义志：《大国兴衰与人力资本变迁》，《教育研究》2003 年第 4 期。

38. 黄斌、郝秀宁、董云霞：《"以县为主"和"新机制"改革是否改善了县域间教育财政支出差异》，《教育与经济》2013 年第 6 期。

39. 黄俭：《中国义务教育省级统筹问题研究》，武汉大学博士学位论文，2015 年。

40. 贾康、梁季：《辨析分税制之争：配套改革取向下的全面审视》，《财政研究》2013 年第 12 期。

41. 姜金秋、杜育红：《提高中小学教师工资水平的方案设计及可行性分析》，

《教育研究》2014 年第 12 期。

42. 靳卫东：《农村义务教育经费保障机制改革的成效评价》，《统计研究》2014 年第 12 期。

43. 雷丽珍：《义务教育经费省级统筹的现状与问题——以广东省为例》，《教育发展研究》2010 年第 9 期。

44. 李成贵：《农村义务教育投入：主体确认与增长机制研究》，《中国农村经济》2003 年第 11 期。

45. 李金珊、叶托：《县域经济发展的激励结构及其代价——透视浙江县政扩权的新视角》，《浙江大学学报（人文社会科学版）》2010 年第 5 期。

46. 李恺、罗丹：《农村中小学教师流动问题实证考察——基于工作价值观、职业认同与流动倾向间关系的分析》，《中国农村观察》2015 年第 4 期。

47. 李玲、宋乃庆等：《城乡教育一体化：理论、指标与测算》，《教育研究》2012 年第 2 期。

48. 李森：《城乡"二元"结构下的基础教育公平：体制性障碍及改革路径探索》，《教育与经济》2011 年第 04 期。

49. 李齐云：《建立健全与事权相匹配的财税体制研究》，中国财政经济出版社 2013 年版。

50. 李世刚、尹恒：《县级基础教育财政支出的外部性分析——兼论"以县为主"体制的有效性》，《中国社会科学》2012 年第 11 期。

51. 李涛、姚俊：《建构面向"中国问题"的教育公平治理体系方法论新范式：统筹教育论纲》，《江淮论坛》2009 年第 4 期。

52. 李祥云、杨彤、苏杨：《义务教育均衡发展国内研究评述》，《教育经济评论》2016 年第 7 期。

53. 李永友：《转移支付与地方政府间财政竞争》，《中国社会科学》2015 年第 10 期。

54. 李哲毅：《我国高校教师职称评定制度研究——以 21 所高校教师职称评定办法为例》，河南大学硕士学位论文，2016。

55. 李振宇、王骏：《中央与地方教育财政事权与支出责任的划分研究》，《清华大学教育研究》2017 年第 5 期。

56. 厉以宁：《关于教育产品的性质和对教育的经营》，《教育发展研究》1999年第 10 期。

57. 栗玉香：《义务教育均衡推进的财政分析与政策选择》，《教育理论与实践》2006 年第 15 期。

58. 梁文艳、杜育红：《省际义务教育不均衡问题的实证研究——基于生均经费的分析指标》，《教育科学》2008 年第 4 期，

59. 林挺进、张树剑、时帅：《上海市基础教育经费投入均衡性问题研究（2000—2006）》，《复旦教育论坛》2009 年第 6 期。

60. 刘复兴：《我国教育政策的公平性与公平机制》，《教育研究》2002 年第 10 期。

61. 刘克崮、贾康：《中国财政改革三十年：亲历与回顾》，经济科学出版社 2008 年版。

62. 刘亮、胡德仁：《教育专项转移支付挤出效应的实证评估——基于面板数据模型的实证分析》，《经济与管理研究》2009 年第 10 期。

63. 刘书祥、童光辉：《财政分权、软预算约束与地区间义务教育差异分析》，《地方财政研究》2008 年第 3 期。

64. 刘叶、哈巍：《"新机制"对我国东部农村学校教育经费支出的影响——基于东部六省面板数据的实证研究》，《教育科学研究》2020 年第 1 期。

65. 刘玉照、田青：《新制度是如何落实的？——作为制度变迁新机制的"通变"》，《社会学研究》2009 年第 4 期。

66. 龙承建、周鸿：《教育标准化与义务教育均衡发展》，《河北师范大学学报（教育科学版）》2009 年第 1 期。

67. 楼继伟：《中国政府间财政关系再思考》，中国财政经济出版社 2013 年版。

68. 卢珂：《"新机制"对教育财政资源均衡配置的影响评价——基于配对模型的估计》，《北京大学教育评论》2014 年第 1 期。

69. 毛飞、王梅：《政府间财政支出责任划分研究述评》，《财贸研究》2009 年第 2 期。

70. 孟航鸿：《关于义务教育的公共物品属性研究》，《财政研究》2009 年第

3 期。

71. 聂劲松、刘斌：《义务教育发展不均衡的原因与对策》，《文史博览》2006 年第 10 期。

72. 宁国良：《论公共政策执行偏差及其矫正》，《湖南大学学报（社会科学版）》2000 年第 9 期。

73. 牛田盛：《论官僚行为理论对我国行政改革的启示》，《行政论坛》2013 年第 6 期。

74. 欧阳静：《压力型体制与乡镇的策略主义逻辑》，《经济社会体制比较》2011 年第 3 期。

75. 彭华民：《论需要为本的中国社会福利转型的目标定位》，《南开学报（哲学社会科学版）》2010 年第 4 期。

76. 乔宝云、范剑勇、冯兴元：《中国的财政分权与小学义务教育》，《中国社会科学》2005 年第 6 期。

77. 乔宝云、范剑勇、彭骥鸣：《政府间转移支付与地方财政努力》，《管理世界》2006 年第 3 期。

78. 冉冉：《"压力型体制"下的政治激励与地方环境治理》，《经济社会体制比较》2013 年第 5 期。

79. 盛明科、杨满凤：《中国省级政府统筹教育发展效果的省级比较及其时空演化研究》，《公共管理评论》2017 年第 1 期。

80. 盛明科、朱玉梅：《我国教育统筹发展的政策变迁：问题及改进思路——基于 1979 至 2013 年国家教育政策文本的分析》，《理论探索》2014 年第 4 期。

81. 盛明科：《公共服务均等化视角下省级政府教育统筹发展效果评价研究》，中国社会科学出版社 2016 年版。

82. 舒惠、张新平：《优质均衡愿景下的学校内生发展之路》，《中国教育学刊》2017 年第 6 期。

83. 宋永忠、张乐天、顾建军：《城乡统筹背景下义务教育均衡发展研究》，南京师范大学出版社 2016 年版。

84. 苏东水：《产业经济学》（第三版），高等教育出版社 2000 年版。

85. 孙志军、杜育红、李婷婷：《义务教育财政改革：增量效果与分配效果》，《北京大学教育评论》2010 年第 1 期。

86. 孙志军、杜育红：《中国义务教育财政制度改革：进展、问题与建议》，《华中师范大学学报（人文社会科学版）》2010 年第 1 期。

87. 田晓婧：《辽宁省县域义务教育均衡发展问题研究》，辽宁师范大学博士学位论文，2017。

88. 涂端午：《教育政策文本分析及其应用》，《复旦教育论坛》2009 年第 7 期。

89. 涂锋：《从执行研究到治理的发展：方法论视角》，《公共管理学报》2009 年第 3 期。

90. 万广华：《不平等的度量与分解》，《经济学（季刊）》2008 年第 10 期。

91. 王广庆、王有强：《县级财政转移支付变迁：制度与分配》，《经济学家》2010 年第 12 期。

92. 王国红：《公共权力失范与政策执行失序》，《学术论坛》2007 年第 9 期。

93. 王红：《中国教育经费发展历程与未来展望》，上海科技教育出版社 2016 年版。

94. 王焕清：《城乡义务教育均衡发展的财政保障问题研究》，《南华大学学报（社会科学版）》2006 年第 1 期。

95. 王南湜：《从领域合一到领域分离》，山西教育出版社 1998 年版。

96. 王善迈：《教育公平的分析框架和评价指标》，《北京师范大学学报（社会科学版）》2008 年第 3 期。

97. 王善迈：《中国基础教育发展的不平衡和资源配置》，《中小学管理》2000 年第 3 期。

98. 王少勇、单中惠：《美国中小学教育改革新动向——"力争上游"学区竞争计划述评》，《外国中小学教育》2013 年第 5 期。

99. 王绍光：《从经济政策到社会政策：中国公共政策格局的历史性转变》，《中国公共政策评论》2007 年第 1 期。

100. 王焱：《聚焦徐州"无差别教育"——推进区域义务教育均衡发展的新尝试》，《人民教育》2005 年第 24 期。

101. 魏建国：《教育事权与财政支出责任划分的一个理解框架》，《北京大学中国教育财政科学研究所科研简报》2017 年第 5 期。

102. 吴吉惠、章义华：《城乡义务教育经费投入非均等化制度原因分析》，《宁波大学学报（教育科学版）》2015 年第 4 期。

103. 吴佳静：《论城乡义务教育均衡化的困境与出路》，《教育现代化》2018 年第 45 期。

104. 吴俊培：《论中央和地方的财政关系》，《经济研究》1994 年第 4 期。

105. 吴少微、杨忠：《中国情境下的政策执行问题研究》，《管理世界》2017 年第 2 期。

106. 徐敏宁、朱国云、袁志田：《公共政策的和谐型博弈执行模式探究》，《江海学刊》2014 年第 6 期。

107. 许长青：《新常态下的中国教育公平问题探讨：基于社会流动的视角》，《教育与经济》2016 年第 6 期。

108. 薛二勇：《强化省级统筹，推进城乡教育一体化发展的政策创新》，《教育研究》2014 年第 6 期。

109. 闫东玲、赵静、汪曦：《基于博弈论的执行文化与执行力研究》，《天津大学学报（社会科学版）》2016 年第 6 期。

110. 杨光富：《"竞争卓越"计划：推动美国新一轮中小学教育改革》，《外国教育研究》2010 年第 6 期。

111. 杨晋、哈巍：《新机制改革对义务教育经费支出水平及其结构的影响研究——基于中西部县级短面板数据的估计》，《教育发展研究》2017 年第 8 期。

112. 杨敏、魏志慧：《建设中国开放大学的国家政策文本分析》，《现代远程教育研究》2013 年第 3 期。

113. 杨挺、李伟：《城乡义务教育治理 40 年》，《教育研究》2018 年第 12 期。

114. 杨银付：《深化教育领域综合改革的若干思考》，《教育研究》2014 年第 1 期。

115. 姚永强：《我国义务教育均衡发展方式转变研究》，华中师范大学博士学位论文，2014。

116. 叶敬忠、吴惠芳、孟祥丹：《中国农村教育：反思发展主义的视角》，社会科学文献出版社 2015 年版。

117. 叶托：《超越民营化：多元视角下的政府购买公共服务》，《中国行政管理》2014 年第 4 期。

118. 叶托：《中国地方政府行为选择研究》，浙江大学博士学位论文，2012 年。

119. 于梦蕾：《农村公共产品缺失问题研究》，吉林财经大学硕士学位论文，2010 年。

120. 郁建兴、高翔：《地方发展型政府的行为逻辑及制度基础》，《中国社会科学》2012 年第 5 期。

121. 袁连生：《我国政府教育经费投入不足的原因与对策》，《北京师范大学学报（社会科学版）》2009 年第 2 期。

122. 袁瑞军：《官僚自主性及其矫治——公共选择学派有关论点评介》，《经济社会体制比较》1999 年第 6 期。

123. 袁振国：《加强省级政府教育统筹是历史阶段的新要求》，《基础教育改革动态》2011 年第 5 期。

124. 张光：《财政分权省际差异、原因和影响初探》，《公共行政评论》2009 年第 1 期。

125. 张辉蓉、盛雅琦、罗敏：《我国义务教育均衡发展 40 年：回眸与反思——基于数据分析的视角》，《西南大学学报（社会科学版）》2019 年第 1 期。

126. 张军、高远、傅勇、张弘：《中国为什么拥有了良好的基础设施?》，《经济研究》2007 年第 3 期。

127. 张筱峰：《税费改革后教育财政转移支付制度建立的研究》，《湖南社会科学》2004 年第 2 期。

128. 张晏、李英蕾、夏纪军：《中国义务教育应该如何分权——从分级管理到省级统筹的经济学分析》，《财经研究》2013 年第 1 期。

129. 赵海利、陈芳敏、周晨辉：《省直管县改革对地区义务教育投入差距的影响——基于江西省的经验分析》，《经济社会体制比较》2018 年第 4 期。

130. 赵海利：《"新机制"对地区间义务教育投入差距的影响研究》，《教育发展研究》2015 年第 2 期。

131. 赵海利：《经济发达地区义务教育专项转移支付的受益归宿分析——以东部某省为例》，《教育研究》2014 年第 7 期。

132. 赵静、陈玲、薛澜：《地方政府的角色原型、利益选择和行为差异——一项基于政策过程研究的地方政府理论》，《管理世界》2013 年第 2 期。

133. 赵力涛、李玲等：《省级教育经费统筹改革的分配效果》，《中国社会科学》2015 年第 11 期。

134. 赵力涛：《中国义务教育经费体制改革：变化与效果》，《中国社会科学》2009 年第 4 期。

135. 赵庆华：《义务教育均衡发展问题研究》，东北师范大学硕士学位论文，2005 年。

136. 赵小红、杨润勇：《关于教育标准化改革中若干基础性问题的思考》，《教育理论与实践》2020 年第 1 期。

137. 郑磊：《财政分权、政府竞争与公共支出结构》，《经济科学》2008 年第 1 期。

138. 中国教科院"义务教育均衡发展标准研究"课题组：《义务教育均衡发展国家标准研究》，《教育研究》2013 年第 5 期。

139. 周丹：《义务教育城乡一体化的财政体制研究》，武汉大学博士学位论文，2014 年。

140. 周飞舟：《财政资金的专项化及问题——兼论"项目治国"》，《社会》2012 年第 1 期。

141. 周飞舟：《分税制十年：制度及其影响》，《中国社会科学》2006 年第 6 期。

142. 周谷平、吴华：《西部地区教育均衡发展的资源统筹和制度创新研究》，浙江大学出版社 2012 年版。

143. 周金燕：《区县基础教育财政的充足和公平初探——以北京市为个案》，《教育科学》2008 年第 1 期。

144. 周俊波：《省直管县财政改革能够全面推行吗？——基于广东省的案例

分析》,《大珠三角论坛》2012年第3期。

145. 周雪光、艾云:《多重逻辑下的制度变迁:一个分析框架》,《中国社会科学》2010年第4期。

146. 周雪光、练宏:《政府内部上下级部门间谈判的一个分析模型——以环境政策实施为例》,《中国社会科学》2011年第5期。

147. 周雪光:《基层政府间的"共谋现象":一个政府行为的制度逻辑》,《社会学研究》,2008年第6期。

148. 周振超、李安增:《政府管理中的双重领导研究——兼论当代中国的"条块关系"》,《东岳论丛》2009年第3期。

149. 竺乾威:《地方政府的政策执行行为分析:以"拉闸限电"为例》,《西安交通大学学报(社会科学版)》2012年第3期。

150. 宗晓华、丁建福:《我国义务教育财政制度变革与城乡差距——基于1999-2009年省级面板数据的实证分析》,《教育发展研究》2013年第11期。

151. 宗晓华、丁建福:《义务教育转移支付的激励效应与均等效应——以江苏省为例》,《教育经济评论》2016年第5期。

152. Ahlers, A.L., *Rural Policy Implementation in Contemporary China,* London: Routledge, 2014.

153. Besley, T., Coate, S., "Centralized versus Decentralized Provision of Local Public Goods: A Political Economy Approach", *Journal of Public Economics*, Vol. 87, No.12, 2003.

154. Birney, M., "Decentralization and Veiled Corruption under China's Rule of Mandates", *World Development*, Vol.53, No.12, 2014.

155. Chen Jidong, Pan Jennifer, Xu Yiqing, "Sources of Authoritarian Responsiveness: A Field Experiment in China", *American Journal of Political Science*, Vol.60. No.2, 2016.

156. Dahlberg, M.E., "Using A Discontimuous Grant Rule to Identify the Effect of Grants on Local Taxes and Spending", *Journal of Public Economics*, Vol.92, No.

12, 2008.

157. Edin, M., "State Capacity and Local Agent Control in China: CCP Cadre Management from A Township Perspective", The China Quarterly, Vol. 172, No. 5, 2003.

158. Fisher, R. C., Papke, L. E., "Local Government Responses to Education Grants", National Tax Journal, Vol.53, No.1, 2000.

159. Gamboa, L.F., Waltenberg, F.D., "Inequality of Opportunity for Educational Achievement in Latin America: Evidence from PISA 2006 – 2009", Economics of Education Review, Vol.31, No.5, 2012.

160. Hayek, F.A., "The Use of Knowledge in Society", The American Economic Review, Vol.35, No.4, 1945.

161. Knight, B., "Endogenous Federal Grants and Crowd–cut of State Government Spending: Theory and Evidence from the Federal Highway Aid Program", The American Economics Review, Vol.92, No.1, 2002.

162. Landry, P.F., Decentralized Authoritarianism in China: The Communist Party's Control of Local Elites in Post – Mao Era, Cambridge: Cambridge University Press, 2008.

163. Lavrijsen, J., Nicaise, I., "Ascription Achievement and Perceived Equity of Educational Regimes: An Empirical Investigation", Social Sciences, Vol. 5, No. 4, 2016.

164. Levin, H.M., The Economic Payoff to Educational Justice, Annual Meetings of the American Educational Research Association, 2010.

165. Li Hongbin, Zhou Li–An, "Political Turnover and Economic Performance: The Incentive Role of Personnel Control in China", Journal of Public Economics, Vol. 89, No.9, 2005.

166. Lipsky, M., Street–Level Bureaucracy, New York: Russell Sage Foundation, 2000.

167. March, J.G., Decisions and Organizations, New York: Blackwell, 1988.

168. Marinetto, M., "Governing Beyond the Centre: A Critique of the Anglo Governance School", Political Studies, Vol.51, No.3, 2013.

169. Martinez, J., *The Assignment of Expenditure Responsibilities*, Manila: Asian Development Bank, 1998.

170. Matland, R. E., "Synthesizing the Implementation Literature: The Ambiguity – Conflict Model of Policy Implementation", *Journal of Public Administration Research and Theory*, Vol.5, No.2, 1995.

171. Michelson, E. Lawyer., "Political Embeddedness and Institutional Continuity in China's Transition from Socialism", *American Journal of Sociology*, Vol.113, No. 2, 2007.

172. Musgrave, R.A., *Public Finance in Theory and Practice (2nd Edition)*, New York: McGraw–Hill Book Company, 1976.

173. Musgrave, R.A., *The Theory of Public Finance: A Study in Public Economy*, New York: McGraw–Hill Book Company, 1959.

174. Niskanen, W., *Bureaucracy and Representative Government*, Chicago: Aldine & Atherton, 1971.

175. O'Brien, K.J., Li, L., "Selective Policy Implementation in Rural China", *Comparative Politic*, Vol.31, No.2, 1999.

176. O'Tool, L. J., "Research on Policy Implementation: Assessment and Prospects", *Journal of Public Administration Research and Theory*, Vol.10, No. 2, 2000.

177. Oates, W., Schwab, R., *The Theory of Regulatory Federalism: The Case of Environmental Management*, Aldershot: Edward Elgar, 1996.

178. Oates, W.E., *Fiscal Federalism*, New York: Harcourt Brace Jova–Novich, 1972.

179. Odden, A.R., Picus, L.O., *School Finance: A Policy Perspective*, McGraw–Hill Higher Education, 2000.

180. Parikh, S., Weingast, B. R., "Comparative Theory of Federalism: India", *Virginia Law Review*, Vol.7, No.2, 1997.

181. Qian, Y., Weingast, B.R., "Federalism as a Commitment to Perserving Market Incentives", *The Journal of Economics Perspectives*, Vol.11, No.2, 1997.

182. Rothstein, B., "The Chinese Paradox of High Growth and Low Quality of Gov-

ernment: The Cadre Organization Meets Max Weber", *Governance*, Vol. 28, No. 4, 2015.

183. Shorrocks, A.F., *Decomposition Procedures for Distributional Analysis: A Unified Framework Based on Shapley Value*, Unpublished Manuscript, Department of Economics, University of Essex, 1999.

184. Tiebout, C.M., "A Pure Theory of Local Expenditures", *Journal of Political Economy*, Vol.64, No.5, 1956.

185. Tsang, M., "Cost of Education in China: Issues of Resource Mobilization, Quality, Equity and Efficiency", *Educational Economics*, Vol.2, No.3, 1994.

186. Tsang, M., Levin, H. M., "The Impact of Intergovernmental Grants on Educational Expenditure", *Review of Educational Research*, Vol.7, No.3, 1983.

187. Wan, G., "Accounting for Income Inequality in Rural China: A Regression Based Approach", *Journal of Comparative Economics*, Vol.32, No.2, 2004.

188. Wang, W., Zheng, X., Zhao, Z., "Fiscal Reform and Public Education Spending: A Quasi-natural Experiment of Fiscal Decentralization in China", *The Journal of Federalism*, Vol.42, No.2, 2011.

189. Yang, B. "Confucianism, Socialism, and Capitalism: A Comparison of Cultural Ideologies and Implied Managerial Philosophies and Practices in the P. R. China", *Human Resource Management Review*, Vol.22, No.3, 2012.

附　表

附表1　2011年、2013年样本省份相关财政指标（一）

（单位：亿元）

省份	中央对省补助支出		省本级收入		省本级财政支出		全省财政总支出	
	2011年	2013年	2011年	2013年	2011年	2013年	2011年	2013年
北京	239.0	512.6	1644.4	1987.4	1464.1	1702.0	3245.2	4173.7
天津	341.2	470.1	565.0	764.9	788.0	995.9	1796.3	2549.2
河北	1799.6	2114.0	368.1	442.5	595.0	715.0	3537.4	4409.9
山西	1150.4	1328.5	321.9	456.6	632.8	625.2	2363.9	3030.1
内蒙古	1555.5	1778.6	303.3	292.2	550.0	576.0	2989.2	3686.5
辽宁	1262.7	1853.6	83.4	97.7	613.4	644.0	3905.9	5197.4
吉林	1351.6	1587.9	195.3	249.3	520.3	604.0	2201.7	2744.8
黑龙江	1796.5	2091.8	338.2	316.4	793.5	784.8	2794.1	3369.9
上海	485.1	419.1	1675.8	1977.0	1508.6	1590.5	3914.9	4528.6
江苏	1072.8	1230.0	369.4	522.3	795.7	870.0	6221.7	7798.5
浙江	691.8	933.6	271.7	275.6	400.1	482.0	3842.6	4730.5
安徽	1839.4	2274.6	190.7	215.0	597.4	597.0	3303	4349.7
福建	696.7	949.4	130.8	200.2	373.9	421.3	2198.2	3068.8
江西	1481.2	1849.1	96.8	112.1	488.9	544.7	2534.6	3470.3
山东	1546.1	2128.9	403.6	236.0	612.7	666.6	5002.1	6688.8

续表

省份	中央对省补助支出		省本级收入		省本级财政支出		全省财政总支出	
	2011 年	2013 年	2011 年	2013 年	2011 年	2013 年	2011 年	2013 年
河南	2527.1	3166.9	112.3	131.7	737.0	790.2	4248.8	5582.3
湖北	1687.8	2180.4	115.4	125.0	342.6	460.7	3214.7	4371.7
湖南	2003.7	2660.0	267.4	327.2	740.0	808.0	3520.8	4690.9
广东	1197.6	1329.5	1219.7	1566.5	1186.1	887.9	6712.4	8411
广西	1597.6	1891.1	252.3	306.6	612.0	616.9	2545.3	3208.7
海南	438.7	530.2	113.0	157.7	239.0	269.0	778.8	1011.2
重庆	1081.9	1369.0	619.0	660.0	979.0	1052.0	2570.2	3062.3
四川	2630.1	3436.8	553.4	746.2	824.0	842.0	4674.9	6220.9
贵州	1476.3	1876.3	165.3	210.3	561.5	649.5	2249.4	3082.7
云南	1818.4	2485.2	244.3	361.2	573.9	872.9	2929.6	4096.5
陕西	1430.6	1916.7	645.5	627.2	873.0	901.0	2930.8	3665.1
甘肃	1341.1	1702.4	160.3	191.5	440.0	471.1	1791.2	2309.6
青海	815.7	1004.2	47.7	75.9	308.0	511.0	967.5	1228.1
宁夏	485.9	614.1	54.6	80.0	200.0	219.0	705.9	922.5
新疆	1564.1	1938.6	91.4	203.3	627.0	809.0	2284.5	3067.1

附表2 2011年、2013年样本省份相关财政指标（二）

（单位：亿元）

省份	省对地市县补助支出		地市县公共财政支出合计		地市县公共财政义务教育支出		地市县所获上级教育专项补助	
	2011年	2013年	2011年	2013年	2011年	2013年	2011年	2013年
北京	419.3	798.0	1781	2472	314	424	47.2	92.2
天津	118.2	239.1	1008	1553	196	318	1.2	6.3
河北	1572.7	1841.5	2943	3694	515	676	99.6	55.1
山西	839.5	1159.9	1731	2405	346	436	62.6	48.2
内蒙古	1308.8	1494.6	2440	3110	326	418	49.3	34.3
辽宁	732.7	1307.3	3295	4553	462	578	22.4	33.1
吉林	1026.6	1233.2	1681	2141	256	345	35.5	34.2
黑龙江	1341.2	1623.4	2001	2584	292	415	27.6	44.1
上海	652.3	805.6	2406	2938	359	467	5.7	35.1
江苏	646.5	882.3	5426	6929	882	1210	65.3	73.3
浙江	563.4	727.2	3443	4249	660	886	30.3	59.1
安徽	1432.7	1892.6	2706	3322	507	622	92.4	94.1
福建	453.6	728.3	1824	2647	361	532	56.6	42.7
江西	1089.1	1416.5	2045	2926	374	587	62.5	79.3
山东	1337.0	1698.3	4389	6022	937	1263	93.1	80.1
河南	1902.4	2508.4	3512	4791	712	1007	150.2	136.3
湖北	1460.6	1844.7	2805	3911	358	525	66.3	81.1
湖南	1531.1	2179.2	2781	3883	407	698	88.1	111.7
广东	1231.2	2008.1	5527	7523	1263	1522	104.1	128.5
广西	1237.9	1580.8	1933	2592	389	534	100.3	143.6
海南	312.7	418.9	540	742	102	129	20.1	15.6
重庆	721.9	977.0	1591	2010	243	334	71.4	63.3

续表

省份	省对地市县补助支出		地市县公共财政支出合计		地市县公共财政义务教育支出		地市县所获上级教育专项补助	
	2011 年	2013 年	2011 年	2013 年	2011 年	2013 年	2011 年	2013 年
四川	2359.5	3341.0	3851	5379	600	944	127.1	113.3
贵州	1080.1	1437.1	1688	2433	327	511	77.6	82.7
云南	1488.8	1973.5	2356	3224	415	601	130.2	153.5
陕西	1203.1	1642.9	2058	2764	404	590	67.1	107.2
甘肃	1061.4	1422.8	1351	1839	234	326	56.3	73.3
青海	555.4	569.1	660	717	109	109	24.3	21.1
宁夏	340.5	475.1	505	704	74	93	23.1	22.2
新疆	1028.5	1332.9	1657	2258	333	515	53.1	52.3

附表3 2002—2013年样本省份小学生均人员经费县际泰尔指数

年份 省份	2002	2003	2004	2005	2006	2007	2008	2009	2010	2011	2013
北京	0.0360	0.0333	0.0321	0.0312	0.0308	0.0192	0.0318	0.0250	0.0220	0.0224	0.0256
天津	0.0753	0.0781	0.0771	0.0629	0.0630	0.0343	0.0344	0.0641	0.0571	0.0497	0.0760
河北	0.0644	0.0492	0.0531	0.0511	0.0456	0.0418	0.0521	0.0532	0.0664	0.0743	0.0692
山西	0.0439	0.0481	0.0472	0.0486	0.0418	0.0352	0.0369	0.0471	0.0486	0.0472	0.0483
内蒙古	0.0401	0.0382	0.0346	0.0399	0.0497	0.0520	0.0659	0.0545	0.0524	0.0557	0.0670
辽宁	0.0776	0.0628	0.0461	0.0530	0.0666	0.0635	0.0737	0.0678	0.0590	0.0675	0.0360
吉林	0.0518	0.0490	0.0410	0.0501	0.0424	0.0446	0.0469	0.0397	0.0411	0.0480	0.0392
黑龙江	0.0440	0.0481	0.0425	0.0497	0.0341	0.0331	0.0329	0.0408	0.0383	0.0496	0.0419
上海	0.0184	0.0213	0.0168	0.0148	0.0201	0.0296	0.0284	0.0268	0.0323	0.0400	0.0383
江苏	0.1352	0.1373	0.1295	0.0855	0.0957	0.0689	0.0693	0.0739	0.0640	0.0454	0.0450
浙江	0.0336	0.0365	0.0324	0.0364	0.0282	0.0267	0.0219	0.0222	0.0194	0.0212	0.0186
安徽	0.0504	0.0694	0.0740	0.0616	0.0579	0.0541	0.0560	0.0780	0.0798	0.0557	0.0433
福建	0.0582	0.0562	0.0694	0.0752	0.0659	0.0554	0.0438	0.0410	0.0492	0.0409	0.0359
江西	0.0228	0.0301	0.0329	0.0372	0.0313	0.0308	0.0352	0.0345	0.0328	0.0330	0.0170
山东	0.1399	0.1276	0.1145	0.1189	0.1404	0.1075	0.0976	0.1072	0.1209	0.0920	0.0694
河南	0.0642	0.0622	0.0916	0.0675	0.0792	0.0731	0.0739	0.0737	0.0665	0.0664	0.0472
湖北	0.0946	0.1018	0.0797	0.0896	0.1047	0.1057	0.1252	0.1299	0.1560	0.1510	0.0960
湖南	0.0393	0.0458	0.0556	0.0590	0.0479	0.0486	0.0525	0.0710	0.0587	0.0606	0.0481
广东	0.1898	0.2098	0.2194	0.2571	0.2625	0.2625	0.2515	0.2442	0.2219	0.1914	0.1436
广西	0.0709	0.0709	0.0772	0.0833	0.1044	0.1028	0.0857	0.0793	0.0682	0.0587	0.0373
海南	0.0804	0.0681	0.0414	0.0270	0.0437	0.0293	0.0234	0.0285	0.0252	0.0311	0.0368
重庆	0.0290	0.0524	0.0663	0.0795	0.0858	0.0658	0.0712	0.0842	0.0719	0.0498	0.0387
四川	0.0527	0.0515	0.0505	0.0490	0.0587	0.0638	0.0591	0.0624	0.0704	0.0669	0.0461

年份 省份	2002	2003	2004	2005	2006	2007	2008	2009	2010	2011	2013
贵州	0.0601	0.0490	0.0572	0.0607	0.0675	0.0669	0.0498	0.0423	0.0492	0.0471	0.0322
云南	0.0651	0.0510	0.0625	0.0512	0.0531	0.0478	0.0529	0.0482	0.0423	0.0456	0.0350
陕西	0.0445	0.0429	0.0360	0.0354	0.0575	0.0514	0.0634	0.0551	0.0511	0.0441	0.0474
甘肃	0.1034	0.0715	0.1020	0.0819	0.0752	0.0723	0.0649	0.0594	0.0714	0.0616	0.0470
青海	0.0425	0.0354	0.0368	0.0432	0.0447	0.0358	0.0328	0.0315	0.0460	0.0400	0.0348
宁夏	0.0666	0.0251	0.0237	0.0294	0.0289	0.0401	0.0534	0.0333	0.0405	0.0306	0.0236
新疆	0.0775	0.0924	0.0792	0.0704	0.0739	0.0685	0.0839	0.0750	0.0691	0.0684	0.0604

注：2012 年数据缺失。

附表4　2002—2013年样本省份小学生均公用经费县际泰尔指数

年份\省份	2002	2003	2004	2005	2006	2007	2008	2009	2010	2011	2013
北京	0.1346	0.1160	0.0656	0.0541	0.0844	0.0960	0.1517	0.1478	0.1509	0.1460	0.1363
天津	0.1789	0.1978	0.1516	0.1329	0.0935	0.1301	0.1970	0.1402	0.1263	0.2373	0.1306
河北	0.1665	0.1614	0.1488	0.1345	0.0902	0.0979	0.0670	0.0818	0.0579	0.0613	0.0824
山西	0.1942	0.1484	0.1024	0.0977	0.1371	0.0841	0.0713	0.0860	0.0714	0.0836	0.1218
内蒙古	0.1480	0.1076	0.1133	0.1302	0.1058	0.1448	0.1655	0.1891	0.2499	0.2278	0.2292
辽宁	0.2135	0.1802	0.1611	0.1732	0.1855	0.1795	0.1561	0.2206	0.2031	0.3247	0.2748
吉林	0.1139	0.1095	0.1155	0.1057	0.1016	0.0994	0.0695	0.0880	0.0980	0.0792	0.1129
黑龙江	0.1603	0.1787	0.1992	0.1408	0.1133	0.0820	0.1533	0.1021	0.1556	0.1430	0.2329
上海	0.1121	0.1736	0.1062	0.1241	0.0986	0.1051	0.0880	0.0933	0.0637	0.0572	0.0378
江苏	0.2146	0.2889	0.2594	0.1928	0.2709	0.1642	0.1301	0.1476	0.1276	0.1893	0.1541
浙江	0.1251	0.1037	0.1066	0.1074	0.1131	0.1097	0.1077	0.1164	0.1160	0.1167	0.1081
安徽	0.0969	0.0913	0.0757	0.0910	0.0905	0.0653	0.0642	0.0759	0.0937	0.1281	0.1433
福建	0.1864	0.1987	0.2463	0.1652	0.1578	0.1048	0.1015	0.0763	0.0859	0.0999	0.1352
江西	0.0686	0.0762	0.0647	0.0618	0.0581	0.0371	0.0554	0.0705	0.0743	0.0896	0.0694
山东	0.1975	0.2218	0.1344	0.1072	0.1306	0.1048	0.0936	0.1397	0.1165	0.1428	0.2315
河南	0.1929	0.1927	0.1699	0.1314	0.1083	0.0871	0.0579	0.0607	0.0504	0.0737	0.1002
湖北	0.1973	0.1736	0.1605	0.1359	0.1560	0.1251	0.1466	0.1172	0.1537	0.1322	0.1417
湖南	0.1420	0.1382	0.1741	0.1787	0.1939	0.1998	0.1511	0.1281	0.2056	0.2156	0.2396
广东	0.2559	0.2305	0.2019	0.2152	0.2322	0.2197	0.2892	0.3153	0.2858	0.2295	0.1695
广西	0.1286	0.1230	0.1185	0.1261	0.0944	0.1034	0.1003	0.0951	0.0814	0.0936	0.1325
海南	0.1466	0.1373	0.1146	0.1447	0.1323	0.0548	0.1890	0.0924	0.1021	0.0875	0.0852
重庆	0.1594	0.1940	0.1838	0.1311	0.1103	0.1854	0.1148	0.1094	0.1515	0.1898	0.2427
四川	0.2391	0.2017	0.2018	0.1880	0.1273	0.1422	0.1284	0.1856	0.1716	0.0824	0.1196

年份\省份	2002	2003	2004	2005	2006	2007	2008	2009	2010	2011	2013
贵州	0.2209	0.2218	0.1972	0.2077	0.2039	0.1975	0.1394	0.1309	0.0969	0.1976	0.1244
云南	0.2061	0.2315	0.2067	0.2014	0.1133	0.1017	0.0838	0.0867	0.0940	0.0946	0.0902
陕西	0.1477	0.1429	0.2094	0.1999	0.1477	0.1315	0.1056	0.1806	0.1151	0.1791	0.1778
甘肃	0.1831	0.1610	0.1620	0.1928	0.0669	0.0861	0.1115	0.0861	0.1167	0.1289	0.1468
青海	0.2525	0.1316	0.2140	0.1696	0.1346	0.1830	0.0934	0.2909	0.2678	0.3312	0.2187
宁夏	0.1980	0.2338	0.2048	0.2104	0.1959	0.1779	0.1618	0.1448	0.1038	0.0733	0.0811
新疆	0.3004	0.3656	0.2272	0.2601	0.1409	0.1736	0.1225	0.1970	0.2252	0.2350	0.2837

注：2012 年数据缺失。

附表5 2002—2013年样本省份小学生均基建经费县际泰尔指数

年份\省份	2002	2003	2004	2005	2006	2007	2008	2009	2010	2011	2013
北京	0.3794	0.5251	0.5167	0.4213	0.6119	0.6982	0.5072	0.5828	0.3804	0.3995	0.3630
天津	0.1764	0.0338	0.4021	0.0000	0.4717	0.6853	0.6022	0.4213	0.1123	0.1424	0.2652
河北	0.4424	0.6090	0.6851	0.6532	0.6607	0.4514	0.3588	0.2220	0.2470	0.3632	0.1374
山西	0.4888	0.4825	0.8354	0.6160	0.9019	0.4298	0.7893	0.4544	0.5297	1.0306	0.8497
内蒙古	0.3828	1.1890	0.6999	0.5422	0.7473	0.6526	0.6114	1.1855	0.5871	0.4594	0.5870
辽宁	1.0822	0.3066	0.6897	1.2053	0.3150	0.6295	0.8088	0.8869	0.9149	0.5640	0.8289
吉林	0.5720	0.3347	0.4962	0.3371	0.4361	0.8442	0.5065	1.3358	0.3788	0.4698	0.4942
黑龙江	0.2924	0.2338	0.4264	0.6292	0.4320	0.6536	0.8674	0.6691	0.6109	0.3836	0.4933
上海	0.4914	0.1979	0.3972	0.1083	0.2762	0.1252	0.0373	1.2301	0.1160	0.1796	0.2366
江苏	0.4253	0.7238	0.5034	0.7967	0.7461	0.5564	0.6225	0.8232	0.7921	0.4349	0.2844
浙江	0.4816	0.5412	0.5340	0.6515	0.3879	0.6993	0.6548	0.6069	0.4197	0.4174	0.8499
安徽	0.3391	0.5108	0.5918	0.9826	0.9909	0.9287	0.6764	0.5225	0.8822	0.6278	0.9903
福建	0.6274	1.2650	1.1194	1.1733	1.0418	1.1752	0.9826	1.1418	0.9814	1.3837	1.3094
江西	0.3435	0.4201	0.3812	0.4459	0.7388	0.4310	0.3840	0.9160	0.4527	0.3997	0.5498
山东	0.5962	0.8411	0.7715	0.8192	0.7558	1.0427	0.8647	0.5868	0.9245	0.1056	0.1243
河南	0.3817	0.6258	0.5767	0.5979	1.0688	0.6276	0.6645	1.3791	0.9218	0.8916	1.1822
湖北	0.5672	0.4563	0.4124	0.5131	0.4850	1.0963	0.7396	0.8635	0.6746	0.7764	1.2667
湖南	0.5360	0.6548	0.6008	0.4812	0.7404	1.2051	1.5570	1.1927	0.6303	0.5129	0.9517
广东	0.9641	1.0167	0.9719	1.1404	1.1299	0.8872	0.7641	0.8002	0.9749	0.5828	0.5875
广西	0.4306	0.5146	0.7896	0.3095	0.5869	1.0494	0.4222	0.4998	0.5804	0.7396	0.4259
海南	0.2945	0.2176	0.3028	0.3718	0.3133	0.5139	0.6407	0.4049	0.6567	0.8581	0.8736
重庆	0.3787	0.9331	0.7091	1.0358	1.0386	0.9400	0.8646	0.7495	0.7307	0.5769	0.7342
四川	1.2471	0.8584	0.6864	1.1181	1.0864	1.0630	1.0762	1.5631	1.6434	1.5104	1.2396

年份 省份	2002	2003	2004	2005	2006	2007	2008	2009	2010	2011	2013
贵州	0.4491	0.5180	0.4163	0.6770	0.4050	0.5621	0.7506	0.4460	0.6789	0.7876	0.7184
云南	0.5961	0.7008	0.6031	0.5193	0.5986	0.6306	0.7633	0.8833	1.1058	1.6988	0.8530
陕西	0.5882	0.6909	0.4255	0.6613	0.6715	0.9798	0.3369	0.7651	0.7746	0.5671	0.8103
甘肃	0.5027	0.5707	0.7445	0.9154	0.8630	0.6031	0.9578	0.8941	0.4870	0.5726	0.8582
青海	0.5460	0.4804	0.6446	0.6913	0.3130	0.2129	0.5462	0.7280	0.4802	0.3401	0.6561
宁夏	0.4992	0.2014	0.4587	0.3711	0.4366	0.0000	0.5042	0.6344	0.3049	0.3670	0.5410
新疆	0.5123	0.8865	0.8315	0.6131	0.6093	0.3023	0.8628	0.5293	0.4166	0.2718	0.4222

注：2012 年数据缺失。

附表 6　2002—2013 年样本省份初中生均人员经费县际泰尔指数

年份 省份	2002	2003	2004	2005	2006	2007	2008	2009	2010	2011	2013
北京	0.0701	0.0781	0.0595	0.0437	0.0380	0.0228	0.0252	0.0197	0.0240	0.0143	0.0218
天津	0.1490	0.1313	0.1173	0.1001	0.1031	0.0881	0.0708	0.0733	0.0506	0.0407	0.0617
河北	0.0704	0.0718	0.0836	0.0933	0.0980	0.0848	0.0792	0.0633	0.0740	0.0757	0.0907
山西	0.0359	0.0414	0.0406	0.0492	0.0468	0.0382	0.0416	0.0501	0.0515	0.0533	0.0427
内蒙古	0.0495	0.0549	0.0402	0.0393	0.0468	0.0483	0.0695	0.0514	0.0535	0.0598	0.0641
辽宁	0.0651	0.0750	0.0631	0.0746	0.0997	0.0924	0.1067	0.1206	0.0998	0.1019	0.0601
吉林	0.0841	0.0963	0.0798	0.1026	0.0968	0.0904	0.0677	0.0575	0.0528	0.0550	0.0379
黑龙江	0.1253	0.1131	0.1204	0.1131	0.1311	0.0999	0.0812	0.0811	0.0840	0.1022	0.0763
上海	0.0101	0.0121	0.0139	0.0202	0.0220	0.0279	0.0266	0.0218	0.0283	0.0299	0.0313
江苏	0.1165	0.1609	0.1771	0.1490	0.1747	0.1461	0.1433	0.1433	0.1197	0.0834	0.0486
浙江	0.0312	0.0346	0.0347	0.0437	0.0367	0.0353	0.0298	0.0295	0.0282	0.0255	0.0196
安徽	0.0481	0.0728	0.0795	0.0760	0.0776	0.0643	0.0545	0.0585	0.0649	0.0550	0.0581
福建	0.0514	0.0525	0.0888	0.0945	0.0976	0.0924	0.0761	0.0668	0.0723	0.0617	0.0413
江西	0.0265	0.0273	0.0275	0.0243	0.0296	0.0252	0.0323	0.0290	0.0313	0.0355	0.0266
山东	0.1308	0.1416	0.1274	0.1449	0.1506	0.1185	0.0979	0.0851	0.0962	0.0724	0.0636
河南	0.0428	0.0518	0.0433	0.0611	0.0765	0.0815	0.0728	0.0750	0.0736	0.0690	0.0522
湖北	0.0639	0.0788	0.0868	0.0860	0.1132	0.1028	0.1001	0.1043	0.1239	0.1228	0.0864
湖南	0.0298	0.0378	0.0488	0.0598	0.0630	0.0541	0.0469	0.0532	0.0439	0.0427	0.0506
广东	0.1973	0.2397	0.2429	0.2676	0.2897	0.3028	0.3008	0.3132	0.3087	0.2952	0.1818
广西	0.0344	0.0471	0.0512	0.0655	0.0712	0.0672	0.0423	0.0498	0.0536	0.0497	0.0443
海南	0.0169	0.0152	0.0206	0.0293	0.0327	0.0360	0.0283	0.0284	0.0340	0.0307	0.0294
重庆	0.0360	0.0846	0.0973	0.0881	0.0866	0.0755	0.0794	0.0903	0.0942	0.0724	0.0570
四川	0.0746	0.0779	0.0706	0.0624	0.0638	0.0695	0.0615	0.0614	0.0647	0.0571	0.0430

年份 省份	2002	2003	2004	2005	2006	2007	2008	2009	2010	2011	2013
贵州	0.0649	0.0481	0.0702	0.0490	0.0972	0.0717	0.0551	0.0504	0.0566	0.0563	0.0488
云南	0.0523	0.0451	0.0548	0.0616	0.0668	0.0514	0.0391	0.0416	0.0373	0.0361	0.0285
陕西	0.0441	0.0460	0.0453	0.0501	0.0584	0.0493	0.0552	0.0363	0.0332	0.0375	0.0351
甘肃	0.0604	0.0668	0.0852	0.0715	0.0977	0.0723	0.0696	0.0382	0.0369	0.0377	0.0324
青海	0.1233	0.1268	0.0754	0.0710	0.0655	0.0259	0.0323	0.0314	0.0425	0.0291	0.0270
宁夏	0.0401	0.0308	0.0278	0.0287	0.0348	0.0332	0.0350	0.0233	0.0175	0.0219	0.0124
新疆	0.0596	0.0778	0.0944	0.0855	0.0738	0.0753	0.0847	0.0590	0.0374	0.0357	0.0352

注：2012 年数据缺失。

附表7　2002—2013年样本省份初中生均公用经费县际泰尔指数

年份 省份	2002	2003	2004	2005	2006	2007	2008	2009	2010	2011	2013
北京	0.1061	0.1059	0.0666	0.0461	0.0567	0.0898	0.1031	0.1251	0.1310	0.1116	0.1050
天津	0.2707	0.5477	0.4301	0.3705	0.2804	0.3818	0.2148	0.2176	0.1154	0.1853	0.1268
河北	0.1395	0.1671	0.1747	0.1414	0.1420	0.1149	0.0833	0.0838	0.0647	0.0824	0.1005
山西	0.2124	0.1165	0.1318	0.0979	0.1564	0.1368	0.1025	0.0688	0.0945	0.1110	0.1950
内蒙古	0.1430	0.1135	0.1288	0.1831	0.1366	0.1516	0.1623	0.2467	0.2423	0.2344	0.1677
辽宁	0.1863	0.1559	0.1590	0.2065	0.1727	0.1596	0.1673	0.2919	0.2809	0.3162	0.2354
吉林	0.1214	0.1030	0.1134	0.0907	0.1149	0.0990	0.1205	0.0920	0.0920	0.0974	0.0911
黑龙江	0.1966	0.3831	0.2918	0.1710	0.2568	0.1095	0.1641	0.1618	0.2479	0.2212	0.2346
上海	0.0720	0.0719	0.0844	0.0505	0.0504	0.0390	0.0752	0.0683	0.0577	0.0432	0.0620
江苏	0.2146	0.2147	0.1751	0.1478	0.1836	0.1303	0.1000	0.1011	0.1017	0.2095	0.1936
浙江	0.0703	0.0875	0.1280	0.1311	0.1098	0.1030	0.1257	0.1183	0.1185	0.1302	0.1586
安徽	0.1143	0.1058	0.1351	0.1206	0.0988	0.0626	0.0845	0.0625	0.0760	0.1025	0.1562
福建	0.1092	0.0990	0.1217	0.1077	0.1076	0.0868	0.0890	0.0729	0.1065	0.1154	0.1835
江西	0.0731	0.0668	0.0499	0.0525	0.0546	0.0481	0.0517	0.0761	0.1003	0.1137	0.1369
山东	0.1398	0.1253	0.1083	0.1232	0.1661	0.1556	0.1251	0.1536	0.1585	0.2130	0.2704
河南	0.1520	0.1226	0.1151	0.1078	0.1081	0.1075	0.0979	0.0740	0.0912	0.1139	0.1150
湖北	0.1579	0.1542	0.1385	0.1197	0.1408	0.1096	0.1297	0.0988	0.0969	0.1150	0.1334
湖南	0.1145	0.1102	0.1211	0.1020	0.2011	0.1080	0.1351	0.1198	0.1774	0.1496	0.1554
广东	0.2900	0.2197	0.1745	0.1913	0.1488	0.1496	0.1999	0.2035	0.1899	0.1689	0.1316
广西	0.0729	0.1017	0.0787	0.0655	0.0781	0.0975	0.0605	0.0992	0.1016	0.1557	0.1936
海南	0.0691	0.0466	0.0238	0.1402	0.1088	0.1081	0.1436	0.1459	0.1508	0.1565	0.1629
重庆	0.1370	0.3199	0.1756	0.1182	0.1282	0.1691	0.1815	0.1660	0.1675	0.1311	0.1736
四川	0.2197	0.2245	0.1550	0.1705	0.1659	0.1363	0.1301	0.3308	0.1743	0.1288	0.1315

续表

年份 省份	2002	2003	2004	2005	2006	2007	2008	2009	2010	2011	2013
贵州	0.1826	0.2290	0.2381	0.2433	0.1646	0.1868	0.1755	0.1268	0.0904	0.1388	0.1305
云南	0.2131	0.2703	0.1807	0.2316	0.1530	0.1910	0.1069	0.1314	0.1178	0.1220	0.1124
陕西	0.1806	0.1980	0.2412	0.2393	0.1631	0.1517	0.0924	0.1557	0.1555	0.2899	0.2212
甘肃	0.1804	0.1564	0.1696	0.2187	0.1132	0.1293	0.1862	0.1012	0.0924	0.1530	0.1702
青海	0.3021	0.1708	0.1919	0.2310	0.3514	0.2078	0.0826	0.3234	0.2218	0.2154	0.1961
宁夏	0.2591	0.1813	0.2016	0.1064	0.0931	0.1236	0.1396	0.0725	0.0980	0.0933	0.0771
新疆	0.2020	0.2252	0.2521	0.2183	0.2293	0.1802	0.1598	0.1714	0.2123	0.3192	0.3681

注：2012 年数据缺失。

附表8　2002—2013年样本省份初中生均基建经费县际泰尔指数

年份\省份	2002	2003	2004	2005	2006	2007	2008	2009	2010	2011	2013
北京	0.4782	0.7644	0.5806	0.4309	0.3123	0.4488	0.5446	0.5676	0.9679	0.4074	0.2799
天津	0.6518	0.0584	0.3248	0.3606	0.2277	0.4252	0.5935	0.3694	0.3563	0.2097	0.2343
河北	0.5411	0.6373	0.7893	0.7076	0.5072	0.2766	0.2741	0.3212	0.2883	0.3190	0.2309
山西	0.5553	0.9874	0.5333	0.8307	1.0428	0.8644	0.6509	0.4269	0.4412	0.7579	0.5263
内蒙古	0.5093	0.7112	0.6133	0.4869	0.5411	1.3627	0.9034	0.6588	0.3423	0.5075	0.5375
辽宁	0.3515	0.8271	0.6454	0.6810	0.5108	0.3165	0.3510	0.3397	0.6839	1.2966	1.0057
吉林	0.8574	0.3377	0.3695	0.4697	0.3440	0.5680	0.5058	0.7213	0.6068	0.7702	0.4619
黑龙江	0.3984	0.3296	0.4504	0.8199	0.6556	0.8452	0.4266	0.3443	0.4933	0.4544	0.6426
上海	0.4197	0.2355	0.4423	0.2150	0.0238	0.0036	0.0886	0.1203	0.1280	0.1273	0.0916
江苏	0.3732	0.5634	0.4701	0.5600	0.6254	0.4712	0.3982	1.1204	0.8417	0.5325	0.2353
浙江	0.4686	0.7530	0.5613	0.5491	0.3611	0.7772	0.8672	0.9429	0.3167	0.7040	0.3679
安徽	0.4125	0.5566	0.7616	0.5490	0.6527	0.5258	0.2977	0.3264	0.9258	0.6258	0.4040
福建	0.6321	1.0309	0.9753	0.9833	1.0332	1.1053	1.5337	0.8514	1.1828	0.8633	0.8932
江西	0.3484	0.3226	0.5158	0.5191	0.5286	0.3937	0.3737	0.4072	0.7578	0.6168	0.8225
山东	0.5664	0.7650	0.7613	0.8926	0.6846	0.6740	1.0718	0.4396	0.6280	0.4618	0.2684
河南	0.5948	0.5512	0.3792	1.2573	1.1859	0.7624	0.2749	0.3415	0.2801	0.3408	0.5722
湖北	0.3261	0.4002	0.4065	0.6260	0.7983	0.5291	0.2346	0.3613	0.4786	0.8886	0.9077
湖南	0.3558	0.5892	0.5063	0.5164	0.7356	0.5036	0.2558	0.2877	0.6137	0.6240	0.7630
广东	1.0968	1.3456	0.9945	1.0302	1.1230	0.8199	0.8421	1.1864	0.8960	1.0510	0.8889
广西	0.3236	0.5232	0.9290	0.6060	0.7670	0.6120	0.2863	0.3884	0.4197	0.6854	0.4435
海南	0.1920	0.2866	0.3609	0.4657	0.2486	0.5831	0.5767	0.5144	0.6808	0.7879	0.4071
重庆	0.3944	0.6968	0.9590	0.6355	0.9064	0.4500	0.4703	0.2617	0.7931	0.7861	0.5431
四川	1.0139	0.7369	1.1458	1.6390	1.4119	0.7503	0.2889	1.0324	0.9296	0.9730	1.0540

年份 省份	2002	2003	2004	2005	2006	2007	2008	2009	2010	2011	2013
贵州	0.5856	0.6123	0.8462	0.9510	0.4795	0.5712	0.7031	0.3572	0.9174	0.8762	0.6607
云南	0.6933	1.2248	0.5621	1.0729	1.1405	0.7652	0.7182	0.9234	0.6942	0.6410	0.6394
陕西	0.7469	0.7115	0.8437	0.6545	0.6452	0.9047	0.9101	0.6439	0.4675	0.5841	0.3687
甘肃	0.4929	0.7509	0.7270	1.0171	0.8966	0.9025	0.5188	0.7538	0.5875	0.5188	0.5019
青海	0.6219	0.7370	0.4347	0.7763	0.6799	0.0355	0.1713	0.2923	0.5267	0.2035	0.5341
宁夏	0.3690	0.5559	0.3850	0.2614	0.4175	0.6774	0.2916	0.4599	0.2309	0.2982	0.1721
新疆	0.3254	0.4500	0.3581	0.5503	0.5975	0.3253	0.8411	0.4039	0.4364	0.6754	0.4849

注：2012 年数据缺失。

后 记

学术论著的构思和写作过程既是作者独立思考的过程，也是学术交流与观点碰撞的过程。本书的顺利完成得益于许多老师的指导，也得益于与同事和同学的交流与讨论。

首先，要感谢我的博士生导师袁连生教授，袁老师有充沛的学术热情，也有强大的学术能力，获得了丰富的研究成果。在跟从袁老师学习的时光里，我的学术视野得到了开阔，学术素养得到了提高。同时，袁老师那种对待学术近乎执着的精神也深深感染了我，在老师严格的要求和耐心的指导下，自己不断成长，具备了一定的科研能力和学术素养，这段经历是我一生中最为宝贵的财富。还要感谢我的硕士生导师孙志军教授，是孙老师把我领入教育财政研究的殿堂，孙老师在繁忙的管理事务和学术研究之余，一直关心着我的学习、生活和成长。

本成果的完成还得益于王善迈教授、赖德胜教授、刘泽云教授、杨娟教授等对我的指导和帮助，正是他们的无私帮助，我才能够不断进步，并坚持在学术道路上不断前行。

还要感谢王骏、张昭、王健忠、王富刚、何婷婷等朋友和同学，他们不仅在我学术遇到困难时给予帮助，也在我生活不顺利时给予鼓励和支持，每次与他们沟通交流都能使我受益匪浅。

最后，要感谢我的家人对我无限的帮助和支持，没有他们的理解、关心和支持，我无法安心致力于学术研究，家人的鼓励和包容，是我一直前行的不断动力。

在本书的出版过程中，人民出版社的编辑付出了艰辛的劳动，精心审读了全书，发现了一些我所忽视的问题，并且提出了很好的修改意见。在此一并表示感谢。

李振宇

2020 年 5 月

策划编辑：李甜甜
封面设计：胡欣欣
责任校对：林　婷

图书在版编目(CIP)数据

"省级统筹"视角下义务教育均衡发展及推进机制研究 / 李振宇著. 一
北京：人民出版社，2020.11
ISBN　978-7-01-022406-0

Ⅰ.①省… Ⅱ.①李… Ⅲ.①地方教育－义务教育－发展－研究－中国
Ⅳ.①G522.3

中国版本图书馆 CIP 数据核字(2020)第 148344 号

"省级统筹"视角下义务教育均衡发展及推进机制研究
SHENGJI TONGCHOU SHIJIAO XIA YIWU JIAOYU
JUNHENG FAZHAN JI TUIJIN JIZHI YANJIU

李振宇 著

人 民 出 版 社 出版发行

(100706　北京市东城区隆福寺街 99 号)

北京虎彩文化传播有限公司印刷　新华书店经销

2020 年 11 月第 1 版　2020 年 11 月北京第 1 次印刷
开本：710 毫米×1000 毫米　1/16　印张：14
字数：219 千字

ISBN 978-7-01-022406-0　定价：48.00 元

邮购地址 100706　北京市东城区隆福寺街 99 号
人民东方图书销售中心　电话 (010)65250042　65289539